미국, 변화인가 몰락인가

미국의 비판적 지성들과 함께한 블로그 인터뷰

미국, 변화인가 몰락인가

탐 엥겔하트 지음 | 강우성·정소영 옮김

창비

매기와 윌에게.
당신들 없이는 탐디스패치가 생겨나지 못했을 것입니다.
당신들이 안주할 세계가 생겨야 합니다.

'미국의 호수' 가장자리에서 살아가기

1941년 2월, 어린 시절을 중국에서 보낸 장로교 선교사 아들이자 미국의 유력한 출판업자인 헨리 루쓰(Henry Luce)는 자신이 발행하는 잡지 『라이프』(*LIFE*)에 다가올 시대는 "미국의 세기" 즉 "미국이 세계의 지배 권력으로 군림할 첫 세기"가 되리라는 찬미의 글을 썼다. 미국이 일본과의 전쟁에서 고전을 면치 못하던 이듬해에도 그런 정서는 만연해서, 50여년이 흐른 뒤에 미국의 석학들과 지략가들이 지구상의 '유일한 강대국' 내지는 독보적인 '초강대국'이라고 칭하게 될 국가에 대한 초창기의 자부심이 반영돼 있었는데, 그 '초강대국'이란 로마제국이나 대영제국조차 순순히 자리를 양보해야만 할 존재를 의미했다.

이제 와서는 분명해진 사실이지만, 그뒤에 '미국의 세기'를 찬양하던 사람들은 고대 그리스인들이나 이해했을 법한 오만함(hubris), 곧 제국들이 굴욕적으로 내리막길을 향하는 데 일조하는 그런 종류의 오만함에 빠져 있었다. 결국 루쓰는 절반만 옳았다. 1941년에 그는 미국의 '세기'가 아니라 미국의 '반(半)세기'가 밝아오는 여명에 서 있었던 것이다. 1945년 9

월에 있은 일본 제국의 항복에서부터 1960년대 말 베트남전쟁이 한창이던 때까지 — 이는 미국의 '사반세기'에 해당할 터이다 — 미국은 실제로 지구상의 '유일한' 혹은 적어도 '최고의' 강대국이라고 불릴 법도 했다. 그 사실을 아는 데는 시간이 좀 걸려서, 미국의 강대 적국인 소련이 1991년 붕괴되어 사라져버리면서 냉전이 막을 내린 후에야 깨닫게 된다.

미국의 '세기'에 계속 서광이 비치던 시절 미 제국의 영향력은 물론 전 지구를 포괄했지만 태평양 연안에서 가장 뚜렷하게 감지되었다. 이라크전쟁 이전에 미국이 일본 제국에 대항해, 그리고 한국에서, 다음으로 베트남에서 모두 세 차례의 커다란 전쟁을 치른 곳도 이 지역이었으며, 엄청난 규모로 군사기지와 군대의 연쇄를 배치한 곳도 바로 이 지역이었다.

2차대전중 미국에서 유행하던 팝음악은 이러한 현실의 징후와 그 배후 정서를 포착하고 있었다. 그 노래는 아예 대놓고 "콕 집어 말하자면, 태평양은 우리의 것"(To be specific, it's our Pacific)이라는 제목을 달았다. 다른 곳에서는 미국의 전략가들이 20세기 첫 반세기 내내 태평양을 친숙하게 '미국의 호수'라고 불렀으며, 1945년에서 21세기가 시작될 싯점에 이르기까지 여러모로 그것은 대체로 사실이었다.

그게 지금 바뀌고 있는 것이다.

1970년대 초반의 오일쇼크 이후 워싱턴을 차지한 역대 행정부들은 그 어느 때보다 더 열성적으로, 때로는 광적으로, 필요하다면 유사한 종류의 전쟁도 불사할 태세를 갖춘 채, 태평양지역에서와 마찬가지로 대규모 군사기지 네트워크를 건설함으로써 중동지역의 막대한 석유와 천연가스 매장지들을 또하나의 미국 '호수'로 바꾸고자 했다. 실제로 미국 관리들은 종종 두 시기와 두 지역 간의 연계성을 적시하기도 했다.

예를 하나 들어, 2003년 4월 독재자 싸담 후쎄인 왕국이 무너진 후에 부시행정부가 이라크의 수도 바그다드에 주재하는 미국 점령당국의 초대 수장으로 임명한 퇴역 장군 제이 가너(Jay Garner)의 논평과 관련한 어느 보도를 보자. "가너 장군은 '저는 현재 우리가 할 수 있는 가장 중요한 일 중 하나가 이라크의 북부와 남부에서 공히 주둔할 권리를 얻기 시작하는 것이라고 생각합니다'라고 말했다. (…) 1900년대 초 필리핀에 해군기지들을 설치한 덕분에 미국이 '태평양에서 거대한 세력'을 형성할 수 있었음을 언급하면서 가너 장군은 '향후 수십년 동안 이라크가 지닐 의미가 바로 그것이라고 봅니다. 중동지역에서 거대한 세력을 형성할 수 있는 발판을 (…) 우리는 거기서 마련해야만 합니다. 그게 꼭 필요한 일이 되리라고 생각합니다'라고 말했다."

지난 몇년 동안 부시행정부가 지구의 석유 심장부를 차지하기 위해 벌인 참담한 시도가 확연히 보여주었듯이 21세기 중동은 당연히 1940년대의 아시아가 아니며, 현재 새로운 세기의 미국 역시 지난세기 태평양을 지배하던 거인이 아니다.

그렇지만, 이 책을 읽는 한국 독자들과 그들의 아버지들 및 할아버지들은 아마도 저 '미국의 호수'의 한쪽에서, 미국의 태평양 제국의 가장자리에서 오랫동안 살아왔을 것이다. 어쨌든 여러분의 나라에 미국은 반세기 넘게 줄곧 군대를 주둔시켰다. 전세계 미군기지를 연구한 최근의 한 책에 따르면, 2006년에도 여전히 미 국방부는 남한에 95개의 전초기지를 두고 있는데 그중 47개가 사실상 핵심기지다. 더구나 미군 홍보자료에 당당히 적힌 대로 미군 병사들은 현재도 주한미군 휴양쎈터(Armed Forces Recreation Center)가 운영하는 리조트의 하나인, "볼거리가 풍성한 서울 도심에서 몇분 거리"에 불과한 용산 미군기지에 있는 드래건 힐 로지(Dragon Hill Lodge)에서 위로휴가를 즐길 수 있다. 미국의 제국주의적 위력이 이처럼 변함없이 막강하기 때문에, 미국의 전쟁을 지원하기 위해 1960년대 수천의 병사들을 베트남에 파견했던 여러분의 정부는 저 먼 이라크 남부지역에서 다시금 그러한 일을 반복하는 것이 용이했을 터이다. 남한은 부시행정부의 '자발적 동맹'(coalition of the willing)의 일부이자 우리네 대통령이 택한 끔찍한 전쟁의 한 축이 되었다.

여러분에게 이것은 새삼스런 일이 분명 아닐 테고, 아직 규정하기는 어렵지만 태평양 시대의 또다른 끄트머리에 우리가 지금 서 있다는 것도 새로운 소식은 아니지 싶다. (이 새로운 시기의 도래를 알리는 하나의 조짐이 동북아시아에서 비밀이랄 것도 없이 공공연히 전개되고 있는 여섯 나라의 군비경쟁이다. 미국, 중국, 일본, 러시아, 남한 그리고 북한은 '방위' 예산을 계속 늘려가는 추세이다.) 그러니 미국의 군사력에 매혹된 부시행정부 전략가들이 일방적인 '충격과 공포'(Shock and Awe) 식의 무력행사를 통해 제국의 꿈을 완수할 수 있다고 생각한 지난 7년 동안의 끔찍스런 경험 덕분에, 오늘날 미국이 엄청난 양의 치명적인 군사기술과 그에 버금가는 두통도 함께 지닌 채 빚더미에 올라앉아 갈수록 무모해지는 나라가 되었다는 사실에 의문의 여지가 있을까? 미국은 또한 근근이 명맥을 유지하는 진짜 위험에 처한, 지구상의 또하나의 강대국에 불과한 나라가 되고 있을 뿐이다.

여러분 자신이 겪은 최근 반세기가 넘는 역사의 모든 일들은 여러분이 오늘날의 미국, 이 상처뿐인 거인에 대해 더 많이 아는 것이 중요하다고 말하고 있다. 끝내 미국은 자신들의 멸망에 여러분들까지 끌고 들어갈 수 있는 나라이다.

제국주의 세력은 항시 저항을 낳기 마련이다. 점령당하거나 기만당한 사람들이 분노하는 제국의 변방에서뿐 아니라 제국주의 세력의 핵심부에서도. 어쨌든 미국에는 지난 수십년간 미국 지도자들이 선택해온 제국의 행로가 대표하는 것들과는 전혀 다른 전통들, 다른 가치들이 존재한다. 미국에는 다른 형태의 아메리카를 꿈꾸고, 미국인들이 세계 속에서 세계와 더불어 공존할 수 있는 다른 길을 모색하는 반대파들과 혁신사상가들 또한 존재한다.

그러니 역사의 거센 파고가 우리 사는 세상을 덮치고 있는 상황임에도 불구하고 내가 주변의 가장 독창적인 미국의 몇몇 반대 사상가들과 나눈 일련의 편안한 인터뷰들로 이 책을 생각해주시길. 또한 이 책이, 살아 있는—그리고 바라건대 세상과 공명(共鳴)하려는—미국의 지성에 이르는 작은 **창(窓)**이라고 생각해주시길. 어떻게 해야 망가진 땅을 치유할 수 있는지 열성적으로 논의하려는 저항의 치료사들이 기다리고 있는 진료실로 여러분이 막 들어서는 중이라고 부디 상상해보시길 바란다.

2008년 2월 11일
뉴욕에서
탐 엥겔하트

실패한 임무

2003년 4월 28일. 조지 W. 부시의 선발대는 쌘디에고 기지에 조금 못 미친 지점에 이라크에서 귀환하는 항공모함 한척을 정박시킬 채비를 하는 중이었다. 부시가 항모에 기어올라 탑승하는 대신 갑판에 극적으로 착륙할 수 있게 할 목적이었다. 같은 날, 지구 반대편 팔루자(Fallujah)에서는 한 초등학교를 점령한 미 제82공수사단 병사들이 성난 시위대를 향해 발포했다. 이라크 사람 열다섯이 죽은 것으로 추정되었고 그보다 많은 사람들이 다쳤다. 이틀 후에는 시위대와 군대가 한번 더 충돌하여 이라크인 두사람이 더 죽었다.

5월 1일 대통령은 S-3B 바이킹 해군 정찰제트기를 타고 미 항모 '에이브러햄 링컨' 호에 내리면서 '탑 건'식 승리 곡예를 거행했다. 사진감으로 안성맞춤인 순간에 그는 "임무 완수"라는 표어 아래서 이라크에서의 "주요 전투작전이 종료되었다"고 선언했다. 다음날 CNN의 웹 싸이트에 실린 헤드라인 제목은 "부시대통령이 '주요 전투'의 종료를 선언하다"였다. 그런데 작은 글씨로 부제가 붙는다면 "미국 중앙사령부, 팔루자에서 수류탄 공격으로 7명이 다치다"였을 것이다. 당시 수류탄 두개가 미군부대에 투척되었고 병사 7명이 "약간 다쳤다."

그후 몇해 동안 이 두 헤드라인은 앞서거니 뒤서거니 했는데 이제는 그 대결이 끝났다. 돌이켜보면 그 "임무 완수"라는 배너가 어찌나 신속히 해체되기 시작했는지 놀랍기만 하다. 몇달 동안 대통령의 측근들은 그 문구를 '에이브러햄 링컨' 호의 선원과 조종사들이 만들어낸 것으로 하자는 아이디어를 고수했다. 하지만 나중에 백악관 스스로가 그 배너를 제작했음을 시인할 수밖에 없었고 그 문제를 언급하길 완전히 그만두었다.

당시 팔루자에서 터진 그 수류탄 두개는 수니파들의 격렬한 반란으로 증폭되었다. 6개월도 안되어 『타임』(*Time*)은 대통령의 착륙을 두고 "완벽한 사진촬영 순간이 무산되었다"라고 쓰면서, 베트남전을 보도할 때의 논조로 "갑자기 불거진 부시의 신뢰성 문제"를 언급했다. 2004년 5월 1일의 일이 구상되기 한참 전에 "임무 완수"라는 구호는 오로지 행정부 비판자들만이 문제삼던 치욕의 주홍색 문구(미국 소설가 호손의 소설 『주홍글자』의 여주인공이 속죄의 표시로 옷에 새긴 주홍글자를 상기시킨다—옮긴이)였다.

그해 5월에 팔루자는 미 해병의 공격을 버텨낸 적군의 저항도시로 변했다. 2004년 11월경 그 도시는 완전히 굴복하지 않은 채로 미국의 화력으로 거의 파괴되었다. 같은 기간 몇달 동안 이라크와 중동 및 기타 세계의 국가를 겨냥한 부시행정부의 거창한 계획도 그 배너와 마찬가지로 풍비박산나기 시작했다.

"제국의 무리수"(imperial overreach)라는 표현은 어쩌면 부시행정부가 2001년 9월 12일 이후 실제로 "완수한" 일들을 지칭하기에는 너무도 근사한 용어일지 모르겠다. 그 당시 워싱턴의 두뇌집단과 전문가들 및 정치세계를 벗어난 적이 없던, 영리한 이라크 모사(謀士) 아마드 찰라비(Ahmed Chalabi)와 여타 망명한 이라크 출신 세헤라자데들이 꾸며낸 이야기에 필사적으로 매혹당할 준비가 된 거창한 전략가들에게서 우리가 무엇을 바랄 수 있었겠는가. 미국의 관리들은 이라크에서 "완전한 승리"를 쟁취하고 중동지역에 민주주의를 수출하는 일이 중대한 목적이라고 말했지만, 정작 행정부의 주요 수출품은 폭력, 혼돈, 그리고 폐허인 것으로 밝혀졌다.

지금까지가 장구한 5년이었다면, 지구의 유일한 "초강대국" 내지는 "지구보안관" 혹은 (그 당시 우익 전문가집단이 자랑스레 표명했듯이) "새로운 로마"가 시작한 제국주의 기획에서 볼 때 이는 실로 놀랄 만큼 짧은 기간이었다. 부시행정부의 관리들이 전지구적 기획을 천명한 순간부터 그 기획의 잔해를 처음 마주한 순간까지가 역사적으로는 그저 눈깜짝할 찰나에 불과했다. 어쩌면 위안거리가 별로 없는 우리네 세상에서 역사는 반전들로 가득 차 있다는 사실과 실패로 넘쳐나고 피해가 극심한 부시행정부의 행적이 그런 반전의 하나가 되리라는 사실을 아는 것은 어느정도 위안거리가 되기도 한다.

그렇지만 부시행정부의 고위관리들과 네오콘 성향의 다양한 후원자들에게도 공을 돌리자. 그들에게는 전지구적 차원에서, 나아가 우주공간을 군사화하려는 계획을 포함하여 그 너머의 차원에까지 각 지점들을 연결하고자 하는 원대한 포부가 있었다. 그들은 분명 자신들이 "불안정의 원호(圓弧)"(arc of instability) ― 이곳들이 지구 에너지의 핵심지대라는 것을 상기하자 ― 라 딱지 붙인 거대한 지역을 통제하고 싶어했다. 그래서 한판 크게 걸고 주사위를 던질 태세였다. 제퍼슨 데이비스(Jefferson Davis, 멕시코전쟁의 영웅으로 노예문제에서 각 주의 권리를 주장하는 민주당 남부파의 중심 인물. 1861년 남부연합 대통령으로서 남북전쟁에 참가했다 ― 옮긴이)와 그의 애국동지들을 제외한다면 네오콘 성향의 후원자들은 미국 역사에서 가장 배짱 좋은 큰 도박꾼들이었다. 그들에게 중동의 허약한 급소로 여긴 이라크를 침공하여 싸담 후쎄인의 체제를 무너뜨린 일은, 그 지역을 야심차게 누비려는 여정에서 '경외감을 불어넣는 충격요법'을 가한 첫 중간 기착과정에 불과했다.

2003년 5월 대통령이 항공모함의 갑판에 "테일후크"(tailhook landing, 항공모함에서 전투기의 기체 뒤쪽에 장착된 갈고리를 갑판 위의 와이어에 거는 착륙— 옮긴이) 방식으로 착륙했을 때, 많은 사람들에게는 그들이 성공할 것처럼 보였다. 그때는 내가 네이션 인스티튜트(The Nation Institute)에 속한 웹 싸이트이자 프로젝트의 하나인 탐디스패치(Tomdispatch)를 운영한 지 채 몇달이 되지 않았었고, 2001년 11월 이후 줄곧 계속 늘어난 독자들이 포함 된 익명의 이메일 목록으로 내 견해들을 보내던 참이었다. (나와 웹 싸이 트의 더 상세한 이력에 대해서는 이 책의 마지막 인터뷰를 참조하시라.) 대부분의 사람들과 마찬가지로 나의 예측력은 그다지 변변치 못했다. 그 점을 증명할 수 있는 계기들은 내 삶에 무수히 많았다. 그러나 이라크 침 공의 경우에는, 한 국가의 주권을 찾고 되찾고 혹은 수호하기 위한 긴 투 쟁의 역사, 제국의 오만이 초래할 위험의 역사, 그리고 베트남과 그 이외 의 다른 곳에서 벌인 미국의 역사에 관해 알고 있던 사항들 덕분에 어떤 종류의 참사가 실제로 벌어질지를 나는 확신하게 되었고 그 점을 침공 전 후에 똑같이 많이 거론했다.

그 와중에 나는 거의 무기력해진 미국의 미디어에 의해 접속이 끊긴 몇 몇 "지점들"을 연결하는 일이—어느정도 완수되기만 한다면—나의 임 무라는 것을 알게 되었다. 동시에 분명 도래하리라고 확신한 "실패한 임 무"의 순간들을 가능한 한 최선을 다해 기록하고자 했다.

2005년 늦은 여름 나는 탐디스패치에 새로운 꼭지를 선보였다. 그저 즉 흥적인 충동에서, 역사가이자 활동가인 하워드 진과 곧이어 『보스턴 글로 브』의 칼럼니스트인 제임스 캐럴과 인터뷰를 위해 마주앉게 되었다. 성년 이 된 후의 생애 대부분을 전문적인 책 편집자로 보낸 나는 구술사를 기록 하는 많은 작업을 했지만 출판을 위해서 인터뷰를 해본 적은 없었다. 그 당시에는 인터뷰를 씨리즈로 만들고 그것을 책으로 묶는 일에는 별로 관심이 없었다. 그러나 전에 시도해보지 않았던 형식에 호기심이 발동했다. 동시에 내가 존경하는 비판적 사상가들 및 활동가들과 함께 현재의 제국주의적 세계를 탐구하고픈 욕구도 있었다. 미국의 미디어가 분명하게 발언하는 목소리들을 일정한 분량 이상으로 들려주거나 그런 정신이 작동하는 것을 보여준 적이 좀처럼 없었다는 얘긴데, 내게는 이 우울한 시대에 소중한 친구들과 작은 친분을 쌓으며 그것을 다른 이들과도 나누고 싶은 단순한 욕망도 있었다.

이 책에 실린 열한 분의 대담자들과 워싱턴 D.C.에서 열린 반전행진 때 인터뷰한 시위참가자들이 바로 그런 소중한 친분을 제공했다. 지금 그들의 생각들은 거의 1년에 걸친 제국의 실패와 애석하게도 곧 끝날 것 같지 않은 전지구적 파괴에 관한 놀라운 기록이 되었다. 여기서 해야 할 가장 애석한 말은 어쩌면 다가올 몇년 동안 우리가 사는 세상에는 탐디스패치 인터뷰를 담은 책들을 더 많이 필요로 할 여지가 분명 남아 있으리라는 사실이다.

2006년 7월 4일

탐 엥겔하트

1장

제국의 바깥 경계

하워드 진 Howard Zinn

2 0 0 5년 9월 8일

그는 키가 크고 마른 체격에 백발이 성성했다. 파시즘에 대항했던 큰 전쟁의 폭격수 출신인 그는 이후 미국이 치른 전쟁들에 반대한 반전 용사이자 『미국 민중사』(*A People's History of the United States*)라는 획기적인 책의 저자로서, 그리고 미국 역사에서 주기적으로 자신들의 건재함을 드러냈던 예측불허의 저항적 목소리들에 정통한 전문가로서 잘 알려져 있다. 여든셋의 나이에도 열살은 젊어 보이는 그는 파란만장한 지난 세기를 겪어온 용사이면서도 구닥다리 같은 느낌을 전혀 주지 않았다. 목소리는 조용했고 자기 얘기를 아주 조심스레 펼쳐 보였으며, 때로는 자기의 논평을 두고 씁쓸하게 웃기도 했다. 간혹 어떤 생각이 맘에 들어서 곱게 늙은 얼굴에 빛이 나거나 사람 좋은 웃음을 터뜨릴 때면 꼭 소년처럼 보였다.

휴가 기간의 어느날 아침 우리는 작은 커피숍의 뒷마당에 단둘이 앉았다. 그의 앞에는 크루아쌍 하나와 커피가 놓여 있었다. 아침을 먹은 다음에 시작하는 게 어떻겠냐고 했더니 먹는 것과 말하는 것을 같이 못할 특별한 이유가 있겠냐며 나를 안심시켰고, 인터뷰에 초보였던 나는 엉거주춤 녹음기 두대를 작동했다. 그중 하나가 멈추면 몇분 정도의 대화는 놓치게 될 터인데, 일이 그렇게 되면 닉슨의 도청에서 누락된 악명높은 그 18분과 흡사하리라는 농담도 했다. 준비가 끝나자 그는 반쯤 먹은 아침을 밀쳐놓고 다시는 손대지 않았다. 그렇게 시작했다.

저항운동의 구심점, 씬디 시핸

탐디스패치 앤서니 아노브(Anthony Arnove)와 함께 쓰신 『미국 민중사의 목소리들』(*Voices of a People's History of the United States*)이 막 출간되었군요. 이 책은 미국사 초기에서 아주 최근까지의 미국내 저항 목소리들을 담고 있습니다. 지금 우리는 씬디 시핸(Cindy Sheehan, 반전운동가. 이라크전쟁에 반대하여 텍사스 주 크로퍼드에 있는 조지 W. 부시의 별장 앞에서 벌인 시위로 유명하다. 이 책 3장 참조─옮긴이)이라는 놀랍고도 새로운 저항의 목소리를 듣고 있습니다. 그녀를 어떻게 생각하십니까?

하워드 진 이미 진행중인 저항운동은─현재의 반전운동은 이라크전쟁이 시작되기 훨씬 전부터 진행되었는데─때로 한 사람의 도전적 행동에서 중요한 추동력과 특별한 촉발 계기를 얻기도 합니다. 로자 팍스(Rosa Parks, 1955년 12월 1일 앨러배마 주 몽고메리에서 시내버스 좌석의 흑백 분리를 규정한 몽고메리 시법을 거부하고 백인에게 자리 양보를 거절함으로써 체포되었다. 이 행동으로 인종차별반대운동이 벌어졌고 60년대 민권운동의 도화선이 되었다─옮긴이)와 그녀의 도전 행위 그리고 그것이 의미하는 바가 떠오르는군요.

현재 컬럼비아 대학 역사학 명예교수인 하워드 진

탐 씬디 시핸처럼 저항운동들을 결집시킨 다른 인물들이 예전에도 있었나요?

진 베트남전쟁 동안의 반전운동에는 그런 인물이 없었지만, 과거 노예제폐지운동까지 소급하면, 프레더릭 더글러스(Frederick Douglass, 1817~95. 미국의 대표적인 노예해방론자. 노예제반대 집회를 주도했고 자서전을 통해 노예제의 실상을 고발했다 ─ 옮긴이)가 그쪽으로는 특별한 인물이었죠. 그가 노예 신분을 벗어나 북쪽으로 와서 노예제폐지론자들에게 연설했을 때가 그 운동의 시작이었어요. 개리슨(W. L. Garrison, 1805~79. 미국의 언론가이자 노예제폐지운동가. 언론을 통해 사회를 개혁하고자 했으며 노예제폐지운동의 대부로 여겨진다 ─ 옮긴이)이 이미 노예제반대 신문인 『해방자』(Liberator)를 발행하고 있었지만, 더글러스야말로 개리슨이나 다른 노예제폐지론자들이 할 수 없는 방식으로 노예제폐지론 자체를 대변할 수 있었습니다. 그의 극적인 출현과 호소력으로 노예제폐지운동은 중요한 활기를 띠게 되지요.

22

탐 제 생각엔 씬디 시핸 역시 다른 어느 누구도 대변하지 못하는, 아니 거의 대변할 수 없는 그 무언가를 대표한다고 봅니다. 전쟁에서 죽은 미국인과 그녀 자신의 전사한 아들조차 할 수 없는 무언가를 말이죠.

진 그럴듯해요. 씬디 시핸 말고도 목소리를 높인 어머니들이 있었지만, 그녀는 특별한 반향을 불러일으킨 행동을 결행했어요. 그냥 부시가 가는 곳을 따라다니면서(진은 생각만 해도 재밌는지 크게 웃었다) 이 전쟁의 중요한 두축, 즉 전쟁을 일으킨 쪽과 그 반대편을 대면시켰어요. 그냥 부시 옆에 진을 치기만 했는데도 국가적 관심의 중심, 곧 중력의 중심이 되었고 그 주위로 사람들이 모여들었습니다. 수만명의 사람들이요.

탐 부시행정부는 대통령이 도전받을 수 있는 곳에는 나서지 않는다는 장기 전략을 세우고 있었는데, 지금은 글자 그대로 군사 기지가 아닌 다음에는 더이상 그런 도전에서 안전하지 않은 것 같아요.

진 쏠트레이크씨티 시장이 2천여 군중 앞에서 대통령의 연설을 반박했다는 기사를 본 적 있나요? 베트남전쟁 때도 비슷한 일이 벌어졌었지요. 그런 일이 있은 뒤, 존슨(L. B. Johnson)대통령과 험프리(H. Humphrey)부통령은 군사기지 이외에는 갈 만한 곳이 마땅치 않았어요. 씬디 시핸의 대단함은, 그녀가 온건한 입장도 아니라는 점이에요. 무슨 말이냐면 아주 용감하고 분명하게 이라크에서 철수해야 한다고 말했기 때문에 『뉴욕 타임즈』(*New York Times*)에 기고하는 프랭크 리치(Frank Rich) 같은 반전 인물조차 그녀의 입장을 "묵시론적"이라고 일컬으며 다소 도가 지나치다고 평가합니다. 그런데 그런 평가가 참 딱한 것이, 철군 문제에 관한 한 그녀는 수많은 사람들이 발설하지 못하는 욕망을 대변하고 정치가들과 저

널리스트들이 여태껏 감히 입에 올리지 못한 것을 거리낌 없이 말하고 있기 때문이죠. 아마도 『씨애틀 포스트』(*Seattle Post*)와 다른 하나를 빼면, 철군 일정표나 조건들을 언급하지 않고 당장 철군을 주장하는 신문은 미국 전역에 거의 없을 거예요.

탐 1967년에 『베트남: 철군의 논리』(*Vietnam: The Logic of Withdrawal*)를 쓰신 장본인으로서 현재 벌어지는 철군 논쟁의 논리와 그때를 비교하면 어떻게 얘기할 수 있을까요?

진 베트남전쟁 초기에는, 주요 인물과 전쟁에 비판적인 사람 중 어느 누구도 오직 즉각 철군을 해야만 한다고 주장하지 못한 적이 있었죠. 모두가 대체로 형세를 관망하며 협상해야 한다, 타협해야 한다, 이런저런 위도 북쪽에는 폭격을 멈추어야 한다 등의 주장을 하던 때였죠. 이라크전쟁이 시작된 지 2년이 지난 지금 우리도 그 비슷한 싯점에 와 있는 것 같아요. 1967년 봄 제 책이 출간되었을 때가 바로 1965년 존슨이 최초로 대규모 미군 병력을 투입하여 확전이 된 지 2년이 지난 싯점이었죠. 그때나 지금이나 논쟁들은 유사하다고 할 수 있습니다. 심지어 쓰는 표현도 비슷해요. 치고 빠질 수는 없다, 적들에게 승리를 안겨줘서는 안된다, 국제사회에서의 특권을 잃어서는 안된다 등.

탐 신뢰성이란 말이 당시에 유행이었죠.

진 예, 맞아요. 신뢰성. 우리가 떠난다면 혼란과 내전이 있을 것이라고 들 했죠.

탐 대학살도요.

진 맞아요, 대학살도. 왜냐면 현재 진행중인 파국을 정당화하는 한 방법은 지금의 파국을 막아내지 못할 경우 닥칠 더 큰 파멸을 제시하는 일이기 때문이죠. 번번이 그런 심리학이 작동한다는 걸 잘 알고 있죠. 예컨대 히로시마(廣島) 원폭투하 때도 그랬어요. 말인즉, 일본의 침략이 초래할 백만명의 죽음 같은 더 큰 파국을 막기 위해서는 수십만명을 죽일 수밖에 없다는 것이었죠.

흥미롭게도 우리가 마침내 베트남을 떠나게 되었을 때 그와 같은 끔찍한 경고들은 실제로 하나도 실현되지 않았어요. 철군한 뒤에 상황이 나아진 것은 아니죠. 화교들이 추방되었고 난민(보트 피플)들과 재교육 수용소들이 생겨났지만, 그 어느 것도 미군이 주둔했을 때 벌어진 지속적인 살육에 비할 바는 못 되었죠. 따라서 미국이 이라크에서 철군하면 아무도 무슨 일이 벌어질지 예측할 수는 없지만—저는 이게 중요한 얘기라고 봐요—문제는 오늘날 이라크에서 끊임없이 벌어지고 있는 명백한 재앙, 혼돈, 폭력과 예측 불가능하고 어쩌면 좋지 않을지 모를 모종의 사태 중에서 우리가 하나를 선택해야 한다는 사실입니다. 그러나 어쩌면 나쁠지 모를 그 사태 역시 확실하지는 않습니다. 확실한 것은 현재의 이라크 점령이 좋지 않다는 사실입니다. 제 생각엔 둘 중 하나를 선택할 때 점령을 끝낸다면 어떤 일이 벌어지든지 우리는 위험을 감수해야 한다고 봅니다. 물론 동시에 철군이 야기할 최악의 가능성들을 완화할 수 있는 모든 노력을 다 해야만 하겠죠.

반전의 핵심적 두 세력: 병사 가족들과 군 상층부

탐 씬디 시핸 얘기로 잠시 돌아가보겠습니다. 베트남전쟁 막바지의 몇 해 동안 미군은 거의 싸울 형편이 아니었고, 전쟁에 반대하는 군인 가족들이 있었지만, 그즈음 핵심 반전세력은 징병연령대에 속한 병사 당사자들이었습니다. 현재는 완전지원병 체제입니다. 군기가 해이해지고 군 내부에서 특정한 저항의 사례들 — 예컨대 이라크로 복귀하길 거부하는 일 — 이 있다는 것을 알고 있습니다만, 현재 대부분의 저항은 병사들의 가족들에게서 나오는 듯합니다. 역사적으로 이런 식의 전례가 혹 있었나요?

진 이런 식의 어떤 움직임이 이전의 전쟁들에 있었는지, 적어도 미국의 경우에는 잘 모르겠습니다. 가장 비근한 사례를 꼽자면 남북전쟁중의 남부연합(Confederacy) 정도일 텐데, 그때 남편들은 죽어가는데 농장주들이 민간인용 곡식 재배는 거부한 채 목화를 팔아서 이득을 챙기고 있다고 병사의 부인들이 들고 일어나 항의했어요. 조지아 주 밸도스터 출신의 데이비드 윌리엄즈(David Williams)가 이번 가을(2005년 가을—옮긴이)에 『남북전쟁 민중사』(*A People's History of the Civil War*)를 출간하는데 거기서 이 현상을 다루고 있어요.

쏘비에뜨에서 좀더 가까운 예를 찾을 수 있어요. 러시아 어머니들은 그들의 베트남이라고 할 아프가니스탄에서 전쟁이 지속되는 것에 반대했지요. 쏘비에뜨 정부가 철군을 결정한 데 그 일이 어떤 역할을 했는지는 알 수 없지만 분명 극적인 무언가가 있었던 것만은 사실이에요.

베트남전쟁 때 전쟁에 반대하던 샛별 같은 어머니들이 미국에 있었지만 지금과 같은 정도는 아니었으니 당신 말에 일리가 있는 것 같네요. 이라크에 있는 지아이(GI, 미군 병사를 일컫는 속어. 원래는 정부에서 발급한 Government Issued 물품이란 뜻임—옮긴이)들은 징집된 병사들과 동일한 처지가 아니죠. 물론 베트남전쟁 때 수많은 저항이 육군에 지원한 사람에게서 나왔다는 점을 고려하면 유보를 두어야 하긴 하겠지만요. 오히려 어떤 면에서 보면 이번 전쟁의 경우에도 징집된 병사들이 있어요. 비전투요원으로 선발된 사람들 혹은 참전을 예상치 못한 국가방위군(National Guards)

과 예비군(Reserves) 들이죠. 그들은 징집되었다고 봐도 무방할 거예요.

그렇지만 대부분이 완전지원병으로 이뤄진 군대이기 때문에 저항의 몫은 유례없이 부모들에게 떠맡겨졌습니다. 자식들은 쉽사리 저항을 할 수 있는 처지가 전혀 아니에요. 하지만 전쟁이 계속된다면 더 많은 지아이들의 저항이 생겨날 거예요. 불가항력이죠. 증명할 방법은 없지만 눈에 띄지 않기 때문이지 아마도 보고된 것보다 더 많은 물밑 저항과 반감이, 알려진 것보다 훨씬 더 많이 군대 내부에 이미 존재하리라고 짐작합니다.

무엇이 부시행정부를 이라크에서 정말로 빠져나오게 할지 곰곰이 생각해보면, 군대에서의 반란이 그 하나가 아닐까 싶어요. 『반란하는 병사들: 베트남전쟁에서 지아이의 저항』(*Soldiers in Revolt: GI Resistance During the Vietnam War*)의 저자인 코트라이트(D. Cortright)는 베트남전쟁 때 군대 안에서 벌어진 일이 결국 미국을 베트남에서 빠져나오게 하는 데 결정적인 요인이었다고 믿더군요.

탐 아래로부터의 저항 말고 상부의 군사적 저항은 없었나요? 한국(전쟁)으로 거슬러 올라가면 잘못된 시기에 잘못된 장소에서 잘못된 전쟁을 치른다는 공감대가 장교들 사이에 있었고 그게 베트남에서도 되풀이되었죠. 이라크의 전장에 나가 있는 상부 인물들은 오랫동안 자신들이 파국에 연루되어 있다는 걸 분명히 알고 있어요. 최근 부시행정부의 허락도 없이 감군(減軍)과 철군을 언급하기 시작한 사람들이 바로 이들입니다.

진 매우 의미있는 진전이에요. 왜냐면 과거 상층부의 단단한 결속력처럼 보이던 것에 일단 금이 가기 시작하면 전쟁을 계속 밀고 나가기가 훨씬 더 어려워지기 때문입니다. 전쟁 상황은 아니지만 예로 들 수 있는 게 매카시즘(McCarthyism)입니다. 좌파 색출에 광분한 매카시 상원의원이 아이젠하워행정부의 주요 인사들을 추적하러 나섰고 마셜(George Marshall,

1880~1959. 군인이자 정치가. 2차세계대전 당시 육군 참모총장으로 참전했고, 1947년 트루먼 행정부의 국무장관 시절 유럽 부흥을 위해 입안한 '마셜플랜'으로 1953년 노벨평화상을 받았다 ─ 옮긴이) 장군까지 압박하면서 공세가 점점 더 상층부로 옥죄어가자 사람들이 점차 그에게서 떨어져나갔죠. 그게 매카시가 몰락하는 데 결정적이었어요. 군대 최상층부의 불만이 두드러진 것은 꽤 되었어요. 예컨대 중부사령관이던 지니(A. Zinni) 예비역 장성은 처음부터 거침없이 발언했어요. 그 양반과 내 이름이 엇비슷해서 한동안 걱정을 좀 했는데(웃음), 그가 해야 할 말을 하고 있으니까 지금은 괜찮아요.

탐 지니 같은 퇴역 장성들은 항상 군 내부의 다른 사람들을 위해서 발언하고 있지요.

진 맞아요. 다른 사람들이 못하는 말을 할 수 있는 위치에 있는 거죠. 미국이 치른 많은 전쟁에서 군부의 저항은 있었지만, 베트남전쟁 전까지는 그런 저항이 정책을 바꾸는 데까지 나아가지는 못했어요. 독립전쟁 시기 군대에서는 조지 워싱턴에 맞선 반란이 있었습니다. 멕시코전쟁에서는 엄청난 규모의 탈영이 있었지만 전쟁을 막지는 못했습니다. 1차세계대전 기간에는 아무런 군부의 저항도 없었고요. 물론 미국은 실제로 1년 반이라는 아주 짧은 기간 참전했죠. 2차세계대전쯤 되면 분명 얘기가 달라지고, 그 때문에 베트남전쟁이 매우 역사적인 현상이 되는 것입니다. 정부의 정책을 변화시키는 데 군부의 움직임이 중요한 요소로 작용한 것은 처음이었어요. 흥미롭게도 그후로는 이번 전쟁을 빼면 단기전들이었고, 의도적으로 단기전으로 계획되어서 반전운동이 전개될 겨를이 없었을 거예요. 이번 경우는 계산 착오였어요. 지금 상황은 '만일'의 문제가 아니라 '언제'냐가 관건이라고 봐요. 언제 어떻게. 미국이 이라크에서 철수해야만 한다는 점에는 의문의 여지가 없어요. 의문점이 남아 있다면, 과연 얼마나 걸릴 것인가, 얼마나 더 많은 사람이 죽어야 하나, 어떻게 마무리될 것인가라는 물음들이겠죠.

탐 1960년대에 논의하신 바 있는 다른 사안, 즉 전쟁범죄 문제로 가보겠습니다. 이 문제는 그 시절 주된 논의선상에서 가장 나중에 등장했고 가장 먼저 잊혀진 사안이죠. 아부그라이브(Abu Ghraib, 이라크 전범들을 억류한 수용소—옮긴이)와 관따나모(Guantanamo, 꾸바에 있는 미군기지 및 수용소—옮긴이)에서 아프가니스탄에 이르기까지 최근 몇년 동안 분명 많은 전쟁범죄들을 목도했습니다. 왜 전쟁범죄가 하나의 개념으로서 미국인들에게 제대로 각인되지 못하는 것일까요?

진 전쟁범죄니 전쟁범죄자니 하는 개념은 미국에서는 이해되기 어려운 개념인 것 같아요. 리더십이 잘못됐다고 말하기는 쉽지만, 리더십을 사악하다고 말하는 것은 거기서 한참 더 나아가는 비약이거든요. 유감스럽게도 미국문화에서는 여전히 대통령과 통치세력들이 매우 특별한 사람들이라는 일종의 군주제적인 관념이 있어서, 그들이 잘못을 저지를 수는 있어도 범죄자가 되는 건 아니죠. 대중들이 베트남전쟁에 등을 돌린 뒤에도 존슨 대통령과 맥너마러(R. McNamara) 국방장관 및 여타 인물들이 전범에 해당한다는 얘기는 널리 거론되지 않았죠. 이는 대통령과 그 참모들을 존중할 뿐 그 존중 너머를 생각하길 거부하는 미국문화의 특징과 연관되어 있지 싶어요.

먹성 좋은 미국식 예외주의

탐 미국의 예외주의(exceptionalism) 문화와 이것이 어떻게 맞물려 있다고 보시는지요?

진 베트남전쟁에 반대한 수많은 미국인들이 여전히 미국이라는 나라의 본질적 선량함을 믿었다고 봐요. 그들은 베트남전쟁이 하나의 일탈이라고 생각했죠. 반전운동세력 가운데 오직 소수만이 베트남전쟁을 지속적인 제국주의와 팽창정책의 일환이라고 보았어요. 그 점은 오늘날에도 마찬가지라고 봐요. 미국인들은 특히 자신의 국가가 선량하다는 생각을 떨쳐버리기가 쉽지 않아요. 미국인들이 때로 잘못된 일을 행하기는 하지만 이를 단지 개별적인 탈선에 불과하다고 생각하면 위안이 되는 거지요. 특정한 정책이나 특정한 전쟁에 대한 비판을 국가와 그 역사에 대한 전반적인 부정적 평가로 확대하는 일에는 엄청난 정치적 의식화가 필요하다고 생각합니다. 이 문제는 미국인들이 고수하고자 하는 그 무언가와 너무 밀착되어 있습니다.

물론 이렇게 고수하려는 그 무엇에도 괜찮은 요소가 있어요. 미국이 표방하는 선한 원칙들이 아마도 존재한다는 면에서요. 문제는 사람들이 원칙과 정책을 혼동한다는 것인데, 그래서 만인을 위한 정의나 평등 같은 원칙들을 머릿속에 담아두고 있는 한 그 원칙들이 노골적이고 줄기차게 위반되어왔다는 사실을 받아들이기는 매우 힘들어요. 대통령과 주변 인사들을 전범으로 간주하는 데까지는 이르지 못하는 까닭을 저로서는 이렇게 설명할 수밖에 없네요.

탐 이라크전쟁의 재앙에서 한걸음 물러서서, 미국식 제국주의 기획을 추구하는 부시행정부를 어떻게 평가하십니까?

진 저는 중동이 미 제국의 가장 바깥쪽 경계라 생각하고 싶습니다. 라틴아메리카에서는 가망이 없다고 믿는데, 미 제국은 거기서 행사하던 위력을 소진했고 미국과 협력하려 하지 않는 정부들의 세력이 강해지는 걸 목격하는 중이죠. 이 점이 지금의 행정부가 이라크전쟁을 그렇게도 중요하게 여기는 이유 중의 하나이기도 할 거예요. 이라크를 넘어서 더이상 나아갈 데가 없는 거죠. 그러니 이렇게 말하면 되겠군요. 언제 벌어지더라도 이라크에서의 철군이 있을 텐데—이건 반은 희망이고 반은 믿음이기도 한데(크게 웃음)—미 제국의 축소로 가는 첫째 과정이 될 수 있겠죠. 어쨌든 이렇게 할 수밖에 없는 지경에 처한 역사상 첫 국가가 미국은 아니에요.

이렇게 철군하게 되는 일이 미국 내부의 반대 때문일 거라고 말하고 싶지만, 자신이 속하지 않는 영역들로 미국이 진출하는 것을 세계의 다른 나라들이 대체로 더이상 받아들이려 하지 않기 때문이 아닐까 의구심도 들어요. 훗날 9·11사태는 미 제국 붕괴의 시초로 간주될 거예요. 다시 말해 그 즉시는 전쟁에 대한 대중적 지지를 결집시켰지만 종국에는—얼마나 길지는 알 수 없지만—미 제국의 약화와 붕괴의 시작으로 여겨질 거예요.

탐 아이러니하겠군요.

진 분명 그렇겠죠.

전쟁으로는 아무것도 해결 못한다

탐 전쟁 문제로 화제를 돌려보겠습니다. 전쟁의 종결 가능성이 순전히 유토피아적 기획은 아니라고 쓰신 걸로 아는데요. 전쟁이 실제로 끝나리라고 보시는지요? 아니면 전쟁이 우리 유전자에 들어 있나요?

진 많은 문제들이 불투명하긴 하지만 하나는 분명해요. 우리 유전자에 들어 있지는 않아요. 이러한 형태의 폭력과 군사주의를 요구하는 무언가가 남성의 정신세계에 들어 있다고 주장하는 이야기들 — 전쟁을 겪어본 사람들 중에도 있어요 — 을 많이 듣지만 믿지는 않아요. 저는 역사적 경험에 근거해서 말하는 겁니다. 즉 폭력적인 행동을 저지르고 전쟁에 참여한 사람들 — 그 대부분은 남성들 — 과 전쟁에 가담하지 않고 전쟁참여를 거부한 사람들을 비교해보면 사람들이 본성적으로 전쟁을 원하는 것 같지는 않아요.

전쟁과 관련된 여러가지 것들을 원할 순 있어요. 동료애라든지 무기를 소지하는 것이 주는 쾌감 등이 있는데, 이게 사람들을 헷갈리게 만들어요. 쾌감, 동료애 같은 것은 여러 다른 방식으로도 얻어져요. 다만 그걸 전쟁에서 느끼는 이유는 사람들이 그렇게 느끼게끔 조종되었기 때문입니다. 전쟁을 향한 내재적인 충동이 있다는 주장을 가장 효과적으로 반박하는 것은 정부가 사람들을 전쟁에 동원하기 위해 수많은 수단을 강구한다는 사실이에요. 아주 최근의 사례에서 알 수 있듯이 엄청난 규모의 선전과 속임수가 있어요. 그래서 저는 타고난 전쟁지향성이라는 관념을 받아들이지 않습니다.

탐 전쟁에 몸소 참전하셨더군요.

진 스무살 때였어요. 미8공군 소속 폭격수로 B-17기 승무원 중 하나였는데 영국 기지에서 전쟁의 막바지 임무 때 몇번 출격했어요. 당시 저는 젊고 철저한 반(反)파시스트였으며 전쟁을 믿었고 파시즘에 대항한 정당한 전쟁이라는 이념을 신봉했죠. 전쟁이 끝나자 우리가 관여한 파괴 행위들이 정당한가에 대해서 회의가 들기 시작했어요. 히로시마와 나가사끼(長崎) 같은 도시에의 폭격들과 내가 가담했던 폭격들에 대해서요. 그리고 나자 연합군 지휘부의 동기에 의구심이 들기 시작했죠. 그들이 정말로 그

렇게 파시즘을 신경 썼을까? 그들이 유대인들을 걱정했던 것일까? 제국을
향한 전쟁이었나? 공군에 있을 때 동료 승무원 중에 젊은 <u>뜨로쯔끼주의자</u>
가 하나 있었는데 제게 "이봐, 이건 제국주의 전쟁이야"라고 말하더군요.
충격을 받았어요. 제가 "넌 비행임무중이잖아! 넌 여기 왜 왔는데?"라고
했더니, "너 같은 친구들과 얘기하려고 왔지"라고 대답하더니 웃더군요.
개종까지는 못 시켰지만 그 친구는 절 꽤나 흔들어놓았어요.

　전쟁이 끝나고 세월이 흐르면서 전쟁이 이렇게 저렇게 바꾸어주리라고
한 약속들을 짚어볼 수밖에 없었어요. 마셜 장군은 저뿐만 아니라 다른
1,600만명에게 전쟁 승리를 축하하는 편지를 보내서는 이제 정말 다른 세
상이 될 거라고 말했어요. 그러나 5천만명이 죽었는데 세상은 크게 달라
지지 않았어요. 일본 군국주의가 없어졌듯이 히틀러와 무쏠리니는 사라
졌지만, 파시즘, 군사주의, 인종차별은 여전히 세계 도처에 존재하고 꾸준
히 지속되고 있어요. 그래서 저는 전쟁이 아무리 신속한 해결책 ─ "오, 우
리가 파시즘이라는 현상을 물리쳤습니다! 우리가 싸담 후쎄인을 제거했
듯이 히틀러를 없앴어요!" ─ 과 열정의 분출을 제공하더라도 그 후유증은
마치 마약과 같다는 결론에 이르게 되었습니다. 처음엔 환각에 이르지만
나중에는 끔찍한 상태로 떨어지게 되는 것이죠. 모든 전쟁은, 심지어는 악
에 대항하는 전쟁일지라도, 절대로 뭔가를 많이 성취하는 법은 없다고 생
각하게 되었어요. 결국 전쟁은 절대로 문제를 해결하지 못해요. 그 와중
에 엄청난 수의 사람들만 죽게 되죠.

　또하나 내린 결론은, 현대 전쟁의 기술을 감안할 때 전쟁이란 불가피하
게 아이들을 겨냥한 전쟁, 즉 민간인을 겨냥한 전쟁이라는 거예요. 민간인
과 군인 사망자의 수를 비율로 따져보면 2차세계대전 때 50대 50이던 것
이 베트남에서는 80대 20이었고, 지금은 아마도 90대 10쯤 될 거예요. 이
딸리아 출신 군의관 지노 스뜨라다(Gino Strada)를 아시나요? 『초록 앵무
새: 한 군의관의 일기』(*Green Parrot: A War Surgeon's Diary*)를 썼죠. 그

는 아프가니스탄과 이라크 및 다른 지역에서 군의관으로 활동했어요. 그
가 집도한 사람들 중 90퍼센트가 민간인들이었어요. 이런 사실을 직시한
다면 이제 전쟁은 항상 민간인들을 겨냥한, 더군다나 아이들을 겨냥한 전
쟁인 것이죠. 어떠한 정치적 목표도 이걸 정당화할 수 없기 때문에 우리
시대 인류가 직면한 도전은 폭정과 침략의 문제를 풀되, 그것을 전쟁 없이
해결하는 것입니다. (조용히 웃음) 매우 복잡하고 어려운 일이지만 반드시
맞닥뜨려야만 하는 그 무엇입니다. 제가 2차세계대전이 끝난 이래 반전운
동에 관여하고 있는 이유도 그 때문입니다.

2장

모기와 망치

제임스 캐럴 James Carroll

서로 다른 차를 타고 왔지만 우리는 동시에 주차장에 차를 세웠다. 둘 다 약간 휴가에 지쳐 있었다. 그는 야구 모자를 쓰고 소나기가 쏟아질 때를 대비해 보라색 반코트 우비를 입고 있었는데, 우리가 근처 커피숍에 무사히 들어앉자, 바로 소나기가 퍼붇기 시작했다. 내가 녹음기 두대를 서투르게 만지작거리자 곧장 인터뷰를 사양하겠단다. 새로운 얘깃거리가 없다고 나를 납득시키다 못해 우리가 대화를 통해 무엇을 만들어낸들 그걸 언제 써먹을 기회가 과연 있겠냐면서 나에게 면죄부를 주기도 했다.

미 국방부 정보국의 초대 책임자인 육군 중장의 아들이자 전직 가톨릭 신부로서 베트남전쟁 동안 반전운동 — 그의 책 『미국식 장송곡: 신, 나의 아버지, 그리고 우리를 갈라놓은 전쟁』(*An American Requiem: God, My Father, and the War That Came Between Us*)의 주제이기도 하다 — 에 가담했던 캐럴은 어떻게 신앙과 권력이 역사적으로 끔찍한 결과들을 빚어 냈는지 추적하는 데 오랫동안 관심을 기울여왔다. 예컨대 이런 관심 덕에 가장 많이 팔린 그의 책은 『콘스탄틴의 칼: 교회와 유대인』(*Constantine's Sword: The Church and the Jews*)이다.

2001년 9월 11일의 공격이 있은 지 며칠 되지 않아, 그는 주류미디어에 서 아마도 가장 열정적이자 선지적인 칼럼니스트가 되었다. 그가 매주 쓰 는 칼럼은 『보스턴 글로브』(*Boston Globe*)에 꾸준히 실렸다. 근본주의자 로서의 종교적인 토대와 마니교의 이원론적 세계관, 이슬람에 대항한 문 명충돌에의 욕구, 그리고 군사력의 막강한 권능에 대한 뿌리 깊은 매혹과 믿음을 지닌 부시행정부는 어떤 면에서 그에게 안성맞춤이었다. 그는 9· 11사태 며칠 후 대통령이 "테러와의 전쟁"을 선포한 처음 순간부터 기이 하리만치 정확하게 부시행정부가 취한 행동들의 결과를 포착했다. 『보스 턴 글로브』에 실린 그의 칼럼들을 모은 기막힌 책 『성전: 정의롭지 못한 전쟁의 연대기』(*Crusades: Chronicles of a Unjust War*)는 세계무역쎈터의 붕괴와 미 국방부 건물의 파손에서 시작하여 이라크 침공 1주년에서 끝이 나는데, 분명 우리가 겪은 그 중요한 시기를 기록한 책 중에서 가장 큰 인 기를 누린 책 중의 하나가 될 것이다.

그는 나지막하지만 거침없이 말했다. 말하는 와중에도 생각하고 있는 모습을 눈으로 거의 볼 수 있었다. 지난 몇년 동안 우리가 거쳐온 세계로 다시 들어서자, 그는 말의 속도를 높였고 눈에 띄게 리듬을 탔다. 목소리 를 들으면 매주 그의 칼럼에서 확인하던 열정과 지성, 참여정신과 사려 깊 음이 인상적으로 결합된 모습을 똑같이 느낄 수 있을 것이다. 녹음기를 작 동하고 우리는 2001년 9월 11일 이후의 세상을 생각하기 시작했다.

탐디스패치 이라크에 침공한 지 다섯달밖에 안된 2003년 9월 한 칼럼에 서 "이라크전쟁은 패했다. 그 진실을 직면하는 데 이번엔 뭐가 필요할

미국 『보스턴 글로브』의 칼럼니스트인 제임스 캐럴

까?"라고 쓰신 적이 있습니다. 이제 2년이 지났습니다. 그 진실을 직면하는 데 뭐가 필요했으며 앞으로 뭐가 필요할까요?

전쟁에서 이미 패배했음을 직시해야

제임스 캐럴 흥미롭게도 현재 진실의 수호자들은 전쟁의 패배를 가장 첨예하게 느끼고 있는 사람들, 다름 아닌 사망한 미군 병사의 부모들이에요. 좋건 싫건 간에 2005년 8월까지 그 진실을 직면하는 일이 거의 전적으로 이 부모들의 몫이었다는 점이 놀라워요. 무슨 허망한 값어치가 있는지는 몰라도 이 전쟁은 우리가 희생할 가치가 없으며 곧장 끝나야 한다고 분명하게 주장한 씬디 시핸이 한편에 있고, 다른 한편에서는 자식들의 희생에 의미를 부여하려고 노력하면서 전쟁이 계속되어서 그 죽음이 헛되지 않길 바라는 부모들이 있어요. 둘다 부모의 슬픔이라는 기본적인 진실을 마주하고 있으면서 또한 전쟁에서 지고 있다는, 더 큰 동일한 현상에 대한 반응이라고 덧붙이고 싶어요. 전쟁에서 이기고 있다면 어떤 부모들이 그렇게 나섰을지 잘 모르겠어요. 지고 있는 전쟁에서 자식을 잃는 참담한 비극을 생각한다면 아무에게도 전쟁이 옳은지 그른지 하는 문제가 와닿지 않을 거예요.

가슴 아픈 일은, 더 폭넓은 인간적이고 정치적인 문제들에 대한 논의다운 논의들이 미국의 정치담론에서 이 상처 입은 부모들의 몫이 되었다는 거예요. 민주당원들은 어디 있나요? 그 일이라면 공화당원들은 어디 있나요? 의사당에서 이 전쟁에 관한 토론이 있었나요? 베트남전쟁 기간에는 저 충격적인 풀브라이트 청문회라도 있었죠. 청문회가 시작되었을 때 민주당 상원의원인 풀브라이트(W. Fulbright)가 같은 당 출신 대통령인 린든 존슨(Lyndon B. Johnson)에게 대들었던 일이 너무도 선명해요. 청문회는 요새 어디 갔나요? 중요한 문제들을 다루도록 되어 있는 정치적 씨스템이 있는데도 그들은 전혀 관심이 없어요. 진실을 직면하는 데 얼마나 시간이 걸릴까요? 상처 입은 부모들이 이 진실을 감당해야 한다는 게 너무 끔찍합니다. 부모들이 저처럼 전쟁에 반대한다고 해도 우리가 처한 난감한 딜레마를 해결할 정치적 지혜를 구해야 할 곳은 상처 입은 부모들이 아니기 때문이에요.

탐 『성전』의 말미에 쓰시기도 했고 2004년 3월 침공 1주년 때 다시 지적하시길, "이번주 이후에 이라크에서 무슨 일이 벌어지든 이 전쟁이 미국에 어떤 결과를 초래할지는 명백하다. 우리는 스스로 무너졌다"라고 했습니다.

캐럴 조너선 셸(Jonathan Schell)이 『정복 불가능한 세계』(*The Unconquerable World*)에서 잘 정리해준 20세기의 역사에서 이미 배운 바 있어요. 그는 광범위한 토대를 지닌 민족적 저항운동들이 엄청나게 우월한 군사력에 의해서도 패배당하지 않은 수많은 사례들을 들고 있어요. 그의 통찰에 따르면 지난 세기는, 압도적인 화력의 우위가 토착 민중들에 기반한 소규모 저항운동에 대항하는 일에조차 신통치 않다는 실례들로 — 미국인들에게 가장 분명한 사례는 베트남인데 — 넘쳐납니다. 대체로 수니파(Sunni, 이슬람 정통파로 이슬람의 전통적 관습을 뜻하는 수나Sunna를 신봉하고 이슬람교도의 대부분을 차지한다 — 옮긴이)가 벌이는 이른바 이라크에서의 반란은 이런 소규모 저항운동임이 분명하며 소규모라는 것이 크게 문제되지 않아요. 그 저항운동이 근거하고 또 이를 지원하는 토착 민중이 존재하지요. 그 모든 일이 금세 분명해졌어요. 실제로 1991년에 아버지 조지 부시는 이 점을 잘 알고 있었다고 봐요. 이 경우에 첫째로 교훈을 얻을 수 있는 곳은 베트남이 아니에요. 오히려 1차 걸프전쟁이고, 죽기를 작정하고 싸우려는 토착 민중의 종교운동을 물리칠 어떤 방법도 없다는 것을 분명히 인식하여 전쟁을 중단한 아버지 부시의 현실정치적 결정이에요.

탐 지금 미국은 어떤 처지에 있다고 보십니까?

캐럴 미국이 이 전쟁을 이길 수 없다는 것은 대중에게 이미 명백해졌어요. 패배가 무엇을 의미하는지 아는 사람이 과연 있을까요? 미국이 패배했다고 말한 이유는 우리의 의지를 이라크 사람들에게 강요하는 것이 불가능하기 때문입니다. 헌법을 둘러싼 논란이 바로 그 점을 증명합니다. 달포 전에 럼즈펠드(D. Rumsfeld)는 3자 합의가 있어야 한다고 주장했어요. 8월에는 아무런 합의도 없으리라는 게 분명해졌죠. 현재는 양자 합의만 있고 수니파는 거기서 배제됐어요. 근본적으로는 이러한 정치적 상황 전개가 수니파의 저항운동을 야기한 것인데, 수니파가 이라크의 미래에서 잘려나간 때문이죠. 그들 몫의 석유가 없고 바그다드의 실제 정치권력도 손에 넣을 수가 없어요. 손해 볼 것이 전혀 없다는 것이 끊임없는 전투를 불러오는 공식인 셈이죠.

탐 최근 이라크에 있는 최고위 미군 장성들의 철군과 철수 언급을 듣고 놀랐는데, 하나같이 워싱턴의 재가를 얻지 않은 게 분명하더군요. 하층부에는 화난 군인 가족들, 계속적인 사기의 저하와 완전모병제에 따른 병사 모집의 어려움이 존재하고, 상층부에는 애초부터 이라크에 있고 싶지 않았고 특히 지금 주둔하고 싶어하지 않는 장성들이 있습니다.

캐럴 그 장성들은 국가방위군과 현재 활동중인 예비군처럼 군대를 지원하기 위한 민간 씨스템을 포함한 미 육군 전체의 파괴를 관장하는 일에 내몰려 있는 처지라고 해야겠죠. 이것이 이 전쟁의 가장 중요한 결과이고 베트남전쟁 때처럼 한세대 동안은 그 댓가를 치러야 할 거예요.

탐 국방부를 잘 아시는 분으로서 그게 어떤 종류의 댓가가 되리라고 보십니까?

캐럴 애석하게도 미국이 반복하게 될 일 중의 하나는 공군력과 원거리 폭격에 지나치게 의존하는 것입니다. 예컨대 현 행정부 치하에서 미국은 이란이 핵무기 근처에라도 가는 것을 용납하지 않을 거예요. 그것을 막을 수 있는 유일한 방책은 공군력이지요. 영향력을 행사할 지상군이 없어요. 미 육군의 파괴가 두려운 일이라면 원거리 공격력인 해군과 공군이 현재의 재난에서 면제되어 있다는 점도 마찬가지일 거예요. 원거리 공격력에 존재기반을 두고 있어서 그들은 현재 건재하거든요. 그들이 보유한 토마호크와 크루즈 미사일은 통째로 작전에서 빠졌어요. 미국은 육중한 첨단화력 부대를 해상에 대기시켜놓았고 틀림없이 원거리에서 그런 화력을 다시 사용하게 될 겁니다.

미국이 1990년대에 터득했다고 주장하는 것 중 하나는 르완다에서 벌어진 일(르완다의 토착부족인 후투족과 소수민족인 투치족 간의 종족 분쟁으로 인한 대량 살상—옮긴이)과 같은 대량학살의 조짐들을 용납하지 않겠다는 것인데, 보세요, 미국은 대량학살의 움직임에 대응할 유일한 군사 수단인 지상군을 완전히 파괴해버렸어요. 칼을 휘두르는 세력들에 공군력으로 대항할 수는 없죠. 궁핍이 극에 달하고 생태적 재난이 그 어느 때보다도 엄습해 있는 지역에서 그런 종류의 갈등이 벌어지지 않으리라고 판단한다면 생각을 다시 해야 할 거예요. 활용 가능한 육군 없이 미국이 어떻게 그러한 파국에 대처할 능력이 있겠어요?

알다시피 이처럼 현재 우리는 몰락해서 러시아가 된 쏘비에뜨와 같은 처지예요. 병사들의 급료를 더이상 지불할 능력이 없게 된 러시아는 군사력의 유일한 원천으로 핵무기에 의존하게 되었습니다. 쏘비에뜨와 달리 러시아의 군사력은 이제 극도로 핵 의존적입니다. 붉은 군대는 더이상 별 쓸모가 없어요. 우리가 이라크에서 한 일이 그런 겁니다. 그게 바로 이미 우리가 전쟁에서 패했다는 말의 의미죠. 그렇게 되는 데 적군이 필요하지 않았다는 거예요. 우리 스스로가 그렇게 했으니까요.

탐 "우리"란 부시행정부가 되나요?

미국을 변화시킬 인물이 절실하다

캐럴 그래요, 부시행정부죠. 그러나 "우리"는 지난 대선에서 전쟁을 문제삼지 않은 존 케리(John Kerry)와 민주당원들도 됩니다. 저는 공화당원들만큼이나 그들도 모든 면에서 잘못이 있다고 봅니다. 적어도 부시는 일관되게 기가 막힐 정도로 어설픈 세계관에 의거해 이데올로기적으로 휩쓸려가죠. 거기에 대해 민주당원들은 철저하게 냉소적이었어요. 그들은

2008년 민주당 예비경선에서 돌풍을 일으키고 있는 버락 오바마의 연설 장면

예방전쟁의 원칙을 받아들이지 않았고, 대량살상무기를 이유로 이 전쟁을 정당화하는 것도 믿지 않았어요. 그들은 어떤 것도 인정하지 않았지만 반대하지도 않았어요! 민주당원들의 냉소주의는 이번 전쟁의 가장 놀라운 결과 중 하나예요. 내년(2006년—옮긴이) 의회선거에 대한 정치적인 논의가 시작된 싯점에, 2차세계대전 이후 미국이 자초한 두번째 군사적 재난에 대응하는 민주당원들의 주장은 어디 있나요? 적어도 초기에는 민주당원들이 가담했어요. 1972년 선거에서 민주당이 참담하게 패했을 때 조지 맥거번(George McGovern) 일파는 실제로 이 질문과 씨름했어요.

유진 매카시(Eugene McCarthy, 민주당 출신 의원으로 베트남전쟁에 반대하여 대통령선거에 출마함—옮긴이) 같은 인물이 절실하게 필요해요. 정말로 명확하고 강력하게 정치적인 맥락에서 진실을 말할 수 있어서, 우리가 하나의 대중으로서 그 진실에 응답할 수 있게 하는 인물 말이에요. 매카시는 진실을 적극적으로 주장합니다. 우리가 역이용할 수 있는 인물로는 뉴트 깅그리치(Newt Gingrich)가 있는데, 그는 다음 선거 국면에 정치적 저항을 주도하여 모든 상원과 하원선거에서 전쟁을 주요 현안으로 떠오르게 할 수 있는 인물이지요. 정말로 누군가가 필요해요. 미국의 씨스템은 이런 논의를 촉발시킬 수 있는, 정치적 문화에 능한 누군가가 필요합니다.

탐 2001년 9월 11일 후에 처음으로 쓴 칼럼에서 "우리의 애국심을 정의하고 다가올 세기를 규정하며 소중한 고인(故人)들을 기념하는 일은 이번 사태에 어떻게 대처하는가에 달려 있다"라고 하셨죠. 4년이 지났는데 각각에 대한 우리의 반응을 어떻게 평가하시겠습니까?

캐럴 애국주의는 미국에서 공허하고 편협한 관념이 되어버렸어요. 애국주의라는 이름으로 젊은 병사들을 희생양과 먹잇감으로 내몰았어요. 애국주의를 명분으로 젊은이들을 저버린 일은 9·11사태에 대한 미국의 대응에서 치명적인 과실입니다. 기성세대가 젊은이들을 산으로 데려가서는 제단에 바친 것이죠. 아브라함과 이삭의 얘기가 반복된 셈이에요. 일종의 인간적 희생에 관한 가장 오래된 이야기일 텐데, 금년 8월에 그 부모들의 외침이 그렇게 통렬했던 것도 바로 그 때문이죠. 하지만 부모들이 자식들을 그렇게 내몬 면도 있기 때문에 그 외침들은 또한 자기고발의 요소도 포함해야만 합니다. 우리가 우리 자식들을 그렇게 만들었기 때문입니다. 미 육군이 파괴된다는 것은 바로 그런 의미입니다. 매일매일 그 파괴의 실제 피해자들은 열여덟살에서 서른살 사이의 젊은 남성들과 때로는 젊은 여성들이죠. 그것도 애국주의의 이름으로요.

두번째로 다음 세기의 세계 모습에 대해서는, 미국이 우리에게 물려준 것 곧 이슬람에 대항하는 문명전쟁을 생각해보세요! 오사마 빈 라덴(Osama bin Laden)은 급진적인 근본주의 이슬람과 세속적인 서구 간의 전쟁을 획책하길 바랐어요. 그리고 성공했죠. 그의 손에 놀아난 격이에요. 이제 우리는 이라크나 아랍세계 전역에서만이 아니라 유럽에서도 매우 극적인 형태로 진행되는 전쟁을 목격하고 있지요.

탐 9·11이 있고 난 후 처음 며칠 동안 부시가 말실수한 것을 두고 이 문제를 거론한 적이 있으시죠. 부시는 미국이 "성전"에 나섰다고 말했죠.

캐럴 "이 테러와의 전쟁, 이 성전"

갈수록 종교화되는 미국의 정치

탐 그렇죠. 당신은 이 말이 "부시에게는 야구 기록만큼이나 자연스럽게 나왔다"라고 하셨죠. 시위를 벌이는 군 유가족들을 배려하여 그가 지금은 이렇게 폭력을 신성시하는 데서 한걸음 물러섰다고 보십니까?

캐럴 아뇨! 기독교 근본주의의 정치화를 경고하는 신호들은 우리 주위에 많다고 생각해요. 빌리 그레이엄(Billy Graham, 미국 복음교회의 목사로 대표적인 반공주의자―옮긴이)이 반공주의의 수호자가 되었던 냉전 초기 시절 이후로 쭉 그랬다는 말입니다. 새로운 것이 있다면 이 주변부의 기독교 근본주의가 정치적 주류에 진입하여 의사당을 점령했다는 점이죠. 수십명의 하원의원들과 상원의원들은 지금 공공연한 기독교 근본주의자들로서 아마겟돈(Armageddon)과 폭력을 말세론적으로 정당화하는 종교적 범주를 포함해, 자신들의 신학적 관점을 정치적인 결정들에 적용하고 있어요. 로버트 리프턴(Robert J. Lifton)이 저술한 바와 같은 형태의 묵시론적 정치사상은 이제 주류 깊숙이 들어와서 심지어 미국 군대에서도 목격되고 있습니다. 적어도 내 생전 처음으로 공공연한 종교성이 군사적 미덕으로 발현했어요. 이는 단지 의도적이고 명시적으로 이슬람교를 모독한 보이킨(W. Boykin, 럼즈펠드 밑에서 국방부 정보국 차관보를 역임. 이라크전쟁을 기독교와 사탄 간의 전쟁으로 해석한 발언들로 유명하다—옮긴이) 장군 같은 정신이상자만을 말하는 게 아니에요.

탐 그 사람 진급했죠.

캐럴 게다가 여전히 실권을 쥐고 있어요. 그 사람만이 문제가 아니라 매우 우려스럽지만 충분히 인식되지 못한 사건으로 공군사관학교에서 기독교 근본주의가 발흥한 현상을 들 수 있어요. 편리하게도 공군사관학교는 미국 전역에서 가장 정치화된 근본주의적 종교집단인 '가족중심그룹'(Focus on the Family)과 '새생명목회'(New Life Ministries)라는 두 단체와 인접한 곳에 위치하고 있어요. 생도 중 상당수가 공공연한 새생명 기독교도들이고 지휘관도 명시적으로 생도 집단의 종교적 일체성을 지지해왔어요. 이 사람들에게 힘을 불어넣어준 셈이 되고 말았어요. 미국 대통령이 갈수록 전쟁을 종교적 용어로 규정하는 상황에서, 가장 강력한 무기 관리권을 그들의 손아귀에 쥐어준 꼴이죠. 결국 더 기동성 높은 지하드(성전)식 이슬람교도에 대항한 우리 식의 종교전쟁이 되어버렸습니다.

지난 한세대 동안 많은 무슬림 이민자들을 환영한 예가 알려주듯이, 유럽에서 영국은 최근까지도 미국보다 훨씬 더 관용적인 문화였어요. 영국의 입법자들은 이제 이 모든 것을 확고하고 명시적으로 거부하고 있습니다. 유럽의 대도시들 어디에서나 비슷한 상황을 목격할 수 있어요. 터키와 이슬람세계에 문호를 개방함을 의미한다는 이유로 네덜란드와 프랑스 국민들이 유럽헌법에 상당수 반대표를 던졌을 때 뭔가 꽤 큰일이 벌어진 것이죠.

탐 이쯤 되면 당신이 깊이 연구해온 중세시대로 회귀하는 꼴인가요?

캐럴 맞아요. 우리는 십자군전쟁이라는 패러다임이 어찌하여 유럽에서 종식되지 않았는지를 제대로 인식하지 못하고 있어요. 유럽은 이슬람의 위협에 대응해서 성립했어요. 유럽의 통치구조였던 유럽의 왕가는 뚜르(Tours, 프랑스 남부 도시 —옮긴이)에서 이슬람 군대를 무찌른 인물의 손자인 샤를마뉴 황제의 자손들이에요. 천년도 더 전에 이슬람에 대항해서 스스로를 규정한 정체성의 체계가 처음 유럽에서 형성되었지요. 이것이 유럽의 정신에 존재하는 궁극적인 정치적 이원론이죠.

우리는 이 이원론의 후손들이에요. 물론 이슬람은 우리 시대에 와서 잊혀졌어요. 세계에 이슬람이 10억명 이상 존재한다는 점은 중요하지 않아요. 냉전기간 내내 타자이자 이방인이며 적이기도 한 상대는 공산주의자였어요. 그러나 무슬림은 우리를 잊지 않았어요. 십자군은 그들에게 어제 일처럼 생생한 거죠. 서구가 어떤 식으로든 자신들에 대항해서 스스로를 규정했다는 것을 우리보다 그들이 더 잘 알고 있지요.

이스라엘과 팔레스타인의 갈등은 이러한 맥락에서 이해해야만 해요. 천년 전에도 지금처럼 예루살렘의 정치적 운명은 성전을 주도하는 군사적 촉매였어요. 십자군들은 무엇보다도 무슬림과 유대인이라는 이교도의 짝패로부터 성지를 구출하기 위해 예루살렘으로 출동했지요. 무슬림에 대한 공격은 유럽내에서 유대인에 대한 최초의 전면 공격과 함께 발생했어요. 이스라엘에서의 충돌이 중동지역에서 서방세계와의 핵심적인 갈등으로 쉽게 여겨지는 것은 이러한 현상의 일부입니다.

지난주 독일 쾰른에서 저는 유대교 집단의 우두머리와 이슬람 공동체를 선도하는 지도자를 만났는데, 그들 모두가 동일한 경험을 들려주더군요. 둘다 자신들이 유럽의 목록— 희생 목록—에 올라 있다고 느끼더군요. 둘 모두 공격에 취약하다고 느끼며 또 그렇게 느끼는 것이 당연하다는 거죠. 아주 흥미로운 양상이에요.

어쨌든 미국은 자신이 어떤 불장난 놀이를 하는지 잘 모르고 있으며, 조지 W. 부시는 멋모르고 십자군 운운함으로써 서구문화사에서 이러한 갈등들이 얼마나 깊이 존재하는지에 철저히 무지하다는 걸 증명했어요. 오사마 빈 라덴은 부시보다 이 점을 훨씬 잘 이해했어요. 지하드들이 미국인 적에 대항해 사용한 두 표어가 "십자군"과 "유대인"인 것은 우연이 아니었으며, 그들은 수많은 아랍의 무슬림들을 향해 표어들을 유포하고 있습니다.

탐 오사마 빈 라덴과 놀아남으로써 부시가 어쩌면 그를 초강력 실권자 비슷한 것으로 만들어버렸다고 보십니까? 앞서 사용하신 용어가 제 눈길을 끌었어요. "부시의 오만한 외교정책이 다름 아닌 환각에 뿌리를 두고 있음이 공식적으로 드러났다"고 하셨죠. 빈 라덴이 아무리 영리하다 해도 이 모든 것 역시 뭔가 환각적이진 않은가요?

캐럴 상상 속의 적수를 출중하다고 여기게 되면 어느 순간에 정말로 출중한 인물이 되는 게 사실이죠.

탐 미국이 이슬람을 "망각했다"고 하셨죠. 이렇게 말하는 것이 실례가 아니라면, 당신의 저술과 어쩌면 당신 생애의 주제는 미국식의 의도적 망각입니다. 미국인의 삶에서 "망각된" 것은 당신의 두가지 주요 관심사인 미국사회의 병영화와 핵무기입니다. 부친께서 장군이셨더군요. 다음 책은 국방부에 대한 것이고요. 미국인의 삶에서 미국인이 알지 못하는 국방부의 위상은 어떤 것인가요?

잔혹한 이분법적 제국

캐럴 조지 W. 부시가 9·11 위기에 대응했을 때 두가지가 작동했습니다. 하나는 개인적 기질로서 조야하고 미숙하며 위험하고 이원론적이며 승리론적인 이데올로기적 충동들이고 또하나는 60여년 동안 형성되어온 미국 정부의 구조입니다. 9·11에 대응할 수 있는 선택의 여지가 부시에게는 별로 없었다는 점이 충분히 인식되지 못했어요.

협조를 통한 국제법의 집행을 핵심으로 하는 적극적인 외교적 행동이 요구되었지만, 미국 정부는 지난 두세대 동안 그러한 국제주의적 외교수단들을 강구하지 않았습니다. 2차세계대전 이후 미국은 거대한 군사력에 공을 들였기 때문에 부시로서는 무엇보다도 막강한 군사적 대응을 선택하는 것이 당연했지요. 부시의 기질과 오랜 준비기간을 거친 미국의 제도적 대응의 결합은 불행이었지만 그럴 수밖에 없었어요. 누군가 지적했듯이 부시가 오사마 빈 라덴이라는 모기를 잡기 위해 자신의 연장통을 꺼냈을 때 안에 들어 있던 연장이라곤 달랑 망치 하나였어요. 그래서 그걸 아프가니스탄에 가져가서 두들겼고 다음엔 이라크로 가져가서 그곳을 파괴해버린 거죠. 물론 모기는 못 잡았죠.

프랭클린 로우즈벨트(Franklin Roosevelt) 시대 이후로 미국에는 우리가 제대로 납득할 수 없는 모종의 사건이 벌어졌어요. 제가 방금 끝낸 책의 부제는 "국방부와 미국 패권의 불길한 발흥"입니다. 논쟁적인 문구 "불길한 발흥"은 아이젠하워의 유명한 군산복합체 연설에서 따온 것입니다. 그는 미국에서 "잘못 행사된 권력의 불길한 발흥"에 대해 명시적으로 경고했는데, 바로 그런 권력이 그때 이후 생겨났어요.

탐 이렇게 생각하지는 않으세요? 이런 일의 환각적인 측면 중의 하나

가 9·11사태 이후 미국이 대응했을 때······

캐럴　······권력은 부재했다. 물론 아이러니죠. 적이 우리에게 가할 법한 재난을 우리 스스로 초래한 셈이죠. 그게 바로 아이젠하워(D. D. Eisenhowr)가 말한 경고의 본질이었어요. 미국은 민주적 가치들을 희생했습니다. 아부그라이브와 관따나모를 어떻게 설명하겠어요? 피의자를 다루는 미국의 기본적 원칙을 저버린 일을 어떻게 설명하겠습니까? 미국 민주주의의 근본적 원리를 우리 스스로 저버린 겁니다. 헌법의 이 핵심 지주(支柱)를 박탈해버리는 일에, 침략군은 필요하지 않았어요. 우리 스스로 무너뜨린 것이죠.

　소련과 싸우기 위해 만들었고 소련이 붕괴된 후에도 쭉 유지된 전쟁 기구에 대해 미국은 성찰해보려 한 적이 없어요. 물론 그것은 냉전이 끝나고 위협이 사라졌는데도 미국의 대응이 변하지 않았을 때에야 드러난 일이지만요. 당파적인 주장이 아니에요. 왜냐면 실현된 바 없는 이른바 평화 배당금을 관장한 사람이 빌 클린턴이었고 핵무기를 해체하거나 적어도 납득할 정도로 축소하는 일 — 심지어는 보수적인 군사 이론가들조차 그렇게 되길 바랐죠 — 이 가능했을 시기에 집권한 인물도 빌 클린턴이었기 때문이에요. 빌 클린턴은 국제범죄재판소, 핵무기비확산조약, 비핵탄도 미사일조약에 관한 구상을 최초로 거부한 인물입니다. 대통령이 되었을 때 조지 W. 부시는 빌 클린턴이 만들어놓은 공간으로 들어선 셈이죠. 클린턴을 악마로 만들자는 것이 아닙니다. 미국의 정치 씨스템이 우리가 고려하지 못한 그 무언가에 의해 이미 잠식당했다는 점을 증명하기 위해서일 뿐입니다. 그 무언가의 약칭이 "국방부"죠.

　탐　60년 전 그 순간 원폭 또한 투하되었는데, 그 사건이 가장 기억되고 있지 못한다고 쓰신 적이 있네요.

캐럴 정치학자인 마크 트라텐버그(Marc Trachtenberg)가 "핵 망각증"(atomic amnesia)이라는 문구로 표현했죠. 핵무기와 관련된 모든 일을 미국은 잊어버린 듯합니다. 이로 인해 1945년에 무슨 일이 있었는지, 즉 일본의 항복 움직임을 전후한 협상과 일본 침공 및 그 모든 일에 얽힌 진정한 사실을 납득하는 데 미국이 어려움을 겪는 것입니다. 매년 8월 첫주가 되면 원자폭탄이 필요하다는 주장들이 미국에서 질풍처럼 일어나는 것을 볼 수 있어요. 그런 주장들 대부분은 상반되는 이념적 스펙트럼을 지닌 전문 역사가들에 의해 철저히 정체가 드러났지만요. 스펙트럼의 다른 쪽에서는 핵무기에 대한 현재 미국정책의 어리석음, 즉 지금 이 순간 미국이 핵무기 생산에 재착수했으며 그것들을 사용하겠다고 여전히 으름장을 계속 놓는다는 사실에 대해 아무도 대처하려는 시도조차 안해요. 어떻게 이런 의문들이 그렇게도 문제되지 않을 수 있나요? 해답은 그것이 더 큰 현상, 즉 늘 그 주변을 왔다 갔다 하면서도 아무도 얘기하지 않는, 미국 가정의 거실 한가운데 들어앉은 코끼리(애국주의 및 미국의 예외주의 이념의 영향으로 인한 미국인의 핵망각증을 지칭함—옮긴이)의 일부분이라는 거예요.

탐 9·11 직후에서 이라크전쟁이 나기 전까지의 비교적 짧은 순간을 생각해봤습니다. 그때 전문가들은 미국을 새로운 로마제국이라고 얘기했고, 주로 국방부쪽에서는 미국이 지상과 공중 어디서건 세계를 지배할 수 있는 힘을 지녔다고 생각했었죠. 이에 대해 지금 언급할 것이 있으신지요?

캐럴 미국이 서구의 일원으로서 로마제국의 후예라는 사실에 우리는 충분히 귀를 기울이지 않고 있습니다. 우리 안에 여전히 존재해요. 우리가 기억하는 것은 도로, 언어, 법률, 건물, 고전 같은 로마제국의 훌륭한 점들이죠. 우리는 고전세계의 자손들이에요. 그러나 로마제국은 기층의 민중—그 도로를 건설한 노예들과 개개 시민들을 위한 수많은 노예들—이 항복할 경우에는 제국의 일원으로 포함했지만 저항할 때에는 철저하고 완벽하게 박살냈어요. 그런 억압받고 점령당한 사람들에게 로마제국이 무엇을 의미했는지에 대해서는 별로 주의를 기울이지 않아요.

서기 70년에서 135년 사이에 로마가 유대인을 상대로 벌인 전쟁에서 현재 역사가들의 추정으로는 수십만의 유대인들이 로마인들에 의해 살해당했다는 사실을 우리 기독교도들은 거의 기억하지 못해요. 유대인들은 왜 죽임을 당했을까요? 로마인들이 반유대주의자들이었기 때문은 아니죠. 그들이 죽임을 당한 것은 이스라엘이라는 성지가 신을 믿지 않는 군대에 의해 불경스럽게도 점령당했다고 생각하고 저항했던 때문이지요. 이는 20세기 이전의 역사에서 가장 참혹하게 군사력이 행사된 일 중 하나로 남을 거예요. 그게 로마 역사죠.

우리 미국인들은 스스로가 자비로운 제국적 충동을 지녔다는 생각으로 가득 차 있어요. 미 제국이라는 관념이 자애로운 현상으로 자축되고 있는 이유가 바로 그 때문이죠. 미국은 세상의 질서를 잡으려 합니다. 그래요, 다만 미국에 저항하지 않는다면…… 그게 바로 로마제국과 미국이 실제로 공유하는 끔찍한 점이죠. 미국에 저항한다면 무슨 수를 써서라도 응징할 것인데, 지금 이라크에서 벌어지는 일이 바로 그러하며 이는 이라크에만 한정된 일도 아니에요. 슬프기 그지없는 일이죠. 왜냐면 공공연한 군사력뿐만이 아니라, 미국이 통제하는 세계경제와 정치씨스템에서 민중을 삭제함으로써도 그들을 파괴하기 때문입니다. 만일 누군가가 방글라데시나 가나 혹은 수단 또는 어쩌면 디트로이트에 있는 저 미개한 민중들 중 하나라면, 미국은 바로 그렇게 대응할 겁니다. 로마제국이 무엇을 뜻했는지에 대해 우리가 좀더 복합적인 생각을 하게 된다면 훨씬 나아지겠지요. 우리는 기층 민중들이 느끼는 바와 같은 제국의 권력을 숙고해야만 합니다. 로마의 권력. 미국의 권력을요.

3장

카트리나는 부시의 모니카*가 될 것이다

씬디 시핸 Cindy Sheehan

상상하기 힘는 씬디 시핸의 삶에 내가 잠깐 몸을 담은 것은 백악관 앞에서의 대규모 반전시위가 있기 전 금요일이었다. 내게는 낯선 도시인 워싱턴 D.C.의 변두리 어딘가의 주소로 택시를 타고 갔는데, 거기서 난 그녀와 조용한 시간을 보낼 예정이었다. 아마 시핸에게 보내졌을 평화염원 피켓과 장미꽃 화분 들로 가득한 현관 앞에 내려 초인종을 눌렀지만 사람은 없고 개 두마리만 짖어대며 나를 맞았다. 휴대폰을 확인해보니 시핸을 돕는 누군가가 보낸 메씨지가 뉴욕에 있을 때 이미 도착해 있었다. 굿모닝아메리카(Good Morning America)라는 방송 프로그램에서 방금 전화가 와

* 클린턴 전 대통령의 성추행을 폭로하여 클린턴행정부를 위기에 빠뜨린 모니카 르윈스키 (Monica Lewinsky)를 말함—옮긴이.

서 계획이 바뀌었으므로 5시까지 컨스티튜션(Constitution)가와 15번가 교차로로 올 수 있느냐는 내용이었다. 나는 가장 가까운 대로로 뛰어가 버스 정류장에서 택시를 잡아보려 했지만 허사였다. 겨우 발견한 빈 택시 한대가 그냥 지나가버리자 내 옆에 있던 젊은 흑인이 미안한 말투로 내게 말했다. "이런 말 하기는 싫지만 아마 운전사들은 당신이 나에게 택시를 잡아준다고 생각하고 나를 태우기가 싫어서 그런 걸 거예요." 그가 권하는 대로 난 버스를 탔고 버스가 스무 블록쯤을 느릿느릿 달린 후에 택시 승강장이 있는 호텔이 눈에 띄어 버스에서 뛰어내렸다.

5시를 몇분 남겨놓고 드디어 난 워싱턴 기념비 아래의 "캠프 케이씨" (Camp Casey) 앞에 설 수 있었다. 하늘엔 구름이 점점이 떠 있고 흰색 텐트에는 이글거리는 붉은색으로 "철군을 위한 순회시위"라고 쓰인 현수막이 걸려 있었다. 텐트 뒤에는 엉망이 된 빈 군화가 진열되어 있고, 그 뒤로는 저 멀리 눈이 닿는 데까지 그리고 마음이 느낄 수 있는 데까지, 거의 2천개는 되어 보이는 작은 흰색 십자가들이 늘어서 있는데, 몇몇 십자가 옆에는 작은 성조기가 꽂혀 있었다. 빽빽이 늘어선 십자가 앞으로 우그러진 듯한 금속 미국 지도가 녹슨 받침대 위에 서 있고 거기에 "이라크에서의 미국, 사망 ○○○ 부상 ○○○"라는 글씨가 새겨져 있었다. (구멍을 뚫어 글씨를 새긴 이 기이한 조각품에서, 글씨는 영원한 반면 분명 수도 없이 지워서 지저분해진 칠판 위에 흰 분필로 쓰인 사망 1,910과 부상 14,700이라는 숫자만이 자꾸 사라져 바뀔 것이라니 얼마나 비통한가.)

2004년 4월 4일 이라크에 도착한 지 며칠 되지도 않아 바그다드의 싸드르(Sadr) 시에서 사망한 케이씨의 엄마인 씬디 시핸의 독특한 운동 덕분에, 바로 지금 이 곳은 변화의 중심지가 되었다. 그녀의 운동은 눈에 띄지 않게 인터넷상에서 시작됐지만, 텍사스 주 크로퍼드의 길 옆 도랑에서 갑자기 터져나왔고 이제는 사실상 미국의 정치적 지도를 바꾸어놓을 수도 있을 듯하다. 내가 도착했을 때 시핸은 저 멀리서 굿모닝아메리카 사람들과 함께 하얀 십자가 사이를 걷고 있었다. 여성 반전단체인 "코드 핑크"(Code Pink)의 열렬한 구성원인, 화려한 핑크색 깃털을 단 모자를 쓴 조디(Jodie)는 군인의 부모들과 참전용사들, 이 운동의 지지자들과 관광객들, 언론인, 그 외에 온갖 사람들, 그리고 존 바에즈(Joan Baez)와 함께 잠깐 기다리라고 내게 말했다.

시핸이 다가오자 사람들이 그녀를 둘러쌌다. 그녀는 인사하는 몇몇 사람과 포옹을 하고 같이 사진을 찍기 위해 포즈도 취하고, 그녀를 만나기 위해서 캘리포니아나 콜로라도에서 여기까지 그 먼길을 왔다는 얘기들을 잠깐씩 듣기도 했다. 또한 머리에 손수건을 둘러맨, 참전용사인 듯한 한 남자가 시핸에게 "아낌없이 전부 주고 싶다"면서 진짜로 그 자리에서 벗어주는 셔츠(여기서 "아낌없이 전부 주다"라는 표현은 글자 그대로 입고 있는 셔츠를 벗어준다는 "give someone the shirt off one's back"임 —옮긴이)도 받는다. 그녀는 간명하면서도 아주 인내심이 많다. 누구든 골고루 한마디씩 해준다. 한번은 한 남자가 자신과 가족을 위해 이 순간을 증명으로 남기고 싶다며 사진기를 내 손에 쥐여주었다. 마치 시핸이 이미 일종의 국가적 기념물이 된 듯했는데, 어떤 면에서는 사실이기도 하다.

그러나 물론 그녀는 또한 한명의 사람이다. 정신과 의사인 로버트 제이 리프튼(Robert Jay Lifton)이 이름붙인 것처럼, 아들을 위한 "생존자의 사명"을 이행하고 있을지라도 말이다. 피로가 눈에 띄게 그녀의 얼굴에 깃들기 시작했다. (나중에 그녀는 "사람들이 하루 종일 나와 함께 다닌다면 대부분은 아마 오전 11시쯤이면 혼수상태에 빠질 것"이라고 말한다.) 그녀는 홀치기염색을 한 자주색 티셔츠를 입었는데 앞쪽에는 "평화를 원하는 참전용사"라고, 뒤쪽에는 "평화 수호"라고 쓰여 있었다. 난 그녀의 몸집에 좀 놀랐다. 시핸은 내 예상보다 인상적이고 훨씬 키가 컸는데 165cm 정도의 내 아담한 키보다는 확실히 더 컸다. 어쩌면 정작 내가 놀란 이유는 강하고 단호한 그녀의 모든 논평들을 읽었음에도, 그녀가 슬픔에 잠긴 어머니로서 조금은 위축된 모습일 것이라 가정해버렸기 때문인지도 모른다.

그러고는 갑자기 5시가 좀 지나서 조디가 나를 차 뒷자리에 밀어넣었고, 내 옆에는 씬디 시핸이, 그 옆에는 존 바에즈가 탔다. "전쟁이 할 수 있는 어떤 것보다도, 평화는 더 잘 해낼 수 있다"라고 쓰인 티셔츠를 입은 씬디의 여동생 디디(Dede)가 앞자리에 올라탔는데, 그녀는 나중에 "난 막후의 인물이자 비공식적 인물"이라고 했다. 차가 모퉁이를 돌자마자 씬디는 내 쪽을 보면서 "시작하는 게 좋겠어요"라고 말했다.

"지금이요?" 그렇게 정신없는 상황에서 인터뷰를 한다는 생각에 당황스러워 내가 물었다. 그녀는 지친 기색으로 머리를 끄덕이면서 — 분명 나는 오늘 만난 900번째 사람쯤 될 것이다 — "이렇게 밖에는 달리 방법이 없네요"라고 말했다. 그래서 몇쪽에 걸쳐 작은 글씨로 질문들을 끼적거린 내 공책을 무릎에 놓고, 귀중한 삶을 담기에는 값싼 녹음기 두대를 붙잡아 시핸쪽으로 밀어넣으면서 우리는 인터뷰를 시작했다.

탐디스패치 당신은 조지 W. 부시정권에서 실패한 양쪽의 버팀목이 이라크와 카트리나라고 했습니다. 그리고 뉴올리언즈지역엔 또 홍수가 났죠. 지금 우리의 상황은 정확히 어떻다고 보십니까?

씬디 시핸 글쎄요, 이라크 침공은 심각한 실수였고 침공과 주둔은 심각하게 잘못 관리되어왔어요. 군대는 필요한 것을 구할 수가 없어요. 돈이 무기상인들의 주머니로 들어가지 우리 군대에 돌아가지 못하기 때문이죠. 이것은 정치적 전쟁입니다. 우리는 그곳에 들어가지 못할 뿐 아니라 이 상황이 우리나라를 취약하게 만들고 있어요. 우리 아이의 아이에게 적을 만드는 거죠. 미국에 아무런 적대감도 없고 아무런 해를 끼칠 생각도 없는 무고한 아랍 이슬람교도들을 죽이는 일은 우리에게 더 많은 문제를

2005년 부시대통령 목장에서 죽은 아들 관련 면담
요구 시위로 유명한 씬디 시핸

초래할 뿐이에요.

카트리나는 누구도 어쩔 수 없는 자연재해였지만 그 이후 인간이 만든 재해는 끔찍할 따름입니다. 첫째 우리 자원이 모두 이라크에 있었어요. 둘째 우리가 보유한 얼마 안되는 자원조차 너무나 늦게 배치되었죠. 사람들이 지붕에 매달린 채 구조를 염원하던 때에, 부시는 골프를 치면서 존 매케인(John McCain)과 생일케이크를 먹고 있었어요. 그는 이 나라와는 너무나 단절되어 있는 거예요. 현실과도요. 어제 한 문구를 봤는데 딱 들어맞는다고 생각했어요. 카트리나는 부시의 모니카가 될 것이라고 썼더군요. 다만 정도가 그보다 더 심할 뿐이에요.

탐 죽은 군인의 부모들이 반전운동을 이끄는 것이 논리적으로는 맞지만 역사적으로는 거의 유례가 없습니다. 왜 이런 일이 지금 여기에서 일어나게 되었는지 혹시 생각해보셨는지요.

시행 그건 사람들이 내게 "왜 부시의 목장에 가서 무언가를 항의할 생각을 지금까지는 아무도 안한 것"이냐고 묻는 것과 마찬가지군요.

탐 그것도 물어보려고 했습니다만……

더이상은 참을 수 없었다

시행 (웃음) 모르겠어요. 그냥 생각이 났고 한번 해보려고 내려갔죠. 그건 정말 우연찮게 생겨난 일이었어요. "다우닝 가 메모"(Downing Street Memo, 2002년 6월 23일 영국의 노동당 정부 고위관리들이 전쟁과 관련된 비밀회의를 하면서 부시대통령이 테러리즘과 대량살상무기를 빌미로 싸담 후쎄인을 몰아낼 계획임을 직접적으로 언급한 기록을 말함. 영국의 선거운동 기간인 2005년 5월에 영국과 미국의 언론에서 잇달아 공개되었는데, 미국이 전쟁의 명목을 만들기 위해 UN의 무기감시 과정을 조종했고 의회에서 전쟁 동의를 받기 전에 이미 이라크의 기반시설을 약화하기 위한 공격이 있었음을 밝혀서 더욱 논란이 되었다 ─ 옮긴이)와 관련된 행사를 위해 하원의원 존 커니어즈(John Conyers)와 함께 8월중 일주일 동안 영국에 갈 예정이었는데 그것이 취소되었어요. 또 4일간의 집회에 참가하려고 아칸쏘에 갈 계획도 있었는데 그것도 취소되었죠. 그래서 한달간 아무 할 일이 없었어요. "평화를 원하는 참전용사" 집회에 참가하려고 댈러스에 갈 일이 있었죠. 8월 3일 수요일이 결정적이었어요. 해군 14명이 죽었고 부시는 우리 군인들 모두가 대의명분을 위해 목숨을 바쳤으니 이 임무를 계속해나감으로써 쓰러진 자의 희생을 영예롭게 해야 한다고 했죠. 정말 신물이 났어요. 더이상은 참을 수 없었고 그때 크로퍼드로 가야겠다는 생각을 했죠.

그것이 얼마나 예정에 없던 일이었느냐면, 그곳에 도착한 첫날 여섯명 정도였던 우리는 야외용 의자에 앉아서 손전등 하나만 가운데 놓은 채 별

빛 아래에서 밤을 지새웠고 10갤런짜리 양동이에다 볼 일을 봤어요.

디디 5갤런짜리지……

시핸 맞아, 5갤런. 미안. 그러니 얼마나 준비가 잘된 거예요. 그저 내려가면서 계획을 세웠을 뿐인데, 그렇게 즉흥적으로 생겨난 것치고는 무척 강력하고 성공적이었죠. 사람들은 그것이 얼마나 즉흥적이었는지 상상하기 힘들 거예요.

탐 부시가 당신을 만나려 하지 않은 것이 마른 들판에 불을 붙인 격이었고, 그것이 그의 비겁함을 보여준다고 쓰셨는데요. 그 치명적인, 아니 운명적인? 그날 그가 당신을 만나기만 했더라도……

시핸 치명적인 날.

탐 치명적인. 그에게 치명적이었죠. 그랬더라면 상황이 아주 달라졌을 거라고 하셨죠.

시핸 그가 나를 만났다면 거짓말을 했을 건 뻔한 일이죠. 난 거짓말이라고 말했을 거고, 별로 좋은 만남은 못되었겠지만 어쨌든 크로퍼드를 떠났겠죠. 그에 관해 글을 쓰고 아마도 몇번의 인터뷰를 했겠지만 이렇게 조직적이고 약동하는 거대한 평화운동의 도화선이 되지는 못했을 겁니다. 그래서 그는 나를 만나지 않음으로써 평화운동에 정말로 공헌한 거죠.

탐 당신이 마치 폴란드의 총리라도 되는 양 안보실장인 스티브 해들리(Steve Hadley)와 백악관 비서실 차장인 조 헤이긴(Joe Hagin)을 내보낸

것이 그의 치명적인 실수라고 생각했는데요. (시핸, 웃음) 그렇게 해서 대중
매체들이 보았을 때 갑자기 당신이……

시핸 ……꽤 비중있는 사람이 된 거죠.

탐 그래서 해들리와 헤이긴이 당신에게 뭐라고 했나요?

시핸 "대통령께 무슨 말씀을 드리고 싶습니까?"라고 묻더군요. 그래서
"내 아들이 목숨을 바친 대의명분이 무언지 대통령께 여쭤보고 싶어요"
라고 했죠. 그러자 그들은 자유와 민주주의를 위해 테러리즘으로부터 미
국을 지키는 것이라는 등 주절주절 떠들어댔어요. 대통령한테 직접 듣지
않는 다음에야 내가 받아들이지 않을 핑계들이었죠. 그리고 대량살상무
기와 그것이 정말 있기는 한가, 그들은 어떻게 그것을 정말 믿는가 들에
관해 얘기를 했어요. 난 속으로 '흠, 그런가요, 스티븐 옐로케이크 우라늄
(Yellowcake Uranium, 여러 우라늄의 합성물로 핵무기를 제조하는 전(前) 단계라고
알려짐. 미국은 이라크가 대량살상무기와 함께 옐로케이크 우라늄을 소유함으로써 핵무
기를 제조할 준비를 하고 있다고 주장함—옮긴이) 해들리씨……' 이러다가 결국
이렇게 말했죠. "이건 시간낭비예요. 난 슬픔에 잠긴 엄마이긴 하지만 바
보는 아니에요. 난 이 방면에서 아는 바가 많고 대통령을 만나길 원해요."
그러자 그들은 "알겠습니다. 당신의 우려를 대통령께 전해드리죠"라고
말하더군요.

그들은 중간에 "정책에 관한 당신의 생각을 바꿀 수 있을 거라고 생각
하며 여기 나온 것은 아닙니다"라는 말도 했어요. 그래서 난 "아뇨, 그런
생각으로 나오신 게 맞잖아요"라고 대답했죠. 그들은 내 기를 죽일 수 있
을 거라고 생각했고, 그렇게 고위관리를 내보낸 것에 내가 감명을 받을 거
라고 생각한 거죠. 그래서 모든 설명이 끝난 후에 내가 (우습게 흉내내는 목소

리로) "오우~ 그런 식으로는 정말 생각 못했어요. 알겠어요. 갑시다, 여러분" 이렇게 나올 줄 알았던 거죠. 그게 바로 자신들이 할 수 있는 일이라고 생각한 거예요. 그런데 그런 식의 조처가 완전히 반대 결과를 가져온 거죠. 당신이 말했듯이 덕분에 내가 어떤 비중을 갖게 되었고 그러자 갑자기 백악관의 기자단이 이것이 다룰 만한 이야기라고 생각했으니까요.

탐 그건 어떤 얘기였나요? 일년 넘게 인터넷상에서 당신의 글을 읽어오긴 했습니다만……

테러리스트 부시

시핸 진보진영 내에서는 내가 꽤 알려져 있었다고 생각해요. 그런데 갑자기 전세계에 알려지게 된 거예요. 내 딸들이 유럽에 있을 때 어머니가 뇌졸중으로 쓰러지셨어요. 남편과 나는 딸들에게는 알리지 않기로 했죠. 휴가를 망치고 싶지 않았거든요. 그런데 딸들이 그 일을 TV에서 본 거예요. 그러니까 정말 들불처럼 퍼져나간 거죠. 그것은 한편으로는 바랄 만한 주목이었지만 또한 우익 매체로부터 원치 않는 주목도 받게 되었어요. 하지만 별 상관없어요. 내게 아무런 해도 끼치지 않으니까요.

이 일을 해온 지도 꽤 되었죠. 울프 블리처(Wolf Blitzer)나 크리스 매슈(Chris Mathews) 등 온갖 뉴스쇼에 출연했죠. 기자회견도 했고요. 그 강도만 더해갔을 뿐 내가 말하고자 한 바는 항상 똑같았어요. 8월 6일에 무슨 호박 등을 싣고 가던 트럭에서 갑자기 뛰어내려 이 일을 하기 시작한 게 아니라고요. 나 같은 사람이 상황파악을 하여 논리정연하게 말할 수 있고 하고 싶은 말이 있을 수 있다는 사실을 대중매체들은 믿질 못해요. 첫째 난 여자이고요. 둘째 슬픔에 잠긴 어머니구요. 그래서 그들은 나를 과소평가하여 누군가 나를 조종하는 사람이 있다고 믿고 싶은 거죠. 대통령도 지적이거나 논리정연하지 못하다. 누군가가 그를 조종하고 있어. 그러니까 누군가가 씬디 시핸을 조종하는 것이 틀림없어. 저로선 불쾌한 일이었죠. 맙소사, 당신은 누군가가 내 입에다 할말을 퍼넣고 있다고 생각하는군. (웃음) 한번 조사해봐!

탐 그들이 당신을 묘사할 때 당신의 단도직입적인 면모를 빼버린다고 보시나요?

시핸 어느 누구도 있는 그대로 진실을 말할 수는 없어요. 테레사 하인즈 케리(Teresa Heinz Kerry, 미국 상원의원인 존 케리John Kerry의 부인이자 박애주의운동가—옮긴이)도 항상 생각하는 바를 그대로 말하니까 그들이 그녀를 주변화했지요.

탐 거리낌없이 단도직입적으로 말하는 성격에 대해 좀더 얘기해주시겠습니까? '전쟁범죄'란 표현도 그렇지만 당신이 사용하는 말 중에는 미국에선 잘 들어볼 수 없는 말이 많거든요.

시핸 뉘른베르크 국제사법재판소(Nürnberg Tribunal)나 제네바협정만 봐도 알 수 있어요. 명백히 그들은 전쟁범죄를 저질렀습니다. 명백히요. 아주 분명해요. 이런 관념적 생각은 내가 지어낸 것이 아니에요. 그건 말하자면, "저 사람의 머리에 총알을 박았나요, 안 박았나요?" "예, 박았습니다." 자, 그건 범죄이죠. 애매할 것도 없어요. 그들은 모든 조약을 위반했습니다. 우리 자신의 헌법도, 뉘른베르크와 제네바협정도 위반했어요. 모든 것을요. 그런데 아무도 그 얘기를 하지 않는다면 그런 일이 아예 일어나지도 않았다는 말 아닌가요? 누군가는 말을 해야 하고 나는 말한 겁니다. 난 부시를 테러리스트라고 불렀습니다. 그는 테러리스트란 무고한 사람을 죽이는 자들라고 했죠. 자신이 그렇게 정의했어요. 그러니까 무고하게 살해당한 이라크인이 거의 십만명에 이르니까 부시 자신의 정의에 따르자면 그는 테러리스트인 거죠. 무고하게 죽은 아프간 사람들도 있고요.

많은 주류 반대파들은 내가 이 말을 해줘서 기쁠 거예요. 자기들은 말할 필요가 없으니까요. 그들은 그럴 만큼 단호하거나 용감하지 않고, 아니면 정치적 이해관계가 걸려 있죠. 하원의원들이 탄핵이나 전쟁범죄 들에 대한 얘기는 하죠. 그런 얘기하는 걸 들었어요. 하지만 그들은 뻔한 반대자들입니다. 그들 역시 주변화되어 있지요. 그들은 항상 전쟁에 반대해왔기 때문에 사람들이 그들의 말은 잘 듣질 않아요.

"음주운전에 반대하는 어머니들" 운동을 시작한 어머니들이나, 아들이 죽은 후에 아담 월시(Adam Walsh) 재단을 창설한 존 월시(John Walsh)와 같은 사람들에 항상 감탄했었어요. 자신의 고통이나 비극을 고양하는 그런 일을 나로서는 절대 할 수 없을 줄 알았거든요. 그런데 나에게 그런 일이 생기자 내게도 그런 힘이 있음을 알았어요.

• 우리가 하얏트 호텔에 차를 세운 시각은 5시 30분이 거의 되었을 때였다. 나는 씬디, 디디와 함께 호텔 식당의 한적한 구석으로 갔고 거기서 씬디는 그날 처음으로 식사다운 식사를 했다. 나머지 인터뷰는 식사를 하는 사이사이에 이루어졌다.

탐 당신을 다룬 많은 글에는 아들 케이씨가 사제의 복사(服事)나 이글 스카우트(Eagle Scout, 미국 보이스카우트 중에서 가장 높은 지위 ―옮긴이) 등으로 그려져 있던데요. 케이씨에 대해서 좀더 얘기해주실 수 있을까요?

시핸 그 아인 매우 차분했어요. 화를 내는 법이 없었죠. 흥분하는 적도 없었고요. 어느 쪽으로든 크게 흔들리지 않았어요. 나에겐 아들이 하나 더 있고 딸이 둘 있어요. 케이씨는 장남이었고 동생들은 그를 우상처럼 받들었죠. 절대 다른 사람을 곤경에 빠뜨리는 법이 없는데 일은 좀 미루는 타입이었어요. 학교에서 큰 프로젝트 같은 것이 있으면 바로 전날까지 기다렸다가 하는 그런 타입이죠. 하지만 직장을 잡은 다음에는 ― 군대에 가기 전에 직장에서 일을 했었거든요 ― 2년 동안 한번도 지각을 하지 않았고 빼먹은 날도 없어요. 정말 놀랍죠. 그 애를 복사라고 부르는 이유는 그 애한테 교회가 일순위였기 때문이에요. 집을 떠나 군대에 가 있을 때도요. 채플에서 일을 도왔고 미사를 거른 적이 없어요. 안내원을 했고 성체신부(eucharistic minister, 여기서는 신자 중에서 신부를 도와 성체를 나눠주는 일을 하는 사람을 일컬음 ― 옮긴이)를 했죠. 집에 있을 때는 내가 하던 청소년 목회 일에 깊이 관여했어요.

나는 우리 교구의 청소년 목회 일을 8년 동안 했는데 고등학교에 다니는 3년 동안 그 애가 내 청소년 모임에 있었고 대학 다니던 3년 동안 나를 도와줬죠.

탐 군에 입대하기로 결심한 것에 대해 말씀해주세요.

시행 신병 모집원이 그를 붙들었어요. 아마도 그 애가 좀 힘들었을 때였을 거예요. 많은 것을 약속해놓고 하나도 들어주지 않았죠. 그때가 2000년 5월이었어요. 9·11 같은 것은 없었죠. 조지 W. 부시는 아직 나타나지도 않았고요. 부시가 그의 총사령관이 되었을 때 내 아들의 운명은 결정난 셈이었죠. 부시는 대통령으로 당선되기도 전부터 이라크를 침공하고 싶어했잖아요. 텍사스 주지사이던 시절에도 그는 "그것이 바로 내가 총사령관이 되면 할 일"이라고 말하곤 했으니까요.

그때 케이씨는 입대할 때의 보너스로 2만달러를 약속받았어요. 상급훈련을 마쳤을 때 고작 4천달러를 받았을 뿐이죠. 그가 전세계 어디에 배치되든 그곳에서 수업을 들을 수 있도록 노트북 컴퓨터를 받기로 했지만 결

미국의 신병 모집 포스터

국 받지 못했어요. 그 애가 입대했을 때가 1년만 있으면 대학을 졸업할 수 있었을 때라서 대학을 졸업할 수 있게 해주겠다는 약속도 받았지만, 수업을 듣지 못하게 했어요. 군목의 보좌관 일을 맡기겠다는 약속도 했죠. 그는 정말 그 일을 원했거든요. 하지만 신병 캠프에 갔을 때 그들은 그곳에 자리가 없으니까 군용차량인 험비(Humvee) 기술자나 요리사를 하라고 말했습니다. 그래서 그 애는 험비 기술자를 선택했죠. 그 모집원이 그에게 약속한 것 중 가장 터무니없는 것은 바로 혹시 전쟁이 나더라도 그의 ASVAB(군에 지원하기 위해 보는 자격시험. 고등학생들이 이 시험을 보는 경우도 종종 있음—옮긴이) 시험 점수가 아주 높으므로 전쟁에 나가지 않아도 된다는 것이었어요. 전쟁에서는 지원 역할만 할 거라고 했죠. 케이씨는 이라크에 간 지 닷새 만에 죽었어요.

탐 케이씨와 이라크에 관해 얘기를 나누었나요?

시핸 예. 그 애는 그 전쟁에 동의하지 않았어요. 우리 식구 중 아무도 동의하지 않았죠. 그 애는 "가지 않아도 된다면 좋겠어요, 엄마. 하지만 가야 해요. 그것이 내 의무이고 동료들도 전부 가거든요"라고 말했어요. 우리는 미국인으로서 위험에 처했을 때 나라를 지킬 권리가 있고 기꺼이 그래야 한다고 믿어요. 그러나 이라크는 미국을 안전하게 하는 일과는 아무 관련이 없어요. 그래서 그 전쟁에 반대했던 거지요. 이라크 침공 이후 그 애는 재입대했어요. 왜냐하면 재입대하지 않아도 어쨌든 이라크는 가야 하지만 — 연장복무(stop-loss, 계약된 군 복무기간이 지났더라도 계속 군에 복무해야 할 의무로 베트남전 당시 생겨남—옮긴이)를 해야 했을 테니까요 — 재입대하면 돌아와서 새로운 군 전문분야(MOS, 미국 군대 내의 직업분류—옮긴이)를 선택할 수 있다는 얘기를 들었거든요.

탐 당신의 정치적 배경을 얘기해주시겠어요?

철군은 생사의 문제

시핸 난 항상 자유주의적 민주당원이었지만 이 문제가 당파의 문제라고는 생각하지 않아요. 생사의 문제죠. 부당하고 부도덕한 전쟁에 케이씨를 내보내면서 그가 어느 정치적 정당에 속해 있는지 물어본 사람은 없었어요.

탐 어제 힐러리 클린턴(Hillary Clinton)을 만나셨죠? 민주당에 대해서는 대체로 어떻게 생각하시나요. 그게 뭐가 되었든 말이죠.

 아주 무력하죠. 케리가 패배한 것도 그가 전쟁에 강하게 반대하지 않았기 때문이라고 생각해요. 결국 부시보다 더 끔찍했죠. "군대를 더 투입해서 테러리스트들을 끝까지 추적할 겁니다" "그들을 꼭 죽이고 말 겁니다" 이런 식이었는데 적합한 얘기가 아니었어요. 이렇게 말했어야지요. 이 전쟁은 잘못되었습니다. 부시는 우리에게 거짓말을 했고 그 때문에 사람들이 죽어가고 있습니다. 사람들을 죽여서는 안됩니다. 제가 당선된다면 우리 군대를 가능한 한 빨리 철수시키기 위해 모든 노력을 다하겠습니다. 케리는 자신의 실패를 깨닫지 못하고 이도저도 아닌 물러터지고 비겁한 정책을 이야기하고, 다른 민주당원들도 그저 같은 소리만 계속 떠들어대고 있는 거죠.

하워드 딘(Howard Dean, 민주당 하원의원 ―옮긴이)은 나와서 한다는 소리가 대통령이 이라크에서 성공적이기를 바란다는 거예요. 그게 무슨 소린가요? 달성해야 할 아무런 목적도 없고 어떤 정해진 임무나 목표도 없는 마당에 어떻게 성공적일 수 있다는 거예요? 그들은 정말 비겁하고 줏대도 없어요. 우리가 캠프 케이씨에서 한 일은 그들에게 용기를 주려 했던 거예요. 민주당원에게나 공화당원에게나 마찬가지로 기회는 열려 있어요. 전직 하원의원이자 "전쟁 없는 승리운동"의 책임자인 탐 앤드류즈(Tom Andrews)는 그들에게 빛 자체는 보이지 않을지 몰라도 열기는 느낄 수 있을 거라고 했습니다. 이제 그 열기를 느끼고 있는 듯해요.

그게 어떤 식으로 벌어질지 알 수 있을 것 같아요. 척 헤이글(Chuck Hagel)이나 월터 존스(Walter Jones) 같은 공화당원들이 당의 노선에서 떨어져나오는 겁니다. 어제 한 공화당원―그가 겁을 먹을지도 모르니까 이름은 말하지 않겠어요―을 만났는데 그는 함께 일할 만한 사람처럼 보였어요. 물론 하원의원 선거가 가까워오고 있으니까 자신이 함께 일할 만한 사람이라는 것을 자신의 선거구민들에게 알리려 했겠죠.

탐 그러면 선거운동에 뛰어들어 영향력을 행사할 계획인가요?

시핸 그건 전적으로 전쟁의 문제이고 전쟁에 대해 그들이 취하는 태도의 문제입니다. 그 이슈에 관심이 있다면 당연히 그 문제에 관한 일을 해나가야겠지요. "어머니들과의 만남"이라는 캠페인을 시작했어요. 각각의 하원의원과 상원의원들 모두를 겨냥하여 전쟁에 대한 그들의 태도가 정확히 무엇인지 선거구민들에게 보여줄 겁니다. 예를 들어 뉴욕 주의 주민들은 자신들의 상원의원들에게 이렇게 말할 수 있겠죠. "가능한 한 빨리 우리 군대를 철수하는 일에 나서지 않는다면 당신을 다시 뽑아주지 않겠소"라고요.

탐 힐러리가 하는 일은 맘에 좀 드십니까?

시핸 그녀의 입장은 여전히 군대를 더 보내서 쓰러진 자의 희생을 명예롭게 해야 한다는 것입니다. 부시의 입장과 비슷하죠. 하지만 대화의 가능성은 열려 있습니다.

탐 예를 들어 상원의원 조 비든(Joe Biden) 같은 정치인들이 군대를 더 보내야 한다고 얘기하는 것이 이상하다고 생각하지 않습니까? 보낼 군대가 더는 없다는 건 우리 모두가 아는 사실인데 말이죠.

시핸 맞아요…… 군대를 어디서 구한단 말입니까? 도대체 어디서요? 정신 나간 소리죠. 그러니까 군대를 그곳에 더 보내서 미국을 훨씬 더 취약하게 만들겠단 말인가요? 다른 어떤 곳을 공격받게 하거나 또 자연재해나 인재(人災)의 습격을 받게 만들겠다는 건가요?

탐 당신은 즉각적인 철군을 원하시죠. 부시가 철군할 것 같진 않지만 만약 그렇게 할 수 있다면 어떻게 진행을 시킬지 생각해보셨나요?

시핸 당장이라고 말한다고 해서 그들이 모두 내일 당장 돌아올 수 있다는 얘기는 아닙니다. 모두들 그 점을 알았으면 해요. 우선 군대를 도시에서 빼내는 것부터 시작해서 국경 쪽으로 움직인 후에 완전히 나오는 거지요. 그 나라를 재건하기 위해서는 우리 군대를 아랍이나 이라크인들로 구성된 그런 것으로 대체해야 합니다. 그들에겐 기술도 있고 솜씨도 있는데 지금 당장은 일자리가 없습니다. 얼마나 절박하게 일자리를 원하면 이라크 국가방위대에 지원하기 위해 줄을 늘어서겠습니까? 제 말은, 그들이 줄을 서 있다가 죽을 수도 있단 말입니다! 혼란에 빠져 있는 나라를 재건하기 위해 그들이 필요로 하는 모든 도움과 지원을 아끼지 말아야 합니다. 우리 군대가 떠나고 나면 폭력과 반란은 많은 부분 사라질 것입니다. 이라크내 서로 다른 공동체간의 지역적 갈등은 있겠지만, 그것은 지금도 벌어지고 있는 일이죠. 영국은 절대 합쳐져서는 안되었을 나라를 합쳐놓았습니다. 세개의 다른 나라로 쪼개져야 할지도 모르죠, 누가 알겠어요? 하지만 그것은 그들이 알아서 할 문제이지, 우리의 일이 아닙니다.

탐 그래서 실제로 어떤 것을 예상하십니까? 부시행정부가 아직 3년 반이나 남아 있는데요……

시핸 아뇨, 그렇지 않아요. (낄낄거린다) 카트리나는 그의 모니카가 될 거예요. 그건 더이상 '만약에'의 문제가 아니라 '언제'의 문제입니다. 왜냐하면 분명히…… 분명히 그들은 범죄자들이거든요. 뉴올리언즈를 깨끗이 재건하기 위한 첫번째 계약을 입찰도 없이 따낸 인간들을 보세요. 또 핼리버튼(Halliburton, 전세계적으로 120개국 이상에 진출해 있는 미국 석유관련 기업. 정치권과의 유착이나 기업윤리 등의 문제로 자주 언론의 도마에 오르는 기업으로 텍사스에 거점을 두고 있음—옮긴이)이에요. 어처구니가 없죠. 캠프 케이씨가 부정적인 영향을 준 것 중 하나가 발레리 플레임사건(Valerie Plame case, 전(前) 대사인 조지프 윌슨Joseph Wilson이 이라크의 대량학살무기와 관련하여 부시대통령을 비판하는 글을 신문에 기고하자 윌슨의 부인인 발레리 플레임이 CIA의 비밀요원이라는 거짓정보를 일부러 흘렸다고 백악관의 부 비서실장인 칼 로브Karl Rove가 고소한 사건—옮긴이)에 관여한 데 대해 칼 로브에게 쏟아지던 비판이 그로 인해 사그라져버렸다는 점이에요. 하지만 곧 기소가 결정될 거라고 들었어요. 이것이 하나의 방식이 될 수 있겠죠. 부시는 내파되기 직전이에요. 최근에 그를 보았나요? 완전히 통제 불능의 상태잖아요.

4장

"어떤 이라크인도 나를 지붕 위에서 죽게 내버려두진 않았다"

시위 현장의 목소리들

　조지는 물론 출타중이었다. 그는 콜로라도 스프링스에 위치한 미국 북부 예하부대 본부의 "전투상황실"에서 최첨단 국토방위 기술들을 검토하면서 그 모습을 사진으로 박기 바빴다. 그날 아침 『워싱턴 포스트』에 따르면, 사진 찍는 동안 백악관의 보좌관들은 부시에게 "그의 거들먹거림을 다시 찾아주기 위해" 애쓰고 있었다. 민주당원들 역시 대부분 도심을 빠져나가 거의 흔적도 찾아볼 수 없었다. 허리케인이 다시 텍사스를 강타했고 대중매체는 그 소식을 전하느라 바빴지만 문제될 것은 아무것도 없는 듯이 보였다. 워싱턴에서 열린 토요일 반전시위에 여론조사 때만큼 많은 수의 미국인들이 쏟아져나왔고 나도 그 속에 있었다. 사실 너무 많은 이들이 거기에 참여했기 때문에, 시위대 뒤쪽에서 친구들과 함께 있던 아내는 행진이 공식적으로 "시작"된 다음에도 거의 움직이지 못한 채 거의 두시간을 그 자리에 있어야 했다.

이것은 일종의 "연계시위"(connection demonstration)였다. 지난달에 두 허리케인—그중 하나는 인간 허리케인인데—이 미국의 삶에 불어닥쳤고, 그 와중에 많은 사람들은 이전에는 상관없던 것들, 즉 부시행정부의 정책과 이라크전쟁을 자기 자신의 삶과 연결시키게 되었다. 그래서 어떤 의미에서 이것은 씬디 시핸과 허리케인 카트리나가 만들어낸 시위라고도 할 수 있다. 마지막으로 그것은 어마어마한 참가인원에서만이 아니라 그 구성에서도 이 나라의 여론조사 수치가 변화하고 있음을 보여주는 시위였다. 이것은 다수파 시위(majority demonstration)로서, 6시간 동안 가능한 한 많은 시위 참가자들과 얘기를 나누면서 내가 가장 자주 들은 말은 "시위에 참여한 것이 이번이 처음"이라는 말이었다.

게다가 그중 상당부분을 참전용사들과 이라크에 주둔한 군인의 가족들, 이라크에서 죽은 군인의 가족들이 차지했다. 나중에 알게 되겠지만, 조지 W. 부시의 전쟁으로 자신들의 삶에 심각한 영향을 받은 사람들이 그 무리에 상당수 섞여 있었다는 점 또한 중요하다.

미국은 매우 결연한 퍼레이드에 나선 듯했다. 요란하고 열정적이면서도 행렬 자체는 안정적이며 침착했지만, 사람들의 입에서 가장 쉽게 들을 수 있는 말은 '격분한' '분노한' '어처구니없는' '그만하면 됐다' '지겹다' '신물 난다' 등이었다. 여러모로 이 행렬은 실상 **말**〔言〕의 시위였다. 그처럼 엄청난 말들의 홍수를 본 적이라고는 여태껏 없었다. 개인이 인쇄한 포스터들과 거의 예외 없이 직접 손으로 만든 피켓들, 티셔츠며 딱지며 스티커들. 시위군중 중에서 아무런 피켓 없이 나온 사람이라고는 나 말고 아무도 없는 듯했다. 또한 서로 같은 피켓을 지닌 사람도 전혀 없는 듯했다.

밀집한 시위대가 행진하며 지나간 백악관은 여러모로 이 행사의 교통사고 현장이었다. 그곳은 군중으로 꽉 막혀 소란스러움은 함성으로 바뀌었고 흔들리는 피켓들은 가히 파도를 방불케 했으며 모두가 한목소리로

2005년에 있었던 미국 펜씰베니아 한 반전운동

"이제 그만, 난 못해!"를 외쳤다.

내 눈을 사로잡은 피켓 몇개를 소개해보겠다. 그 유머나 결의, 무엇보다도 분노를 느낄 수 있을 것이다. "'이랴!'는 대외정책이 아니다"(부시의 대외정책이 그의 고향인 텍사스에서 말을 타고 총을 쏘는 카우보이들의 고함인 'Yeeha' 수준에서 벗어나지 못함을 비아냥거리는 말—옮긴이) "죽임으로써 먹고살다" (making a killing, 생계를 꾸린다는 뜻인 making a living을 반어적으로 표현한 것—옮긴이) "공화당 탈당자. 이유를 말해줄까" "형편없는 지도자에 대한 맹목적 믿음은 애국이 아니다" "(허리케인의 눈에 대통령의 얼굴을 붙이고서) 부시는 재난" "(푸른 옷을 입은 할머니에게서 광채가 나는 사진과 함께) 할머니께서 말씀하시기를 그는 역겨운 미치광이" "잊혀진 오사마" "씬디는 우리의 대변자" "전쟁은 그만두고 제방이나 쌓아라" "W는 악마다, 그것 하나로 엄청난 차이가"(현 조지 W. 부시대통령은 미들 네임인 W로 그의 아버지이자 전 대통령인 조지 H. 부시대통령과 구별함—옮긴이) "(다섯마리의 새끼고양이 사진과 함께) 딕 체니는 새끼고양이를 먹는다" "부시는 전세계 장의사들에게 일을 만들어

76

주기 위해 바쁘다”“거짓말쟁이, 타고난 거짓말쟁이, 다시 태어난 거짓말쟁이”“바보가 말하기를, 우리 백악관에 전범(戰犯)이 있어!”“부시한테 강하게 못나가는 자들은 이유가 있지”“제국이라면 신물이 나”“누구의 생명에 찬성하다고?”(‘생명에 찬성한다’pro-life는 ‘선택에 찬성한다’pro-choice에 맞서 낙태를 반대하는 구호로 보수주의자들의 대표적인 주장 중의 하나―옮긴이)“전쟁은 더 많은 예산을 잡아먹는 테러리즘.”

거의 모든 사람들이 자기 얘기하기를 열렬히 바랐기 때문에 난 주로 피켓을 쫓아서 인터뷰 대상을 찾았다. 사람들은 예외 없이 말을 하고 싶어했다(내가 정신없이 그들의 말을 받아적을 때 또한 누구나 예의 발랐다). 짧은 만남이었지만 내게는 매우 감동적이었다. 미국인들은 너나 할 것 없이 할말을 분명히 할 뿐 아니라 달변이기까지 했다. 그리도 많은 사람들이 우리가 현재 처한 복잡한 정치적 곤경을 깊이 생각하고 있다는 면에서 더욱 감격스러웠다. 사람들이 무엇을 말하려 했는지, 이번 시위가 처음인 사람이든 베테랑이든 그들이 모두 얼마나 거림낌없는지를 잡아내기 위해(때로는 약간 압축된 형식이지만 많은 실수가 없길 바라면서) 난 할 수 있는 한 최선을 다했다.

하루 내내 걸어다니면서 빡빡하게 얘기를 나눴지만 실제 이것은 시위의 극히 작은 견본일 뿐이다. 놀랍게도 처음 쇼핑몰을 향해 출발한 지 거의 일곱시간이 지난 5시 30분경에 뉴욕으로 돌아가려고 메트로 역으로 가는 중에도 여전히 행진을 하는 사람들이 나를 지나쳐갔다. 따라서 다음의 인터뷰가 워싱턴시위 전체를 보여주는 목소리라고 단언할 수는 없고 단지 내가 경험한 시위의 목소리들 즉 그 시간 동안 내가 함께 얘기를 나눠보고자 한 30여 사람들 중 몇몇의 목소리라고 말할 수 있겠다. 그들은 미국이 세계에서 밟아가는 경로에 대한 불쾌감을 가능한 한 가장 개인적이면서도 집단적인 방식으로 표현하기 위해서, 대통령은 자리에 없고 민주당원들은 눈을 씻고 찾아봐도 없는 동안 워싱턴으로 바다처럼 밀려든 사람들 중 그저 한방울의 물일 뿐이다. 내가 아는 한 대중매체에서 미국인의 목소리를 아주 분명히 들을 수 있는 경우는 좀처럼 없다. 그래서 난 이번 특보의 나머지를 이 목소리들에 할애하겠다. 원하는 곳 어디든 빠져들어 보시라. 마치 당신도 실제로 그 행진을 하고 있는 것처럼.

분노한 그래픽 디자이너 메트로 역 옆 모퉁이에서 빌 커터(Bill Cutter)와 친구 하나를 만난다. 커터는 부시의 모습과 도시 전체를 뒤덮을 만큼 가득 글이 쓰인 피켓을 들고 있다. 잠시 멈춰서 그것을 베껴 적는다. "지난여름 휴가에 당신은 무엇을 했나?"라는 헤드라인이 있다. 말풍선 안에 적힌 대통령의 대답은, "음, 자전거를 탔고 군인 몇명을 죽였고 그보다 많은 이라크인을 죽였고, 또 친구들을 위해 돈을 엄청 모았고 슬픔에 잠긴 어머니를 무시했고, 아, 그리고 특히 자랑스러운 것은 미국 도시 하나를 파괴한 일이죠"이다. 턱에 염소수염을 기른 마흔다섯살의 워싱턴 주민인 커터는 아주 간단히 말한다. "전 단지 프린터가 있는 분노한 그래픽 디자이너일 뿐입니다." 전날 그는 자신과 친구의 피켓을 만들었다("기막힌 고안?"이란 질문 위에 부시의 모습이 있고, 뒤쪽에는 딕 체니가 퀴즈처럼 항목을 표시하는 종이를 들고 서 있다. 거기에는 "사악한, 정신 나간, 그저 비열한, 이 중에서 아무거나 세개를 고르시오"라고 적혀 있다). 우리는 모두 시위대가 처음 모이는 장소를 찾고 있기 때문에 자연히 보조를 맞추어 얘기를 나누기 시작한다. 이 피켓 제작자는 그날의 상황을 예언할 것이다. 행진에서 직접 제작한 피켓들은 카트리나처럼 혹은 불협화음처럼 계속 파도치며 밀려들 것이고, 여론조사에서 드러나는 대다수 미국인들이 느끼는 불편함과 턱까지 차오른 좌절을 빠짐없이 다 표현할 것이다.

커터는 자신의 참여를 다음과 같이 설명한다. "여기 살면서도 무언가 하지 않는다면 말이 안된다고 생각해요. 씬디 시핸의 희생은 그 누가 한 것보다 훨씬 큰데 어떻게 우리가 아무것도 안할 수가 있겠어요?"

이라크에서는 무엇을 해야겠느냐는 질문에 그는 처음으로 "어려운 문제"라고 말하는데, 이후에도 계속 그 말을 듣게 된다. 심지어 미군이 이라크에서 즉각 철수해야 한다고 주장하는 사람들에게서도 말이다. 사람들은 부시의 전쟁과 그가 우리의 집 문턱까지 몰고온 혼란상태에 항의하면서도 그렇다면 지금 무엇을 해야 하며 정확히 어떻게 그것을 할 것인지는 심히 혼란스러워한다. 여러분은 이것을 느끼지 않을 수 없을 것이다. 그는 계속해서 말한다. "우리는 정말 곤란한 지경에 빠져버린 겁니다. 나도 어찌해야 할지를 모르겠어요. 결국 이라크에서 내란이 일어날 것 같고 결국 우리가 그것을 초래한 셈이겠지요. 민주당이 배짱있게 이 기회를 잡기를 바랄 뿐입니다. 그들은 마치 안전함의 정치를 연습하는 듯해요. 옳은 일 말고 안전한 일을 합시다, 그런 식으로요." 잠시 말을 멈추더니 "그건 편의주의적 정치죠"라고 넌더리가 난다는 듯이 덧붙인다. 그때 우리는 핑크색 풍선들이 물결을 이루고 있는 광장에 도착한다. 그곳에서 헤어지면서 그는 "'좋은 시간 보내세요'가 이 마당에 적절한 말인지는 모르겠지만, 그래도 좋은 시간 보내세요"라고 밝은 목소리로 말한다.

장애인 (미참전) 퇴역군인　광장에서 마흔여덟살의 스티브 하우저(Steve Hausheer, "하우저예요. 하지만 철자만 보고는 아무도 그렇게 발음하지 않죠"라고 그는 말한다)를 마주친다. 아니, 마주쳤다기보다는 그가 휠체어를 굴리며 빠른 속도로 우리를 지나쳤다고 해야 할까. 그의 검은색 복장은 엄격해 보이지만 얼굴은 친절하고 너그러워 보인다. 그를 멈춰세우자, 그는 빙 돌아서더니, "손이 엉망이라……"라며 휠체어용 검은 가죽장갑을 벗고는 내 손을 꽉 잡고 악수를 한다. "전 장애인입니다. 하지만 평화시 군대에 있었어요. 전 미(未)참전 용사죠. 76년과 77년이었으니까 베트남전이 막 끝났을 때였어요." 그는 인터뷰에 대해 자신없어 한다. "정말 흥분을 억누를 수가 없어요. 이 운동이 정말 감격스럽긴 한데요, 머릿속에서 모든 게 그냥 날아가버린 것 같아요." 그는 뉴욕 출신이라고 했다. 그러곤 흥분된 목소리로 덧붙이기를, "그저 친구들과 얘기하고 기부하는 것 이상의 무언가를 하고 싶었어요. 우리나라가 잘못된 방향으로 나아가는 데 정말 넌더리가 나요. 이제 행동으로 보여줄 때라고요."

"우리는 군대를 도와야 해요." 그는 감정을 잔뜩 담아 주장하고는 잠시 멈추었다가 다시 말한다. "병력을 고국으로 데려옴으로써 말이죠. 우린 지금 옴짝달싹할 수 없어요. 이라크를 찢어놓았기 때문에 쉬운 해법은 없을 거예요. 부시는 잘못된 길로 우리를 너무 멀리 데려가버렸기 때문에 다시 돌아오는 길을 찾기가 쉽지 않을 겁니다. 여전히 부시가 잘하고 있다고 생각하는 미국인 40퍼센트와 연방의회가 마음을 바꿀 때까지 모두가 목청껏 외치는 것이 제 소망입니다.

우리가 고국으로 데려오려는 사람들은 진정한 영웅들이고 그들을 영웅으로 대접해야 해요. 부시는 거짓말로 그들을 위험한 길에 놓아둔 것도 모자라서 이제 와선 그들이 영웅이 아닌 것처럼 말을 합니다. 말이 되나요? 그들의 장애 수당을 삭감하려고 하다니요!"

난 그에게 고맙다고 하며 악수한다. 그는 장갑을 끼기 시작했는데 마지막 순간에 나를 불러세운다. "한가지만 더요." 그러고는 마지막으로 마치 속기사에게 불러주듯이 정확하면서도 천천히 다음과 같이 말한다. "나는 자기 자신과 자기 편이 아니라 미국 국민을 위해 헌신할 사람들에게 이 나라를 맡기고 싶습니다." 그러고 만족한 듯이 말을 멈추더니 이렇게 덧붙인다. "나와의 인터뷰 중에서 한마디만 골라 싣는다면 이 말을 써주세요."

자유의 여신상 양(Ms. Statue of liberty) 광장을 내려오자 바로 "평화를 염원하는 몬타나 여성"이라는 표시가 있고 그곳에 온갖 연령대의 여성들 한무리가 자유의 여신상에 녹색 스티로폼 왕관과 녹색 가운을 제대로 씌우느라 분주히 움직이고 있다. 그중 하나인 백발의 노마 뷰캐넌(Norma

Buchanan)이 우리를 반갑게 맞는다. "난 쉰여섯이에요. 지금까지 살면서 한번도 평화행진에 나와본 적이 없죠. 어느 순간 참을 수 없게 되어 이 자리에 나왔어요. 이젠 정말 그만! 이 전쟁과 그에 대한 지휘는 모두 불법입니다. 내 희망은 민초들의 힘으로 여전히 세상 돌아가는 일에 관심 없는 40퍼센트의 미국인들을 일깨우는 것입니다. 패리스 힐튼(힐튼 호텔의 소유주인 리처드 힐튼의 딸로 사업가, 모델이자 여배우—옮긴이)이 어느 종자의 개를 데리고 다니는지, 누가 누구랑 이혼을 하는지 그런 것들에 대한 관심은 좀 끄고 정말 중요한 문제에 관심을 기울여달라고요!"

갑자기 "행진이 시작됩니다!"라는 외침이 들린다. 정말이다. 코드 핑크 단체의 여성들에게 부착된 수백의 핑크색 풍선들이 까닥거리며 천천히 광장을 벗어나 워싱턴 기념비 근처의 집합장소로 향하기 시작한다. 그곳에선 씬디 시핸이 연설을 하고 공식행진이 시작될 것이다. 그래서 노마 뷰캐넌은 양해를 구하고 자신의 현수막을 집어들었고, 서부 산맥을 그린 점층적 풍경화를 높이 들어올린 떼지은 몬테나식 자유의 여신들이 곧 항의하는 사람들이 이룰 드넓은 바다 속으로 빠져들기 위해 움직인다. 이들 중 대다수는 뷰캐넌과 마찬가지로 처음 이런 자리에 참가하는 것이다.

베트남 참전 간호사 멋진 핑크색 베레모와 "전쟁을 중단하라"고 쓰인 흰색 셔츠("내 딸이 이 셔츠를 만들어주었어요!")를 입은 페기 애커스(Peggy Akers)는 "평화를 염원하는 또다른 참전용사"라고 손으로 직접 쓴 색색의 피켓을 들고 있다. 쉰여덟의 나이에도 쾌활한 그는 메인 주 포틀랜드에서 날아와 딸, 여동생과 함께 코드 핑크 대표단에서 행진을 하고 있다. 그녀는 "평화를 염원하는 참전용사"에서 활동하고 있는데 "베트남전에서 간호사로 일했어요"라고 재빨리 말한다. 베트남에서의 경험에 대한 자신의 감회를 알고 싶다면 커먼드림스(commondreams) 웹 싸이트에 올린 "사랑하는 미국이여"라는 제목의 시를 읽어보라고 말한다. ("헬리콥터가 다가오는 소리가 들린다 ─ 사람의 살이 타는 냄새를 맡는다. 미국이여, 그것은 애틀랜타 출신의 어린 흑인인 내 환자 토마스가 가스탱크의 폭발로 타는 냄새이다…… 그리고 팸. 그 앤 겨우 여덟살이었는데, 미국이여, 당신은 그 애에게 네이팜 탄을 뿌려댔고 그 애의 피부가 내 손에서 떨어져내렸고 난 그 앨 달래려 했지만 그 앤 비명을 질렀다. 미국이여, 우리는 또 한세대의 아이들이 M16 소총으로 삶을 바라보고 시체운반용 포대의 암흑으로 죽음을 바라보게 한 것이다.")

"나같은 사람이 베트남에서 무엇을 보았고 무엇을 했는지를 말로 알리는 일이 중요하다고 느꼈을 뿐이에요. 전 이 나라의 한조각 양심이죠. 전쟁에서 어떤 일이 벌어지는지를 나 같은 사람이 알리지 않는다면 전쟁은 결코 끝나지 않을 겁니다. 국민은 전쟁의 생생한 모습을 보지 못해요. 정말 그렇잖아요. 열여덟이나 열아홉밖에 안된 어린 군인들을 시체운반용 포대에 집어넣는 일이나 아들을 잃은 이라크 어머니를 보는 심정이 어떤지 아무도 모를 겁니다. 미국 사람들이 이런 것들을 실제로 본다면 이 일이 계속될 리가 없어요."

"오늘처럼 행진하는 사람들이 없다면, 또한 베트남전 때 이런 행진이 없었다면, 그 벽(베트남전에서 죽은 사람들을 추모하는 베트남 벽)이 아마 이 도시를 열겹으로 둘러싸고도 남았을 거예요."

그는 흥분하여 다시 말한다. "있잖아요, 지금까지 한번도 이런 행진을 해본 적이 없다는 사람들을 정말 많이 만났어요. 유타에서, 중서부에서, 전국 방방곡곡에서 온 사람들을요. 군대를 철수하고 대신 그 나라의 재건을 도와줄 배관공이나 전기기사, 목수 등의 평화봉사단을 보내야 해요. 우리가 이라크 사람들한테 원하는 것이 아니라 이라크 사람들이 우리한테 원하는 것은 무엇이든지 말이에요."

탄핵을 원하는 공화당원 행렬에 다가가는 중에 메릴랜드 출신의 재정 컨

썰턴트인 캐시 히클링(Cathy Hickling)이 밝은 빨간색 티셔츠를 입고 "탄핵을 원하는 공화당원들"이라고 쓴 피켓을 들고 모퉁이에 서 있는 것을 보고는 멈춰서지 않을 수 없었다. "나의 인생 역정은 간단해요. 난 삼십년이 넘도록 선거인 명부에 공화당원으로 등록되어왔는데 내가 보기에 부시의 정책이 공화당을 송두리째 훔쳐갔다는 거예요! 대통령이라면 나보다 똑똑해야 하는 것 아닌가요?"

"시위 참여는 처음이에요. 감정이 북받쳐서 오지 않을 수 없었죠. 일어났으면 하는 일은, 나와 비슷한 사고구조를 가진 민주당원과 공화당원들이 함께 나서서 미국이 걷고 있는 방향에 대한 사람들의 생각을 변화시키는 것입니다. 생각해보세요, 클린턴은 이보다 훨씬 작은 일로 탄핵을 받았어요. '클린턴은 거짓말을 했지만 죽은 사람은 없다'라는 피켓을 봤는데, 정말 한마디로 잘 표현했죠."

"이것은 반전시위이지만 난 우리가 당장 이라크를 떠나야 한다는 생각을 지지하기 위해 여기 온 것은 아니에요. 일단 갔으니 시작한 일을 끝낼 필요는 있죠. 하지만 이라크로 군대를 데려간 사람들이 데려오는 일도 할 거라고 생각한다면 어리석은 일이죠."

"옳소!" 우연찮게 그녀 옆에 서 있던 한 여성이 말한다. 그러자 잠시 머뭇거리다가 그녀 역시 말한다. "옳아요!"

시대별 표어 행렬 안으로 들어가다가 뉴욕 출신의 사회복지사인 쑤전(Susan)과 마주쳐서 그의 피켓 문구를 받아적도록 잠깐 기다려달라고 부탁했다. 앞쪽에는 "만약 그들이 전쟁을 일으켰는데 아무도 오지 않으면 어쩔 것인가?"라고 쓰여 있고 뒤쪽에는 "만약 그들한테 허리케인이 덮쳤는데 아무도 오지 않으면 어쩔 것인가? 모두 전쟁에 나가 있어서 말이다!"라고 쓰여 있다. 그는 앞쪽과 뒤쪽을 순서대로 잘 써야 한다고 강조한다. "보세요, 앞쪽은 그 옛날 60년대 표어이고요, 뒤쪽은 그것을 현재에 맞추어 개작을 한 것입니다. 나와 함께 일하는 선생님이 만들었죠. 나보다 더 창조적이거든요. 허리케인 이후에 난 걷잡을 수 없이 화가 났어요. 우리의 자원이 모두 전장(戰場)에 나가 있었던 거예요. 우리 국민을 도와줄 만한 것이 여기엔 하나도 없었던 거죠. 난 격분했고 생각을 좀 해보고는 이걸 들고 여기에 나오기로 했어요.”

앨러배머에서 온 남자 백발의 그는 줄쳐진 옥스퍼드 셔츠를 입고서 “앨러배머는 너무 많은 젊은이들을 잃었다”라고 쓴 피켓을 들고 있다. 그는 작은 무리의 앨러배머 사람들과 함께 있다. 나를 소개하며 탐디스패치 웹싸이트를 언급하자 그는 “그걸 아느냐고요! 백명 정도 되는 내 목록의 사람들에게 그걸 전송하는걸요. 여기서 실제로 당신을 만나다니 믿기지 않아요.” 그는 자신을 위스 홀트(Wythe Holt)라고 소개한다. 다른 사람들에게 물었듯이 실제로 무슨 일을 하느냐고 나는 묻는다.

“시위요”라고 잘라 말하더니 낄낄거린다. “직업세계로 말하자면 난 앨러배머 대학의 법대 교수였는데 지금은 퇴임했어요. 내가 지금 정말 하는 일은 민주주의를 위해 일하는 것인데 그건 곧 항의를 뜻하지요. 당연히 그게 민주주의니까요. 반대편에서 시위하는 저 멍청이들도 자신들의 민주주의적 권리를 행사하고 있는 거고요.

앨러배머는 이 전쟁에서 너무 많은 젊은이들을 잃었어요. 주(州) 전반적으로 표시가 날 정도죠. 『터스칼루사 뉴스』(*Tuscaloosa News*)가 나서서 무슨 일인지 알아보기 시작했어요. 그래서 그 진실이 앨러배머로 퍼져나가고 있죠. 지금 버밍엄에서 커다란 시위가 열리고 있고 곧 그곳에 있는 동료들과 연락을 취할 겁니다. 우리는 “평화를 염원하는 터스칼루사 사람들” 소속이거든요. 한달에 두세번 만나서 토론을 하지요. 책도 함께 읽고 시위에도 나갑니다.

“1971년에 베트남전에 반대했어요. 그때는 버스 두대에 나눠 타고 이곳에 왔었는데 이번엔 SUV 한대뿐이네요."

"정신을 차리고 있지 않으면 자유를 얻을 수 없다고 했던 제퍼슨의 말이 정말 맞아요. 미국은 서서히 자유를 잃어가고 있어요. 하지만 오늘 이곳에서 자유를 창조할 겁니다. 앨러배머에서는 충분히 하지 못하고 있지만 노력해봐야죠."

"이라크 문제라면 지금 당장 철군해야 합니다. 이라크 문제는 이라크 사람들에게 맡겨두고 우리의 젊은이들을 당장 고국으로 데리고 와야죠. 뉴올리언즈와 갤버스턴, 휴스턴에서 사용할 수 있었을 모든 장비도요. 이라크에 민주주의가 뿌리내리기를 원한다면 민주주의를 고무하고 원조해야 합니다. 강요할 것이 아니라요. 좀 전에 "송유관 사이를 읽어라"(숨은 뜻을 읽으라는 'Read between the lines'에서 lines를 pipelines로 대신하여 이라크전쟁의 숨은 의도가 석유 문제임을 주장하는 말―옮긴이)라는 피켓을 봤는데 이건 석유보다 더 심층적인 문제입니다. 석유는 단지 순간적인 탐욕의 대상일 뿐이죠. 진짜 싸움은 스스로 할말을 하고 직접 참여할 수 있는 정부를 원하는 사람들과 다른 목적을 지닌, 대부분 이기적이고 탐욕스러우며 자신의 의지를 남에게 강요하는 그런 사람들 사이에서 벌어지고 있는 거예요."

어미 사자 "내 아들은 안돼"라고 손으로 쓴 피켓을 들고 있는 사람은 뉴욕에서 온 로비(Robbie)이다. "난 작가이고 엄마예요. 아들 셋이 있죠. 큰 애가 열아홉살이고 둘째는 열여덟살이 좀 안되었어요. 내가 이 피켓을 썼는데 진심이에요. 그러니까 어미 사자죠. 너무너무 화가 나요. 거짓말들 때문에 아이들이 희생되는 것을 보는 엄마들―아빠들도요―의 분노죠. 우리는 화를 내야 하고 그래서 여기에 온 거예요."

"아들을 잃은 어머니들의 마음을 상상하며 집에서 이 피켓을 썼어요. 여기서 전사한 아이들을 대표하는 이 모든 현수막들을 보니까 그 느낌이 정말 생생해요. 나와 관계없는 사람들이 전쟁을 하고 있다는 생각을 버려야 해요. 이 분노와 열기를 느낄 수 있잖아요. 씬디 시핸이 말한 것처럼 우린 인간성을 다시 찾아야 하고 엄마들은 그것을 가르치는 선생님이 되어야 해요. 우린 길을 잃은 거예요.”

대학생들 써맨서 코움(Samantha Combs)과 앤드리어 쏠라조(Andrea Solazzo)는 분홍과 파랑으로 짝을 맞춘 홀치기염색 티셔츠를 입고 군중 속을 누비고 있다. 써맨서의 피켓에는 “평화에는 목숨이 아니라 시간이 든다”라고 쓰여 있다. 멈춰세우자 그들은 깜짝 놀라며 인터뷰를 한다는 사실에 멋쩍어한다. 약간 장난기 있으면서 매우 귀여운 그들은 플로리다, 쎄인트 피터스버그에 위치한 에커드 대학에 다니는 열여덟살의 대학생들로, “우려하는 개인들의 동맹”의 버스를 타고 열아홉시간 걸려서 여기에 왔다고 한다. (써맨서는 “그것은 인권과 관련된 모든 것에 중점을 두는 학내 단체”라고 알려준다.) 왜 시위에 나왔느냐고 물었더니 대답은 간명하고도 적확하다. “이곳에 써야 할 너무 많은 돈을 이라크에 퍼붓고 있잖아요.”

앤드리어는 말하기를, “내 사촌은 아프가니스탄에 갔다가 이번엔 이라크에 갔어요. 몇년 동안을 대학에 가려고 애를 썼는데 계속 소집당하는 거예요. 이라크는 그의 목숨을 바칠 가치가 없어요.”

그러고는 “우리 단체가 움직이네요”라고 한목소리로 소리치더니 멋쩍어하는 키득거림과 함께 뛰어가버린다.

학교 선생님 싸디다 어새울라(Sadida Athaullah)는 볼티모어 중심가에 위치한 학교에서 사회학을 가르친다. “워싱턴에서 행진하여 이라크전쟁 끝장내자”라고 쓰인 파란색 티셔츠를 입고 머리에 하늘색 스카프를 두른 그는 조용한 말투로 신중하게 얘기한다. “이런 시위에 나와본 것이 처음이에요. 인도에서 태어났고 미국에 귀화한 지 25년 되었습니다. 미국적

86

가치를 존경했기 때문에 미국인이 되기 위해 대대로 물려받은 전통을 포기했죠. 그런데 미국이 변해가는 방식이 맘에 들지 않아요. 처음 전쟁이 시작되었을 땐 그렇게 적극적으로 반대하지 않았어요. 몇달도 아니고 아마 몇주 정도에 금방 끝날 일이라고 생각했지, 이렇게 말도 안되게 길고도 엄청난 재난이 될 줄은 몰랐거든요. 이라크 사람들이 석유를 전부 마셔버릴 것도 아니고 어차피 세계시장에 팔 텐데, 그때 우리도 다른 나라처럼 사면 되지 않나요?"

아버지와 딸 떼를 지어 밀려가는 사람들의 무리에 묻혀 집합장소를 떠나 15번가로 쏟아져 나가자 소리도 높아지기 시작하는데, 그때 분홍색 셔츠와 밝은 노란색 치마를 입은 어린 딸을 목마 태우며 가는 불그스레한 야구 모자를 쓴 프랭크 메디너(Frank Medina)가 눈에 띈다. 그의 이름을 묻자 그의 딸이 몸을 기울여 "클레어 엘리자베스 메디너"라고 쾌활하게 소리친다. 그는 증권 및 외환위원회에서 일하는 변호사이다. "전쟁 전에도 시위에 나온 적이 있어요. 그런데 지금 상황은 정말 끔찍스러워요. 그래서 다시 시위에 나왔죠. 끔찍한 전쟁이니 당장 그만두어야 해요. 군대를 철수할 날짜를 확정해놓고 이라크를 그 나라 사람들에게 다시 맡길 일관된 계획이 있어야 합니다. 이미 생겨난 희생을 가지고 계속해서 전쟁을 정당화하는 일이야말로 있어서는 안되는 일이죠. 그건 마치 카지노에서 가진 것을 몽땅 잃었으니 돈을 두배로 걸어야 한다는 말과도 같은 거죠. 어느 순간엔가는 손실을 중단할 필요가 있거든요."

"하지만 자신의 실수를 인정하지 못하고, 진실을 인정하지 못하고, 그래서 변화할 수 없는 것이 바로 행정부죠. 그러니까 희망이 없어요."

그러면 뭐하러 나왔느냐고 물으니 "나의 견해를 밝히고 항의를 한다는 게 중요한 거니까요"라고 단호하게 대답한다.

할아버지와 손녀 잠깐 후 어린 소녀를 목마 태운 또다른 남자가 눈에 띈다. 그에게 다가가서 내 소개를 한 후, 잠깐 만에 당신처럼 딸을 목마 태운 아빠를 두번째 본 거라고 말하니, 조 스톤(Joe Stone)은 바로 내 말을 정정한다. "난 이 애의 할아버지예요. 이 애 아빠는 이라크에 있어요." 그는 피곤에 지쳐 낮잠에 빠지기 직전인 매켄지를 어깨에서 내려놓더니 그의 친딸인 씬디가 미는 유모차에 태운다. 그러곤 내 쪽으로 돌아 말하기를, "이런 일을 안한 지 삼십년은 되었어요. 1970년에 여기 있었죠. 메릴랜드 대학에서 최루탄을 맞았어요. 시대는 다르지만 같은 종류의 전쟁이죠."

그는 버지니아의 낙농장에서 보조감사관(기본적으로 회계사) 일을 한다고 한다. 이 시위에 나온 다른 많은 사람들과 마찬가지로 그는 차분하고 조용하지만 깊이 박힌 염증을 담아 얘기를 한다. "정말 신물이 나요. 부시는 부도덕하다고 봐요. 무슨 말이든 해야 합니다. 여기 나와 있는 게 자랑스러워요. 만약 부시가 내 집 문을 두드린다면 면전에서 문을 쾅 닫아버릴 거예요."

대부분의 시위 참가자들처럼 그의 딸도 스웻 셔츠와 청바지에 스니커즈를 신은 수수한 차림이다. 2002년에 공병(工兵)으로 군복무를 한 그녀의 남편은 두번째 근무를 위해 이라크에 갔다고 한다. 딸이 태어날 때 그곳에 나가 있다가 집에 돌아와 아홉달을 있었고, 겨울에 돌아갔는데 지금은 연장복무중이다. 그가 언제 돌아올지는 불확실하다.

그녀가 시위 — "티벳에 자유를"(free Tibet)이라는 소규모 시위를 빼고는 첫 시위 — 에 나온 걸 남편이 아느냐고 묻는다.

"하지 말라고는 안했을 거예요." 소리를 낮춰 속삭이다시피 하며 그녀가 말한다. "하지만 말할 기회가 없었어요. 아버지와 같은 생각이에요. 정말 넌더리가 나요. 대통령이 훌륭하다고 생각하는 사람이 아직도 그렇게 많다는 게 믿기질 않아요. 특히 첫번째 임기 이후에요. 친구들 중에 어느 누구도 여기 오겠다는 사람이 없었어요. 난 관급공사기업에서 일하는데,

직장 동료들 말이 전쟁이 끝나면 일감이 없어질지도 모르는데 반전운동에 나간다니 이상하다는 거예요. 이런 말을 한 사람도 있었어요. '아니, 거기 비디오카메라로 촬영도 하잖아.' 그래서 어쨌다는 거죠!"

아버지도 동의한다. "방위산업체한테라도 전쟁이 계속될 필요는 없지."

딸이 덧붙인다. "지금 이라크에 대해 뭘 어떻게 해야 할지는 정말 모르겠어요. 그냥 떠나버릴 수는 없을 텐데. 그렇다고 철수 방식에 대한 행동계획도 잘 안 그려지고요. 부시를 사임하게 하면 좋겠는데 그것 역시 어떻게 가능할지 모르겠네요."

농부 그의 피켓은 "미국 농부들은 전쟁에 반대한다"인데, 그를 마주친 것은 행렬이 모퉁이를 돌아 백악관 쪽으로 향하자 조금씩 속도가 느려지면서 정체되고 앞쪽 군중의 함성소리가 하늘을 찌를 듯이 점점 커질 때다. 그래도 마이클 오고먼(Michael O'Gorman)의 목소리는 잘 들린다. "난 진짜 농부요"라고 그는 내 질문에 답하기 시작한다. "천 에이커의 땅에 유기농 야채를 재배하여 멕시코의 캘리포니아반도 바하(Baja)에 있는 미국 시장에 내다 팔지요. 35년 동안 농사를 지었고 이 주름살이 전부 그래서 생긴 거요." 정말 그의 얼굴은 깊게 주름져 있다.

"1970년에 농사를 시작했을 때 미국 농부들이 세계를 먹여살렸어요. 수입량이 수출량보다 많아 자급을 못한 것은 아마도 미국 역사상 올해가 처음일 것입니다. 중국도 자급을 하고 인도도 자급을 하는데 우리만 못하는 거지요. 내가 처음 농사를 짓기 시작했을 때 미국에는 2백만의 농민이 있었는데 지금은 3십만밖에 남질 않았어요. 평균 나이는 62세고요. 내 나이도 곧 그만큼이 되죠." 그러고는 웃는다.

자신은 "정의와 평화를 위한 연합"(United for Peace and Justice)의 운영위원회 회원이고 이 단체가 시위 조직을 함께했다고 그는 말한다. 바하에서 비행기를 타고 왔다고 한다. "선발대에 가 있어야 하는데……"라면서 그는 그 사실을 나타내는 뱃지를 보여준다. "그런데 군중들에게 휩쓸려서 여기 있는 거예요. 1987년 7월 4일에 우리 지역 시위에 참여했던 기억이 나네요. 지역 문제에 관해 이야기하게 되어 있었는데, 그때 미국이 싸담 후쎄인의 이라크에 무기를 대주고 로널드 레이건의 측근인 올리버 노스(Oliver North)가 이란에 무기를 대주는 이란-이라크전쟁에서 2백만의 젊은이들이 죽을 것이라고 항의했습니다. 이 사실이 끊임없이 되돌아와 우리 주위를 맴돌 거라고 경고했죠."

"9·11사태 때 큰 딸이 그라운드 제로에 있었어요. 바로 길 건너였는데 살아남았죠. 내 아들은 누이가 거기 있었다는 이유로 자원입대를 했습니다. 지금 관따나모에 있어요. 그러니까 이란-이라크전쟁이 단지 미국사회만이 아니라 내 가족 주변을 계속 떠돌면서 괴롭히는 거지요."

"내 아들은 해안경비대에 예비군으로 들어갔습니다. 평화롭게 군에 복무하는 방식이라고 생각했죠. 그랬는데 군은 그 애를 꾸바로 보내버렸어요. 그냥 그 애를 밀어줄 뿐 크게 왈가왈부하지 않아요. 스스로 화해하기를 바랄 뿐이죠. 얼마 전에 일주일 휴가를 얻었는데, 글쎄 말이 됩니까? 플로리다까지도 수송을 해주지 않아서 집에 아들을 데려오는 데 570달러가 들었어요."

"지독한 상황입니다. 우리가 손을 떼면 완전히 엉망진창이 될 거라는 말이 있지만 우리가 그곳에 있는 지금 이미 엉망진창이에요. 미국이 그곳에 계속 주둔해야 할 어떤 이유도 찾질 못하겠어요. 손을 떼면서 미군을 대신할 만한 것을 만들어낼 수 있다면 그것이 물론 최상이겠지요."

악수를 하고는 그는 바하 농장으로 우리를 초대한다. 그가 헤어지면서 말한다. "이런 반전운동이 정말 미국적 운동이라고 생각해요. 우리나라를 개척하는 거지요."

2006년 민주당이 장악한 미국 의사당의 야경

지팡이를 짚은 시위자 조지 메이슨 대학 '공평과 다양성 부서'(Office of Equity and Diversity)에서 일하는 카밀 하지어(Camille Haseur)에게 다가간 것은 그녀의 지팡이 때문—골반 부위에 관절염이 있다고 했다—이다. 이같은 행진에 지팡이까지 짚고 나오다니 정말 헌신적이라고 말한다. "당연히 그래야죠." 그녀는 대답한다. "난 이 전쟁에 반대해요. 우리 군대가 그곳에 있다니, 정말 뭐라 말할 수가 없어요. 이 행진은 '안돼, 돌아와!'라고 말하는 내 나름의 소박한 방법입니다. 거기 있는 우리 아이들을 위한 일이죠. 그들을 데리고 오기 위해서요. 그리고 이라크인들을 위해서이기도 하고요. 그곳에서 무슨 일이 벌어지고 있는지 알 수조차 없어요. 잔학행위가 벌어지는 동안 우리는 그저 여기에 가만히 있는 것만 같고, 지금 우리가 그곳에서 벌이는 일들 때문에 후에 우리 아이들이 고통받지 않을까 두려워요. 글을 읽고 생각하는 우리들은 말이죠…… 중동 문제나 싸

담 후쎄인을 안이하게 보는 것은 아니에요. 하지만 그 어느것도 이 전쟁을
정당화할 수 없어요.”

“70년대에 여기 있었어요. 이 도시에서 대학을 다녔죠. 그때 시위를 기
억해요. 모두 다요. 아주 강한 냄새가 있었죠. 최루탄과 풀 냄새요. 오늘
그런 냄새는 안 나는군요.”

지팡이를 짚은 다른 시위자 백악관을 지나가는데 앤 갤러웨이(Ann
Galloway)가 지팡이를 절도있게 짚으며—무릎치환수술이 필요하다고
했다—단호한 걸음걸이로 가고 있었다. 정체되었던 행진의 흐름이 뚫려
서 시야가 트였다. 그녀가 맨 파란색 배낭에는 “우리 군대를 지원하라, 살
아서 돌아오게 하라”라고 쓰인 피켓이 비죽 나와 있다.

“코네티컷의 스탠포드에서 씬디 시핸의 밤샘시위를 주최했고요, 거기
서 무브온(Moveon, 민주주의를 위한 미국 시민운동단체—옮긴이)에 소속된 한
단체에서 리더를 맡고 있어요. 1967년인가에 마틴 루서 킹(Martin Luther
King) 목사, 벤자민 스팍(Benjamin Spock) 박사(미국의 유명한 소아과 의사—
옮긴이), 윌리엄 슬로운 커핀 목사(William Sloan Coffin, 진보적 목사이자 평화
운동가—옮긴이)와 함께했던 베트남전 반대시위 이후로 대규모 시위는 처
음이에요. 정부가 벌이는 일마다 하나같이 미국적인 것과는 너무나 대립
되기 때문에, 다시 기운을 차려 나오게 되었죠. 2006년에는 의회 다시찾기
를 목표로 하는 운동에 참여할 생각입니다.”

“내겐 손주가 있고, 사실 손주의 미래를 위해서 내가 이 행진에 함께하
는 거예요. 12월이면 두살이 되지요. 친구한테 편지를 쓰면서, 우리가 종
종 농담처럼 얘기하던 그 할망구들처럼 내가 지팡이를 짚고 챙 넓은 모자
를 쓰고(정말 그런 모자를 쓰고 있다) 시위에 나설 거라고 했죠. 어쨌든 수
도 없이 벌어지는 이 폐해들은 중단되어야만 해요. 그들은 조세감면을 안
건에서 제외하지 않으려 하면서도 이라크에서 소중한 세금을 펑펑 쓰고

있어요. 여기서 수많은 다른 일을 위해 그 돈을 쓸 수 있는데 말이죠.” 그녀는 “국토안보를 포함해서요.”라고 힘주어 덧붙인다. “저 사람들은 그 무엇에도 개의치 않아요. 아이들을 전쟁에 내보내지 않은 사람들을 위한 조세감면 말고는요.”

비행기 승무원 그녀는 “백악관에 쎅스가 다시 등장했다. 부시가 우리 모두를 농락(screw)하고 있음”(클린턴 전 대통령의 쎅스 스캔들을 암시하는 것으로 ‘screw’라는 단어는 ‘성행위하다’와 ‘사기치다’라는 뜻을 가지고 있음—옮긴이)이 적힌 스티커를 등에 붙인 채 녹색 셔츠를 입고 보행로 끝에 서 있다. 자신을 라이앤(Liane)이라고 소개한다. “전 승무원이에요. 노동부에서 주최한 노동조합 집회에서 만난 한 여자가 이 스티커를 주었어요. 내가 이걸 맘에 들어 했거든요. 정말 재미있는 여자였는데 상당한 시위 경력이 있었죠. 주소를 알려주면 셔츠를 보내주겠다고 했어요. 그게 여섯달 전이었는데 지금까진 쓸 기회가 없었죠.”

반전시위에 처음 참여한 것이라고 한다. “어떻게 해야 할지는 잘 모르겠어요. 그냥 이라크에서의 전쟁은 엄청난 실수라고 생각해요. 특히 뉴올리언즈에서 일어난 일이며, 제방을 쌓는 데 들여야 할 돈이 이라크로 빠져나간 일을 보고 나니 더 그렇죠. 정말 기가 막혀요. 하지만 전쟁을 밀어붙이는 사람들은 최선의 결과만을 고려하는 씨나리오만, 그러니까 최선의 결과 외에는 어떤 것에도 대비하지 않는다는 그런 인상을 전에도 받았어요. 그들은 더 많은 테러리즘을 양산할 뿐이에요.”

장난감 병정 백악관을 지나 모퉁이를 돌아 17번가 쪽으로 가는데, 온통 검은색 복장을 하고 페도라 중절모와 높은 중절모를 합해놓은 듯한 모자를 쓴 젊은이가 다가온다. 모자 앞면에는 장난감 병정 그림이 찍힌 노란색 판지가 붙어 있다. 그는 내가 어릴 때 가지고 놀던 것과 같은 종류의 녹색 플라스틱 장난감 병정이 담긴 작은 가방을 건네주는데, 이상하게도 이 반전시위 와중에 그것을 보자 내 맘이 설렌다. 그것을 정말 갖고 싶은 거다.

총을 쏘는 병사든 수류탄을 던지는 병사든 모두다 "집에 돌려보내줘"라고 쓰인 작은 종이를 붙이고 있는데 마우스 와이드 오픈(Mouths Wide Open) 웹 싸이트 주소가 함께 적혀 있다. 가방에는 짧은 설명도 달려 있다. "우리는 이라크전에서 계속되는 참사를 미약하나마 일상적으로 상기시키기 위해 미국 전역과 세계에 플라스틱 병정들을 보급하고 있습니다. 대화를 촉진하고 전쟁에 저항하며 행동하기 위한 방편으로 말입니다."

인터뷰를 해도 되겠냐고 물으니 상당히 당황한다. 결국 나이가 더 많은 메리 콘웨이(Merry Conway)를 가리키며 그녀가 얘기를 더 잘한다고 말한다. 정말 그녀는 말하는 걸 좋아한다. 알고 보니 그녀는 열성적일 뿐만 아니라 "지역적 요소를 광범위하게 활용하는 행위예술과 설치예술을 창조하는" 예술가이기도 하다.

그래서 마우스 와이드 오픈에 대해 물었다. "뉴욕에 있는 작은 모임입니다. 대부분이 예술가들이죠. 9·11 이후에 뭔가 해야 하지 않을까 싶어서 모였어요. '묵시록에 나오는 성전의 네 기사'(the four horsemen of the apocalypse crusade, 부시가 테러와의 전쟁을 성전으로 묘사한 데서 그 실마리를 얻어, 부시를 대장으로 하고 럼즈펠드와 라이스, 체니를 미국의 세계지배를 달성하기 위해 나선 네 기사 즉 신약성서 계시록에서 세계 종말을 위해 보내진 정복, 전쟁, 기근, 죽음의 네 기사로 비유하는 거리 행위예술 겸 행진—옮긴이)를 만들어냈어요. 다른 시위에서 혹시 보셨는지 모르겠네요. 정말 대단합니다. 그러나 어떻게 대화를 이끌어낼지 여전히 고민중이에요. 사람들은 가족이나 친척이 관련되지 않으면 마치 전쟁이 벌어지고 있지 않은 듯이 행동하거든요. 평소 여느 때와 다름없이 살아가는 거죠. 뭔가 흔적을 남긴다면 어떨까, 어떤 통렬한 정서적 효과를 통해 대화를 시작한다면 어떨까 하는 생각을 했어요. 남자아이들이 흔히 가지고 노는 이 작은 장난감 병정이 바로 그것이었죠."

"지난번 뉴욕에서 씬디 시핸의 행사가 있었을 때 이 병정들을 배포했는데 거기서 한 어머니에게 꾸러미 하나를 건네줬어요. 그녀는 뒤로 움찔하더니 '내 아들이 이라크에 있어요. 그것을 받을 수가 없네요. 그것을 그 애가 못 보게 숨겼었거든요'라고 했어요. 하지만 다음에 뭐라고 했는지 아세요? '계속하세요, 그래도 계속하세요!'라고 했어요."

"사람들이 아주 신이 나서 그것들을 여기저기에 놓고 다니면 다른 사람들이 그것을 발견하죠. 한번은 경찰관에게서 이메일을 받았어요. 뉴욕의 연방재판소에서 하나를 발견했는데 너무 감동을 받아서 메일을 쓰는 거라고 하더라고요."

뉴올리언즈 피난민 그녀는 "평화를 염원하는 뉴올리언즈 피난민"이라고 적힌 연붉은 피켓을 들고 있다. 에리카 스미스(Erica Smith)는 스물다섯 살이고 뉴올리언즈의 로욜라 법대 학생이지만 "휴스턴 법대로 옮겨서 수업을 듣고 있다"고 한다. "오늘 뉴올리언즈에서 온 사람들을 한 열명 정도 만난 것 같은데 다른 많은 사람들이 절 안아줬어요."

"애초부터 여기에 오려고 계획하고 있었어요. 하지만 뉴올리언즈에서 일어난 일을 보니까 더욱…… 난 운이 좋았어요. 시 외곽 주택단지에 살고 있는데다 집이 3층이거든요. 친구가 열쇠를 가지고 있어서 둘러보았는데 괜찮았어요. 그런데 주 방위군은 사람들을 구출하는 대신 모두 이라크에 가 있었던 거예요. 여기서 사람들을 도와주는 대신 다른 나라에 가서 문제만 일으키고 있었던 셈이지요."

엄마와 아들 쇼핑몰 쪽으로 다시 빙 돌아가다가 인도에 서 있는 엄마와 아들을 본다. 나로서는 그날 본 것들 중에서 그 엄마가 가장 인상적인 피켓을 들고 있었는데, 그것은 "어떤 이라크인도 나를 지붕 위에서 죽게 내버려두진 않았다"이다. 12살 된 아들 무애터 헌터(Muata Hunter) 역시 피켓을 들고 있는데 간명하면서도 의미심장하다. "전쟁 반대." 그들에게 다가가려는데 한 젊은 흑인 여성이 다가가 내가 물어보려던 걸 묻는다. "집이 뉴올리언즈인가요?"

엄마는 "아니요. 하지만 내 마음은 거기 있어요. 같은 국민이잖아요"라고 대답한다.

흑인 여성은 어느 고장의 예술가로 이름은 아지자 깁슨-헌터(Aziza Gibson-Hunter)이다. "이 전쟁과 우리 복지 간의 직접적인 상관관계를 도대체 어떻게 사람들에게 이해시킬 수 있을까 고심하고 또 고심하다가 이렇게 한마디로 요약해봤어요."

그녀의 아들은 아침에 자신이 피켓을 만들었다고 수줍게 말한다. "그냥 전쟁은 해서는 안된다고 생각해요. 필요없잖아요. 삼촌도 전쟁에 나가 있고 사촌 지미도 이라크에 있었어요."

엄마가 덧붙인다. "그래도 그 애는 가까스로 돌아왔지요."

5장

"평화를 위해 싸우는 악당"

앤 라이트 Ann Wright

그녀는 오클라호마 털사(Tulsa)에서 온 비행기에서 막 내린 참이다. 이 비행로는 1950년대 어린 시절을 보낸 아칸쏘의 작은 마을에서 친목회를 하고 돌아오는 가장 값싼 경로이다. 그녀와 어린 시절 친구들은 감씨 멀리 뱉기 대회를 위해 30년 동안 감나무가 자라는 페너텐서리 산 꼭대기에 오르곤 했다. "모두들 정신이 홀딱 빠질 정도로 맘껏 즐기죠." 손을 내밀어 악수를 청하며 그녀는 말한다. "나한테 여전히 끈적거리는 감이 묻어 있을지도 몰라요."

작은 녹음기 두대를 우리 양쪽에 놓고 내 집 식탁에 함께 앉았다. 금발의 중년 여성인 그녀는 검은색 옷을 입고 위에는 연두색 오버셔츠를 걸쳤으며 금귀고리와 얇은 금목걸이를 하고 있다. 오른쪽 팔목에는 분홍색 플라스틱 팔찌를 찼다. "이건 허리케인 카트리나가 왔을 때 애스트로돔

애스트로돔 야구장, 카트리나 당시 이재민들을 이곳에 수용했다.

(Astrodome, 텍사스 휴스턴의 야구팀 이름인 애스트로Astros를 따서 만든 돔 야구장—옮긴이)에서 자원봉사하느라 찼던 거예요. 거기서 이틀을 일한 다음 루이지애나 커빙튼(Covington)에서 사흘을 일했어요. 허리케인이 오고 첫번째 주였죠." 왼쪽 팔목에는 꽤나 오래되어 보이는 시계와 함께 두개의 파란색 플라스틱 팔찌가 있다. "그리고 이건요,"라면서 그녀는 점점 생기를 띠며 가까이 있는 팔찌를 만지작거린다. "9월 26일 아주 친한 사람 사백명과 백악관 앞에서 시위를 벌이다가 난생처음 붙잡혀갔을 당시 찼던 거예요. 이게 내가 탔던 버스 번호이고요, 이건 나한테 주어진 번호지요. 그리고 팔찌가 두개 생겼기 때문에 나중에 날짜 표시를 했어요." 그녀는 둘째 팔찌를 만지작거린다. "이 전쟁에서 전사한 이천명째인 미국인과 한 십만명쯤 될 이라크인들을 추모하기 위해 지난주에 백악관 바로 앞에 드러누워 시위를 펼쳤다가 스물여섯명이 연행되었어요. 그래서 이제 나

는,” 맘껏 깔깔거리며 그녀는 덧붙인다. “평화를 위해 싸우는 악당이에요.”

그녀의 말을 들으면— “몽골은 정말 너무 추워요”라고 말할 때 그녀는 마지막 ‘g’를 잘라먹는다(‘freezing’을 ‘freezin’ 으로 말할 때처럼 마지막 ‘ㅇ’발음을 ‘ㄴ’발음으로 한다는 뜻—옮긴이)— 지금까지 계속 남아 있는 아칸쏘 벤튼빌(Bentonville)의 어릴 적 오래전 말투를 알아챌 수 있다. 거리낌없고 직설적인 말투에서는 군대에서 보낸 29년의 세월이 묻어난다. 그 여유로움은 혹시 16년간의 국무부 외교관 생활에서 나오는 걸까. 활기차고 자신의 약점(그리고 인터뷰하는 나의 약점까지도)에 즐거워하며, 사려 깊고 의사표현이 분명한 그녀는 우리나라의 방위와 미국을 대표하는 일을 맡기고 싶은 바로 그런 사람이다. 사실 그녀는 나름의 방식으로 이같은 일을 계속해 나가고 있는 셈이다. 우리 시대의 별난 반전운동가의 하나로서 말이다.

지난 8월 텍사스 크로퍼드에 있는 대통령 저택 바로 문앞에, 씬디 시핸을 위한 캠프 케이씨를 세우는 데 그녀는 커다란 역할을 했다. 하지만 실상 이는 그리 대단한 일도 아니다. 1997년 당시 전쟁지역이던 씨에라리온(Sierra Leone)에서 2,500명의 외국인을 대피시키는 일을 지휘했던 것을 보면 말이다. 그 끔찍한 경험으로 그녀는 국무부에서 주는 ‘영웅적 행위상’을 받았다. “그래서 외무부 일을 하게 되었어요,”라고 말하는 그녀의 목소리엔 그 당시의 감동이 아직 남아 있는 듯하다. “휴가 때 가는 데가 아닌 그런 곳에 가고 싶었어요.” 사실 퇴역한 육군대령인 그녀는 아프리카에서 우즈베끼스딴에 이르기까지 대사관을 열었다 닫았다 했고, 2001년 12월 카불에 미 대사관을 다시 열었던 일을 포함하여 지구상에서 가장 힘든 외교적 임무를 수행했다.

2003년 3월 19일 첫 크루즈 미사일이 바그다드를 향해 쏘아 올려진 날, 그녀는 당시 외교사절단 부대표를 맡고 있던 몽골의 미 대사관에서, 국무장관인 콜린 파월(Colin L. Powell)에게 공개서한을 보낸 뒤 외무부에서 사임했다. 그 일부를 인용하자면 다음과 같다.

"미국을 위해 수년 동안 일해왔는데 처음으로 제가 미국 행정부의 정책을 대변할 수 없겠다는 느낌이 듭니다. 이라크도 그렇고, 이스라엘과 팔레스타인 간의 분쟁이나 북한에 대한 행정부의 정책에도 동의하지 않으며 미국내에서의 시민권 박탈에도 반대합니다. 현 정부의 정책은 세계를 안전한 장소로 만드는 것이 아니라 더욱 위험에 빠뜨리고 있다고 믿습니다. 이 정책들에 도덕적으로나 내 직업상으로나 저의 단호하고 깊은 우려를 표명해야 할 의무가 있고, 그 정책들을 옹호하거나 고칠 수 없다면 정부 직책에서 사임할 수밖에 없다고 생각합니다."

한때는 다른 나라에 미국의 공식 발표를 전달하던 그녀가 이제 이렇게 말한다. "지금 사용되는 가죽수갑(flexi-cuffs, 딱딱한 철제수갑 대신 유연한 가죽 등으로 만든 수갑—옮긴이)을 차보고는 그것이 사실 얼마나 유연하지 않은지, 얼마나 살갗을 베는지 느껴봐야 합니다. 그러고 나서 이라크 사람이든 아프간 사람이든 다른 누구든 하루 24시간 내내 그 수갑을 차고 있어야 하는 사람들을 상상해보세요." 그녀는 긴장을 풀고 뒤로 기대앉으며 첫 질문을 기다렸고 감칠맛 나게 대답했다.

탐디스패치 당신 삶에서 중요하면서도 서로 꽤 다른 두번의 순간에 대한 얘기로 시작할 수 있겠네요. 첫째는 얼마 전이지요. 최근에 상원 외무위원회에 출석한 콘돌리자 라이스(Condoleezza Rice)에 대한 『뉴욕 타임즈』 기사를 잠깐 인용해보죠. "여론조사가 보여주듯이 최근 미국인들의 머릿속 대부분을 차지하게 된 고민과 분노, 회의가 팽배한 날이었다. 종전을 외치다가 끌려나간 한 방해꾼 때문에 상원청문회는 잠시 중단되었다." 이건 당신 얘기가 맞죠?

앤 라이트 (키득거리며) 맞아요! 방해꾼은 아니고 시위자였죠.

장성이자 외교관 출신의 시민 반전운동가인
앤 라이트

탐 그 얘기를 좀 해주시죠.

라이트 그 행위는 콘돌리자 라이스를 겨냥한 것이기도 했지만 상원의원들을 겨냥한 것이기도 했어요. 상원의원들이 국무부에 책임을 묻지 않으니까요. 그날 아침 『워싱턴 포스트』를 집어들었다가 콘돌리자가 이라크 문제에 대해 증언할 것임을 알았고 '음, 오전에는 별일이 없군'이라고 생각했죠. 거기 들어갔을 때만 해도 뭔가를 해야겠다는 계획은 없었어요.

그런데 두시간쯤 지나서 상원의원들이 다음과 같이 말했어요. "현 정부가 씨리아와 어쩌면 이란에 취할 군사적 선택을 토의하고 있다는 얘기를 들었습니다. 우리는 단지 이라크에서의 군사적 행동에 대한 권한만을 부여했으므로 이에 대해서는 위원회에 법안을 제출해야 합니다." 그러자 국무장관은 거의 무례하고도 같잖다는 태도로 이렇게 대답하는 거예요. "우리가 원할 때 말씀을 드릴 겁니다. 모든 방안에 대해 토의해볼 수 있습니다. 감사합니다." 그런데 상원의원들이 그저 가만히 앉아 있더라고요. 난 속으로 외쳤죠 '이봐, 말을 하라구. 라이스를 몰아붙이란 말이야! 우리 국민들은 알고 싶어. 나도 알고 싶다고.' 그런데 상원의원들이 그냥 다른 문제로 넘어가버리는 거예요. 안돼! 이 문제로 다시 돌아와. 씨리아나 이란에서 또 전쟁을 하고 싶지는 않다고……

탐 그래서 일어나셨나요?

라이트 그래서 일어섰죠. 난 위층 맨 뒷자리에 앉아 있었어요. 그런 일은 난생처음 해봤어요. 숨을 한번 크게 들이쉰 다음 소리쳤죠. "살인을 중단하라! 전쟁을 중단하라! 라이스에게 책임을 물어라! 상원의원 당신들은 이라크 문제로 기만을 당했는데 또 기만당할 것인가! 라이스가 더이상은 사람을 죽이지 못하게 하라!"

그쯤 하자 더 할말이 생각이 안 나는 거예요. 정말 계획한 것이 아니었으니까요. (웃음) 주위를 돌아봤더니 경찰이 딱 하나 있었는데 내 쪽으로 슬슬 걸어오더라고요. 마치 내가 하는 말을 재밌어하는 것 같았죠. '그가 여기까지 오기 전에 뭔가 더 말을 해야 해'라고 생각하면서 다시 말했어요. "당신들은 이라크 문제에서 우리를 저버렸으니 또다시 씨리아에서 우리를 저버릴 수는 없어요." 결국 경찰이 와서 말했죠. "오, 부인, 저와 함께 가주셔야겠는데요." 나중에 들은 말로는 시위자가 경찰관에게 팔을 두르고 가는 건 처음 봤다고 하더라고요. (웃음)

탐 그럼 '끌려나간' 것이 아닌가요?

라이트 아~~니요. 우린 천천히 걸어나갔고 그동안 방 안은 조용했어요. 그래서 이 기회를 그냥 지나칠 수 없다고 생각해서 나가면서 좀더 고함을 쳤어요. 이 부분은 신문기사에서 언급하지 않았더군요.

탐 적어도 『워싱턴 포스트』와 같은 몇몇 신문에서는 당신의 이름을 거론했어요. 『타임즈』는 그저 방해꾼이라고 했지만요.

라이트 얼마나 무례해요. 난 야유를 하거나 방해한 것이 아니거든요. 미국 국민을 대표해서 말한 거라고요.

행정부가 아니라 나라에 충성해야

탐 그것은 분명히 당신의 직업적 삶에서 한참이나 떨어진 일인데요. 외무부에서 근무한 기간이……

라이트 16년이죠.

탐 그리고 그동안은 이런 일은 상상도 못했을 테고요.

라이트 외무부 직원으로서 하원청문회에서 증언할 때—특히 93년과 94년 소말리아 문제와 관련해서 출석했을 때—나는 정부 직원으로서 항상 공손하게 그 방에 들어갔습니다. 청중석에서 누군가가 일어나서 발언을 하면 재미있었고요. 글쎄, 나중에 알고 보니 대부분의 시위자들은 시작하고 10분 안에 항의시위를 한다고 하더라고요. 그 10분 동안이 온갖 기자들과 사진기자들이 진을 치고 있을 때니까요.

사실 위원회 의장은 나를 연행하는 데 반대했어요. 경찰은 "실망하셨다면 체포할 수도 있습니다"라고 말했죠. 그래서 "괜찮으시다면 전 점심 약속에 빨리 가봐야겠는데요"라고 말했죠. 정말로 난 콜린 파월의 전 비서실장이던 래리 윌커슨(Larry Wilkerson)의 발표장에 가야 했어요. 그가 행정부의 비밀과 더불어 국무부가 어떻게 백악관과 안전보장이사회 때문에 고립되었는지를 발표할 예정이었거든요.

탐 또다른 시위는 당신이 꽤 신경 써서 준비했을 것 같은데, 시위는 이라크에 대항한 '충격과 공포' 공습(shock and awe campaign, 적의 대항 의지를 꺾어놓기 위해 순식간에 압도적인 공격을 퍼붓는 작전을 뜻함—옮긴이)이 시작되기 전날이었죠. 또한 그날이 콜린 파월에게 사임 이유를 적은 공개서한을 보낸 날이기도 하죠. 그런 문장을 쓸 수 있는 사람이 많지 않을 텐데요. "2002년 내가 카불에서 당신을 보았을 때……"로 편지가 시작하죠.

라이트 난 정말로 미 대사관을 다시 여는 작은 팀의 일원이 되고자 2001년 12월에 아프가니스탄 카불에 가겠다고 자원했어요. 12년 동안 대사관을 못 열고 있었거든요. 대사관을 열고 닫는 데는 내가 좀 일가견이 있죠. 우즈베끼스딴에 대사관 개설을 도운 적이 있고, 씨에라리온에 대사관을 닫았다가 다시 열기도 했어요. 나는 씨에라리온과 소말리아에서 추방되기도 했어요. 그리고 군대에 있던 경력이 있어서 전투상황에서 일해본 적도 많고요.

내가 자원한 이유는 미국이 9·11사태에 대응할 필요가 있다고 생각했기 때문이었어요. 알까에다를 잡으려면 당연히 그들이 훈련받는 장소로 가야겠지요. 물론, 그렇다고 많은 수를 잡을 수는 없을 것임을 잘 알고 있지만요. 왜냐면 알까에다 그룹은 머리가 비상해서 추정컨대 아프가니스탄에서 우리가 찾아다닐 만한 장소에서 얼쩡거리는 바보들은 별로 없을 테니까요. 행정부가 군대를 몰고 들어왔을 때 사실 난 깜짝 놀랐어요. 클린턴 정부처럼 크루즈 미사일이나 좀 날릴 거라고 생각했거든요. 9·11사태의 심각성을 고려하면 결국 '흠, 러시아 사람들이 혼쭐이 난 지옥구덩이로 우리가 들어갈 차례군' 이렇게 군부가 생각한 것이 아닌가 해요. 상황이 아주 어려워지리란 걸 모두가 알고 있었으니까요.

탐 카불의 벙커 안에서 악의 축 운운하는 대통령의 국정연설을 들었던 것이 결정적이었다고 어디선가 말하셨죠.

라이트 대사관 사무국 건물 바깥쪽 벙커는, 소련을 무찌른 후에 무자헤딘(mujahedeen, 지하드와 같은 투쟁단체 — 옮긴이)이 서로에게 날리는 로켓으로부터 방어하기 위한 것이에요. 우리는 사흘 전에 당시 임시 지도자였던 하미드 카르자이(Hamid Karzai)를 바그람 공군기지로 데려가 비행기를 태워 보냈었죠. 그가 국정연설회에 초청을 받았거든요. "다른 나라에 대한 미국의 관심은 그리 오래가지 않으니까 당신은 경제발전기금을 마련하기 위한 자세한 계획들을 협의해야 할 겁니다. 그러니까 변변치 않은 당신의 내각을 빨리 움직여보세요"라고 그에게 말했었죠. 9·11 이후에 미국이 다른 관심을 가지게 되었고 그 다른 관심은 이란과 이라크, 북한이라고 대통령은 말하기 시작했어요. 그 얘기를 막 했을 때 카메라가 카르자이에게 집중되었고 그때 그가 무슨 생각을 하는지 거의 알 수 있었죠. (오만상을 찌푸리며) 흐~~음. 대사관에서 왜 그런 얘기를 했는지 이제야 알겠군. 그리고 우린 벙커에 앉아서 생각했죠. 맙소사……

탐 제대로 나오는 텔레비전이 있었나요?

라이트 겨우 나오는 텔레비전이었죠. 콜라 캔 — 카불 시내에서 콜라를 팔았거든요 — 을 찌그러트려서 만든 위성접시와 이슬라마바드에서 구한 컴퓨터 칩이 있었어요. 아프가니스탄과 관련된 상황이 어떻게 돼가는지 워싱턴으로부터의 소식을 듣고 싶었으니까요. 아프가니스탄 얘기를 하는 대신 대통령이 악의 축 운운하기 시작했을 때 우린 망연자실했죠. 이게 어찌 된 일인가. 우린 변변한 군대도 없이 이 위험한 곳에 있는데. 벙커에 있던 사람들 모두 같은 생각이었어요. 아이고 맙소사, 이곳에 아직도 경제전문가가 오지 않은 게 당연한 일이었군. 미국 정부가 아프가니스탄의 알까에다를 추격해서 탈리반을 쓸어버리고 아프간 사람들을 도와줄 요량이 었다면 도대체 왜 이렇게 오래 걸렸겠어? 저 말을 들으니 이유를 알겠군.

탐 이라크를 침공할지도 모르겠다는 예상을 그때 하셨나요?

라이트 내가 가끔 좀 순진해요. 우리가 이라크를 침공하려는 게 아닌가 하는 의심은 정말 추호도 없었어요. 당시엔 9·11과 이라크를 연결시키려 는 어떤 시도도 없었으니까 그런 생각은 떠오르질 않았죠.
어쨌든 그것이 제가 사임하게 된 발단이 되었어요. 콜린 파월이 카불에 처음 왔을 때 그를 만났다는 사실을 강조하고 싶었어요. 내가 경험이 많은 사람임을 보여주고 싶었거든요.

탐 베트남전을 통틀어 공직자가 공개적인 항의 표시로 사임을 한 적은 거의 없었는데요, 이라크 침공이 시작되기 전에는 당신과 브래디 키슬링 (Brady Kiesling), 존 브라운(John Brown) 이렇게 세 외교관이 공개적으 로 사임을 했습니다. 아주 괴로운 결정이었겠죠.

라이트 2002년 9월 십만 정도의 군대가 이미 중동지역에 주둔하고 있 다는 신문기사를 읽었을 때부터 아주 걱정스러웠어요. 그들 대부분은 우 리가 이집트에서 2년마다 벌이는 '밝은 별' 군사훈련 이후에 남아 있던 인 원이죠. 나는 '이런, 정부가 우리에게 뭔가 음험한 짓을 하고 있군'이라고 생각했죠. 정부는 유엔 조사단이 이라크에 다시 들어가야 한다고 주장하 고 있었지만 그때 이미 병력 증강이 진행되고 있었던 거예요. 압박을 하기 위해 군대를 중동지역에 집어넣는다면 다른 문제이겠지만 그렇게 많은 군사를 남겨놓았다는 건 그 군대를 쓰겠다는 거지요. 그러자 수사적인 핵 구름 얘기가 점점 강해지고, "맙소사! 증거가 어떻게 되었든 저들은 전쟁을 하려는 것이군"이란 생각이 들었죠.

11월쯤 불면증에 시달렸어요. 새벽 서너시쯤 눈이 떠지면—무지하게 추운 몽골에서의 일이니까—담요를 둘둘 말고는 부엌 식탁으로 가서 하고 싶은 얘기를 마구 쏟아내기 시작했죠. 마침내 사임한다는 편지를 보낼 수 있게 되었을 땐 (식탁에서 5, 60센티미터 높이로 손을 들어 보이며) 그동안 쓴 원고가 이만큼이나 되더라고요. 다른 두사람이 사임한 줄은 알았지만 정말 솔직히 말해, 그들의 편지는 읽어보지 않았고 그들을 알지도 못했어요.

탐 어떤 면에서는 당신이 지금까지 누려온 삶을 끝내버렸다고도 할 수 있는데요……

라이트 군대에 있을 때부터 국무부 근무까지 치면 정부에서 35년을 일했지요. 일곱 행정부를 거쳤고요. 어려웠지만 미국을 대표하는 일이 좋았어요.

탐 더이상은 정부를 대표하여 일할 수 없겠다는 생각을 하게 된 어떤 순간이 있었나요?

라이트 난 줄곧 지금의 정부가 전쟁에 나설 권한을 부여받기 위해 다시 안보위원회와 만나기를 원했어요. 실제로 폭탄이 떨어질 때까지 미루었던 것도 그 때문이고요. 우리 정부가 국제법의 어느 조항에도 들어맞지 않는 정말 불법적인 침략전쟁을 하지는 않으리라는 헛된 희망을 품고 있었던 거죠. 전쟁을 벌이려 한다는 사실이 명백해졌을 때, 여기서 일할 수 없겠다고 생각했어요.

탐 경계를 넘어 다른 세계로 가는 것 같던가요?

라이트 정말 마음이 놓였어요. 전쟁준비가 되어가는 동안 금방이라도 심장마비가 올 것 같은 증상이 나타났거든요. 국무부에서는 나를 구급 헬기편으로 싱가폴에 보내 심장검사를 받게 했지요. 의사는 "부인, 당신 건강은 아주 좋은데, 뭔가 스트레스 받는 일이 있는 건 아닌가요?"라고 하더군요. "네, 맞아요!"라고 했죠. 사임 편지를 보내고 나자 커다란 짐에서 벗어난 것 같았어요. 적어도 내 입장을 분명히했고 사임한 다른 두사람과 함께했으니까요.

탐 그때 남은 사람들은 어떻게 되었나요?

라이트 몽골에 머물던 이틀여 동안 국무부에서 일하는 동료들에게서 400통이 넘는 이메일을 받았어요. "이제 당신과 함께 일할 수 없게 되어 슬프지만 사임한 세사람 모두가 무척 자랑스럽습니다. 이런 식으로 전쟁을 벌이는 것이 끔찍스럽다고 우리도 생각하니까요." 다음에는 각자 자신들이 근무하는 나라에서 반미감정이 얼마나 커지고 있는지를 설명하곤 했어요. 모든 이메일들이 정말 통렬했죠.

탐 정부에서 일하는 더 많은 사람들이 입장을 밝히며 자리를 박차고 나오지 않는 이유가 무엇이라고 보십니까? 분명히 이라크전에 대한 반대가 아주 강했을 군대에서도 그렇고요.

라이트 몇명 있었어요. 에릭 신세키(Eric Shinseki) 대령은 20만여 명이 수행하는 이라크 작전계획의 부당함에 대해 말했다가 사퇴 압력을 받고 물러났습니다. 하지만 말이죠, 군대에서나 외무부에서나 자신이 생각한 바를 얘기하게 되어 있지는 않아요. 미국 국민이 선출한 행정부의 정책을 그저 이행하는 게 그들의 임무이죠. 그게 싫으면 사퇴하는 길밖에 없어요. 이것을 난 알았고 그래서 사퇴한 거죠. 그러니까 내 생각을 말할 수 있는 자유를 획득하기 위해서요.

정부에서 일하는 사람들 중에 나서서 의견을 밝히는 사람들이 많지만 행간을 읽을 필요가 있어요. 이라크에 주둔한 원로 군 지도자들이 얘기해 온 것은 도널드 럼즈펠드나 워싱턴 무리들이 말하는 것과는 아주 달라요. 군사적 임무를 수행할 이라크 대대가 부족하다거나 군대가 어떤 위험에 처해 있다고 말할 때, 그들은 정말 솔직하고 진실한 겁니다. 말하자면 본국에 신호를 보내고 있는 셈이죠. "여러분, 우리는 여기에서 정말 곤경에 빠져 있어요. 그러니까 당신들 국민 여러분이 우리를 구해주세요."

탐 콜린 파월의 비서실장인 래리 윌커슨을 예로 들어 얘기해보죠. 윌커슨은 콜린 파월이 사직하던 때인 선거 이후에 또한 사임할 것으로 생각되었으니 거의 1년 가까이 지났죠. 정부를 움직이는 비밀 모임을 윌커슨이 알게 되었는데, 모임에 대해 밝히게 되기까지는 시간이 많이 걸렸죠. 그가 결국 그것을 밝혀서 다행이지만요. 하지만 왜 알리려는 좀더 절박한 충동이 없는 걸까요?

라이트 국가안보위원회에서 테러리즘을 담당한 대통령의 전 보좌관 딕 클라크(Dick Clarke)는 애초부터 모든 비밀을 다 알고 있었고 2003년 1월에 사임했습니다. 하지만 사임 이후 1년 반이 지나도록 그는 아무 얘기도 하지 않았어요. 2004년에 책 『모든 적에 맞서』(*Against All Enemies*)를 출판하기 전까지는요. 전쟁이 시작되기 전에 출판했다면 그 비밀을 전쟁 전에 말할 수 있었을 텐데 말이에요. 국가안보위원회에서 테러리즘에 맞서는 임무를 맡은 상급 지휘관인 랜디 비어즈(Randy Beers)도 그렇고요. 소말리아와 씨에라리온에서 그들과 함께 일을 해서 개인적으로 알거든요. 그래서 "이봐요, 왜 그때 나서지 않았어요?"라는 생각이 들더라고요.

아마 아시겠지만 부시 정부 첫 4년 동안 국무부는 핵심적인 이슈에서 완전히 밀려났어요. 그러니까 이라크전만 봐도 그렇죠. 콜린 파월과 국무부는 완전히 밀려나서 업무가 모두 국방부로 넘어갔잖아요. 불행하게도 콜린 파월은 이라크에 군대가 충분하지 않다고 막후에서 도널드 럼즈펠드에게 조언하려고 애를 쓰면서도 "이봐, 잠깐만. 합리적 조직에서 논리적으로 합당한 업무를 담당하게끔 상황이 적절히 통제되지 않는다면 난 사퇴하겠어. 그리고 국방부! 전투 이후의 사회재건사업 같은 일은 당신들이 하지 마. 그건 우리 일이니까"라고 나서서 말한 적이 없어요. 그냥 하지 않은 거죠. 내가 보기에 파월은 나라 전체보다는 부시 한집안에게 더 충성스러웠던 거죠. 그가 사퇴했다면 아마 전쟁을 저지할 수 있었을지도 몰라요. 그랬으면 미국 국민들은 지금 무슨 일이 벌어지는 건지 정말 자세히 알아보려고 했을 테니까요. 그러나 불행하게도 그는 나라에 대한 충성보다 행정부에 대한 충성이 더 중요하다고 보았던 거죠. 이런 얘기를 하자니 정말 가슴이 아프지만, 그게 사실이니까요.

탐 그렇다면 결국 사람들을 나서지 못하게 하는 것은 무엇인가요?

라이트 제 생각엔 직위가 올라갈수록 퇴임이나 아니면 사임을 하더라도 그 이유를 밝히지 않는 경우가 잦은 것 같아요. 왜냐하면 다음 행정부가 들어섰을 때 다시 정부에 들어갈 수 있기를 바라니까요. 딕 클라크는 조지 워싱턴 정부 이래로 모든 행정부에 들어가서 일을 했으니, 다시 자신을 정치적 피지명인으로 불러주길 기대하는지도 모르죠. 때때로 그런 사람들은 자신을 지명해준 사람들에게 충성스럽기 때문에 사실을 발설하지 않아요. 내 경우에는 미국 국민 말고는 어떤 자리에 나를 지명해준 사람이라고는 아무도 없어요. 난 직업적인 외무부 직원이고 미국 국민에게 봉사하지요. 행정부가 미국 국민의 이익을 제대로 대변하지 못한다면 이에 맞서야 한다고 생각해요.

탐 그래서 이젠 완전 전업으로 반전운동을 하는 건가요?

라이트 (웃음) 그렇게 된 셈이죠.

반전운동은 미국에 대한 진정한 봉사

탐 만약 당신의 군인 경력과 국무부 경력 그리고 지금의…… 음, 반전운동을 경력이나 직업이라고 부를 수 있을지 잘 모르겠지만, 이들의 공통점이 있다면 무엇일까요?

라이트 미국에 대한 봉사. 그건 모두 내 나라에 대한 진정한 관심의 연장이지요.

탐 아직 군대와 국무부에 있는 예전 동료들에게 할 말씀이 있다면?

라이트 외무부 직원들에게서 받은 이메일들 대부분은, 나도 마음은 굴뚝같으면서도 아이들이 대학에 다녀서 혹은 융자받은 걸 갚아야 해서 사임할 수는 없지만 내부에서 정책들의 강도를 개선하기 위해 정말 열심히 노력하겠다는 내용이었어요. 내가 말할 수 있는 건 그들도 정책에 영향을 줄 수 없다는 사실 때문에 고통스러워한다는 거예요. 부시행정부의 정책을 완화할 수 없다는 사실을 결국 깨닫고는 일찌감치 사직한 사람들이 많이 있었어요.

탐 지금의 당신이 과거의 당신에게 전하고 싶은 메씨지가 있나요?

라이트 나를 잘 훈련시켰구나.

탐 여기 이 방에, 당신이 1983년에 그랬듯이 그레나다(Grenada)에 가길 원하는 서른다섯살의 여성이 있다면 어떤 면을 숙고하라고 말하고 싶나요?

라이트 이렇게 말하겠어요. "당신은 훌륭한 군 장교였고 외무부 직원이었다. 미국의 잘못에 눈감지 않았다. 여러 직업을 거치면서 당신은 잘못되어가는 일을 고치려 애썼고 두세번은 성공하기도 했지." 내 사임 때가 처음으로 내 생각을 발언한 경우는 아니에요. 예를 들어 국무부에 있을 때 소말리아 유엔 작전에 차출되어 임시로 근무한 적이 있었는데, 유엔이 아디드(Addid)라는 군 지도자를 암살하기 위해 벌이고 있던 군 작전을 기록하게 되었죠. 그들은 헬기를 동원하고 병력을 배치하여 건물 하나를 날려버렸어요. 아디드가 아마도 그 건물에 있을 거라는 첩보를 입수했거든요. 비극적이게도 그는 거기 없었고, 우리는 그냥 소말리아 가족들만 몽땅 날려버렸던 거예요. 당연히 소말리아 사람들은 분개했고 그렇게 분개한 댓가가 말하자면 '블랙호크 다운'(Black Hawk Down, 소말리아에서 벌어진 미국의 전투를 다룬 영화—옮긴이)이었죠.

난 사무총장의 특별대표에게 공식적인 의견을 보내서 유엔 작전은 불법이므로 당장 중지되어야 한다고 했습니다. 그 문건이 『워싱턴 포스트』에 유출되어 처음엔 좀 곤란한 처지에 빠졌지만 결국 내 분석이 옳았음이 밝혀졌죠. 80년대에는 군대에서도 여성을 활용해야 한다고 선동을 좀 했어요. 당시 군대에서 여성들의 경력개발 가능성을 줄이려고 할 때, 몇몇 여성들과 함께 이에 맞섰더랬죠. ……그레나다에서도 우리 군대 중 일부가 개인 가정을 약탈했다는 사실을 밝힌 사람들에 속해 있었어요. 군은 지상전의 법칙을 위반한 책임을 물어 많은 우리 군인들을 군법회의에 회부했습니다. 행동규칙에 대한 교육방식과 실제로 주둔군의 책임에 대한 제네바협약을 다시 쓰면서 그들을 사례로 들기도 했죠.

탐 공적·사적 재산을 보호해야 하는 주둔군의 의무에 대해 상당히 잘 알고 계시는데요, 이는 한편으로 80년대 중동에서 작전 계획을 짜는 일을 한 덕분 아닙니까?

라이트 네. 1982년에서 1984년까지 북 캐롤라이나 포트 브래그(Fort Bragg)에 있었는데 그때 군은 신속배치군(Rapid Deployment Force)을 활용한 잠재적 작전을 계획하고 있었습니다. 나중에 중부군사령부(Central Command, 중동과 중앙아프리카, 중앙아시아를 담당하는 국방부의 한 부서—옮긴이)가 되지요. 신속배치작전에 투입된 첫번째 부대가 포트 브래그에 있던 82공수부대였어요. 난 대민 관련 일을 하는 특수작전 업무를 맡고 있었죠. 말하자면 민간인들과 어떻게 관계를 유지할 것인가, 상하수도 시설, 송전망, 도서관 들의 시설을 어떻게 보호할 것인가에 관한 서류를 작전계획에 첨부하는 일을 하는 것이죠. 중동지역 전체를 망라하여 일을 했어요. 그러니까 세계 모든 나라에서, 아니면 사실상 거의 모든 나라에서 행해지는 작전 계획을 다 가지고 있었다는 얘기죠. 이라크에 관한 것도 있었고, 씨리아와 요르단, 이집트 할 것 없이 다요.

예를 들면 유네스코에서 선정한 세계유적 목록을 쭉 훑어보는 겁니다. 괜찮은가? 이라크에 아무것도 없나? 네. 좋아. 그것들을 찾아서 지도에 동그라미를 치고 작전 계획에 집어넣는 겁니다. 무슨 일이 있어도 이것은 폭파하면 안된다. 이것을 보호하기 위해 충분한 군대를 꼭 확보하라. 이것들이 지상전의 규칙하에서 우리에게 주어진 의무입니다. 모든 송전망, 송유관, 박물관에 동그라미를 칩니다. 그러고는 이라크에 들어가서 모든 약탈이 벌어지게 내버려둔 거예요. 럼즈펠드는 민첩하고 기동력있는 군대를 원했고 그래서 조약에 명시된 의무 같은 건 묵살해버린 거죠. 그 얘긴 이제 되었고요.

그래서 모든 건 고양이에게 생선을 맡긴 셈이었죠. 너나 할 것 없이 들어가서 뭐든지 뜯어냈으니까요. 지금 우리 군인들을 살상하는 데 쓰이는 대부분의 폭탄물들은 우리가 지키지 못한 무기 임시집적소에서 나온 거예요. 군사작전과 직전 이후의 일을 계획할 때 지켜야 할 모든 규칙을 몽땅 위반했던 거죠. 민간부문의 직원들은 도대체 어떻게 이런 일이 일어날 수 있는지, 그저 고개를 절레절레 흔들 뿐이었어요. 이러한 작전 계획을 수도 없이 해왔기 때문에 그에 대한 불평불만들은 안 봐도 뻔해요. 우리에겐 왜 민(民)-군(軍) 합동이 없나? 다른 모든 작전 계획에는 다 있는데. 그리고 군대는 어디 있나? 헌병대는 어디 있나?

탐 만약 80년대 초에 당신이 중동의 모든 나라에 있는 유물들을 구할 계획을 세우고 있었다면, 분명 국방부는 그 지역에서 어느 만큼까지 침공할 것인지도 계획하고 있었겠지요. 지금 와서 돌이켜 묻는다면, 떠올릴 수 있는 어떤 나라든지 침공이 가능한 비상작전 계획을 보유한 나라는 어떤 성격의 나라인가요?

라이트 군에 있으면 어떤 싯점에서든 하게 되는 업무 중 하나가 작전 계획이에요. 따라서 당시 우리가 중동이나 캐러비언 해 혹은 남아메리카 어떤 나라에 대해 비상작전 계획이 있는 것이 전혀 이상하지는 않았어요. 당시에는 미국 제국주의를 보지 못했던 거죠. 그냥 당시의 비상작전 계획과 제국건설이라는 목표를 등치하지 못했던 거예요. 하지만 그 계획들은 어떻게 실행하느냐에 따라 바로 제국주의가 될 수 있어요. 그리고 그때는 냉전시대였잖아요. 세상에, 그것이 얼마나 많은 것들을 위장했는지. 그래서 항상 떠들어댄 것이 이런 거였잖아요. 소련이 무슨 짓을 할지 알 수 없으니 그들을 무찌르기 위해 세계 어디에서든 철저히 대비해야 한다.

탐 지금도 세계 곳곳에서 대비하고 있죠⋯⋯

라이트 예, 맞아요. 그런데, 가만 있자, 러시아 사람들은 어디 있다지? (맘껏 웃는다)

탐 당신이 살아온 얘기를 간략하게 해주시죠.

미국사회의 촘촘한 군대화

라이트 아칸쏘에서 자랐고요, 그냥 평범한 어린 시절을 보냈어요. 걸 스카우트에 들어간 것이 나를 형성한 계기가 된 것 같아요. 덕분에 작전도 있고 아칸쏘 밖을 여행할 기회도 주어졌고 괜찮은 목표와 소소한 배지들이며⋯⋯ 국무부의 시초라고 할까. 군대의 시초일 수도 있고요. 흥미롭죠, 우리사회의 군대화라는 거 말이에요. 제대로 생각을 하지 않게 되는 그런 것들이 있어요. 그런데 돌아보면 내가 녹색 유니폼을 입은 어린 걸 스카우트였기 때문에 대학을 졸업한 후 군복을 입는 건 그다지 큰일도 아니었던 것 같아요. 유니폼을 입어본 적이 있었으니까 경례하는 법도 다 알고⋯⋯ 세 손가락으로⋯⋯ (시범을 보인다)

보세요, 우린 고등학교에 청소년 ROTC를 두고 있어요. 우리나라에 어린이 군대가 있는 거죠. 미국은 아이들을 그런 유니폼에 익숙하게 하는 일에 능숙해요. 다음으로 공장과 기업의 군사화가 있어요. 새로운 무기들이

다음 시대에 나와야 하니까 십년마다 전쟁을 벌여야 하고요. 군수산업체들은 새로운 유형의 무기와 수송수단으로 엄청난 돈을 벌죠.

탐 군에 있을 당시 그 전쟁들이 사실상 살아 있는 사람을 대상으로 하는 생체무기 실험이라는 생각을 해본 적이 있나요?

라이트 1차걸프전 이후 소말리아에서 군수업체의 민영화가 시작되는 걸 보았을 때 특히 그랬죠. 군대가 도착하는 것과 동시에 갑자기 소말리아에 핼리버튼(Halliburton)과 켈로그(Kellogg), 브라운(Brown), 루트(Root) 등이 생겨난 거예요. 군인들을 위한 식당이 필요하겠는걸? 아, 우리가 식당을 마련해줄게. 이렇게 떠들기 시작했어요. 그래서 결국 걸프전 이후 기업들은 중동지방에 수많은 시설들을 세우게 된 거죠. 소말리아에도 아주 순식간에 생겨났죠. 군사업무의 민영화 현상은 이제 너무나 지배적이어서 군대는 하도급자들이나 기업 없이는 혼자 기능할 수가 없을 정도이지요. 정말 돈밖에 모르는 하도급자들이 이제는 미군 작전수행에 있어 매우 중요한 존재들이죠.

탐 그래서 걸 스카우트였고 다음엔……

라이트 아칸쏘 대학 3학년 때 신병 모집원이 "군에 입대하여 세상을 보자"라는 영화를 틀어주며 시내를 돌았어요. 난 3년 동안 교육학을 전공하고 있었죠. 간호사나 선생님이 여성들의 직업이었잖아요. 하지만 내가 원한 것은 아니었어요. 그래서 베트남전 와중에 3주 동안의 군 훈련프로그램에 등록을 했지요. 마음에 들지 한번 해보려고요. 정말 해볼 만한 일이라고 느꼈어요. 미국 전역에서 시위가 벌어지고 있었지만 난 군이 실제 하는 일과 군이 내게 주는 기회들을 따로 생각했어요. 베트남전에서 그렇게 많은 사람들이 죽어가는 사태가 정말 끔찍했지만 스스로에게 "난 아무도 죽이지 않을 거야. 뭔가 다른 일을 할 수 있는 그런 역할을 담당해야지" 그렇게 말했어요. 이런 식으로 동원한 온갖 주장들이…… 이제는 그것이 눈에 보이니까 "맙소사, 도대체 무슨 짓을 한거야!" 이러죠.

탐 지금도 그런 일이 벌어진다고 생각하지 않나요?

라이트 물론이죠! 지금 군에 있는 사람들의 심정이 정말 이해가 돼요. 그 대부분은 사람을 죽이려고 입대한 것이 아니거든요. 그래서 항상 기도하게 되죠. "누가 행정부를 이끌든 간에, 정말 바보 같은 짓이라고 개인적으로 생각하는 전쟁에 나를 끌어들이는 가망 없고 비상식적인 계획은 벌이지 않게 해주세요"라고요.

진정한 애국의 길

탐 지금 젊은 여성에게 군에 입대하라고 조언할 마음이 있습니까?

라이트 우리는 계속 군대를 유지할 테고, 민간 지도자가 군을 적절히 사용하고 전쟁에 나가는 일에 아주 신중하기만 하다면 군인은 명예로운 직업이라고 생각해요. 그러니까 사람들한테 군인이라는 직업을 고려해보라고 적극 권유할 수 있어요. 하지만 동시에 군대가 당신이 보기에 그릇된 일을 시킨다면 "매우 고맙습니다만 난 사람을 죽일 생각이 없어요"라고 말하고 군대를 나와도 된다고 말하겠어요. 이후 그것에 대한 책임은 져야 겠지만요.

사실 내가 실제 전투에 가담해야 한다면, 가담할 수 있어요. 왜냐하면 어떤 비상사태가 터지고 조국이 나를 필요로 할 때에 다시 복무할 수 있도록 일부러 퇴역예비군에 들었거든요. 그리고 실제로 나와 비슷한 나이인 59세에 다시 군에 들어간 사람들이 있어요. 진짜 아이러니는 내가 외교부서에 있다가 사임해놓고는 부시 정부가 나를 다시 부를 수 있게 해놓았다는 거죠. 내 전문인 민간부문과 재건 담당인원은 정말 사람이 모자라거든요. 난 대령이라서 대대나 여단을 이끄는 법을 알아요. 그런 일을 할 수 있다고요. 하지만 아마도 "죄송합니다만, 실제 전쟁에 참여하는 일은 안하겠습니다"라고 말해야겠죠. 그리고 나를 아주 심하게 압박하면, 그럼 군법회의에 나가고 레븐워스(Leavenworth, 캔저스 주의 도시로 연방 감옥과 그외 많은 감옥들이 위치해 있음—옮긴이)에 가는 수밖에 없겠죠. 불법적인 침략전쟁이라고 굳게 믿는 이라크전에 참전하면서까지 이 정부에 복무할 생각은 전혀 없으니까요.

탐 지금 딕 체니가 한 것처럼 미국 부통령이 고문에서의 예외를 허용해달라고 하원에 로비를 했다는 말을 그 옛날 1960년대에 들었다면, 난 아마 "그럴 리가 있나. 미국 역사에서 절대 있을 수 없는 일이지"라고 했을 거예요. 정말 경악했어요.

라이트 저도요. 또 한가지 흥미로운 사실은 로비에 가담한 여성들의 숫자예요. 내가 파악한 바로는 고위급에서 CIA 하도급자까지 관따나모에서 조사관으로 일한 여성이 80명 정도 되었어요. 우리에게 두고두고 큰 문제를 일으킬 일이라는 게 있다면 바로 이런 사실들이에요. 그리고 우리 중 어느 누구도 관따나모 범죄와 무관하지 않아요. 왜냐하면 솔직히 말해서 우리가 매일매일 백악관 앞에 나가 항의하거나 부통령이 나올 때마다 그의 차 앞에 몸을 던져 피를 뿌려대지는 않으니까요. 정말 강하게 나가야해요. 우리 말을 들으려 하지 않으니까요. 우리를 겁쟁이라고 생각하겠죠. 관따나모 범죄를 좌시하지 않겠다는 것을 보여주기 위해 점점 더 강하게 나갈 필요가 있다고요.

탐 테디 로우즈벨트(Teddy Roosebelt)의 말을 인용한 적이 있죠. "대통령을 비판해서는 안된다거나 옳건 그르건 대통령을 지지하겠다고 공표하는 것은 비(非)애국적일 뿐 아니라 노예적이며 미국 국민들을 도덕적으로 배반하는 것이다." '노예적'이라는 단어에 특히 강한 인상을 받았습니다. 반골정신에 대해 잠깐 얘기해주시겠습니까?

라이트 글쎄요, 아무리 어려운 시기일지라도 — 보통 나라가 전쟁에 나가게 될 때가 이럴 때인데요 — 자신의 의견을 개진하는 데 주저하지 말아야 하고 잘못된 것에 대해서는 거리낌없이 나서서 말을 해야 합니다. 어려운 일이지요. 그리고 사실 사임한 후 한두달 동안은 글쎄 TV고 뭐고 전쟁 얘기밖에는 없고 내 말을 들으려는 사람이라고는 없었어요. 왜 반대하는지 설명해달라며 사람들이 저를 찾기 시작한 것이 아마 꼬박 넉달은 지나고 나서였을걸요. 좀 외로웠죠. (킬킬댄다)

탐 마지막으로 하실 말씀은?

라이트 미국이 매우 폭력적인 나라가 된 지 벌써 2년 반이 지났어요. 우리는 이라크에서 벌어지는 폭력의 원인입니다. 우리가 이라크에 있는 한 폭력은 계속될 텐데, 정부는 승리할 때까지 주둔할 거라고 주장하지요. 내가 보기에 그것은 지금 정부가 장기간의 공격을 계획하고 있음을 뜻합니다. 또한 지금 군대로는 정부가 원하는 만큼 지원할 수 없으니까 미국 젊은이들을 징병할 준비를 해야 한다는 것이죠. 실제로 어제 미국에서 공화당 색이 아주 강한 아칸쏘의 파이엣빌(Fayetteville)에 있는 약 90명의 고등학교 졸업반 학생들과 얘기를 나누었어요. 그들의 부모들이 이라크전쟁

을 지지할 수도 있지만 학생들은 그에 대해 얼마나 동감하는지, 전쟁이 수
년간 지속될 지도 모르고 그러면 징병이 있을 텐데 기꺼이 징병에 응할 사
람이 얼마나 되는지를 물었더니 달랑 셋이 손을 들더군요.

　우리는 아주 위험한 길을 정신없이 달려가고 있어요. 이 전쟁기계를 멈
추지 못한 미국과 미국 시민은 세계에서 경멸을 받고 있죠. 그래서 내가
시작한 일은 대응의 수위를 점차 높이는 거예요. 각별한 친구인 조 팔람보
(Joe Palambo)에 대한 기사가 최근 신문에 실렸더군요. 그는 "평화를 위
한 참전용사"에 가입한 베트남 참전용사인데 테러리즘에 대한 대통령 얘
기를 듣기 위해 노포크(Norfolk)에 갔었거든요. 줄지어 서서 대통령에게
고함을 질러대던 청중들 중 둘째 줄에 있다가 '당신은 테러리스트요! 이
전쟁은 테러리즘의 전쟁이오!'라고 소리쳤어요. 그 직후 그가 나에게 전화
를 해서는 "이봐, 앤. 당신이 상원에서 한 얘기를 듣고는 '나도 대통령한
테 똑같이 해줘야지'라고 생각했어"라고 하더라고요.

　내 말은, 전국 방방곡곡에서 그들을 물고 늘어져야 한다는 거예요. 국
무장관이나 국방부 장관, 부통령, 대통령, 안보실장, CIA의 우두머리 할
것 없이 그들은 다 전쟁광들이고 미국의 이름으로 살인을 자행하는 자들
이니까 그들이 어디를 가든지 미국 국민은 그들에 맞서 "안돼! 그만둬! 전
쟁을 그만둬! 살인을 중단해! 이 구덩이에서 우리를 빼내!"라고 말해야 해
요. 왜냐하면 현장 말고는 그들이 들을 기회가 없으니까 각각이 현장에 나
가서 말해야 하는 거죠. 백악관 앞 거리에서 수십만명이 시위를 해도 그들
은 나와보지 않거든요. 그냥 무시하는 거죠. 하지만 그 1분도 안되는 시간
에 청중석에 있는 모든 사람들이 저기 한 사람이 있구나, 혹은 두세 사람
이 있구나라는 걸 알 수 있도록 나서서 얘기한다면…… 혹시 알아요?

6장

보물, 금궤, 쇠지레

후안 콜 Juan Cole

온라인상에서 나의 하루 일과를 시작하게 만드는 사람이 문앞에 서 있다. 체구가 작은 편에 짧은 곱슬머리를 했고 허술해 보이는 안경을 썼다. 검은색 양복에 타이를 맨 말쑥한 차림으로 문을 들어서면서 일요일 아침에 너무 말쑥한 정장 차림을 한 건 아닌지 미안하다고 했다. 아닌게아니라 나와의 인터뷰는 그가 자신의 전문분야 중 하나인 이란에 관해 PBS(Public Broadcasting Service, 미국공영방송―옮긴이) 프로그램인 '중대 선택'(Great Decisions)에서 오후에 하게 될 TV 인터뷰를 앞두고 이루어진 중간 기착지인 셈이었다.

이 사람은 알다시피 후안 콜이다. 그의 웹 싸이트 정통한 논평(Informed Comments)은 부시행정부가 이라크를 침공하기 거의 한해 전인 2002년 4월 처음 온라인에 문을 열었다. 당시 그가 자신의 삶을 돌이켜본 바에 의

하면 "나는 그저 어느 중서부 대학 교수였다. 담당과목들을 가르치고 중동에 관해 논문을 썼다. 내 관심사는 종교제도, 종교운동, 특히 시아파 이슬람과 수니파 근대주의였다. 나는 18세기까지 거슬러 올라가는 나자프(Najaf) 지역의 시아파 성직자의 역사를 알고 있다. 나는 이래저래 꽤 오랫동안 중동에서 살았다. 블로그를 처음 열었을 때는 그저 정원을 가꾸는 일 정도에 불과해서 여가삼아 이따금씩 몇몇 단상들을 올리는 작은 취미에 불과했고, 초기에는 하루에 50명에서 100명 정도가 글을 읽었다." 지구상에 있는 더 많은 블로그들을 연결하고 있는 사이트 테크노라티(Technorati.com)의 조회수 집계에 따르면 지금은 상위 100위권에 든다. 바그다드 내 호텔에 갇혀 있는 미국 기자들은 최신 이라크 소식을 전하기 위해 정기적으로 그의 블로그를 읽는다. 성공의 비결이라면? "타자를 빨리 쳐요"라고 말하며 익살스레 웃는다. "1분에 70단어."

"군인 자녀"이자 아랍어, 페르시아어, 우루드어를 꿰고 있으며 "터키어 텍스트에서 뭔가를 찾아낼 수 있는" 학자로 미시간 대학에서 현대 중동역사를 가르치고 있다. 엄청 순하게 생긴 얼굴에 태도가 유순하고 말도 조용하게 한다. 유머조차 조용하다. 아이러니에도 능하다. 그의 말로는 자신의 블로그 이름은, 바로 2002년 즈음에 사람들이 택하던 "거창한" 블로그 이름들을 조용하게 논평하려고 붙인 것이었단다. 블로그를 읽어본 사람들은 알겠지만 그의 정신은 전혀 유순하지 않다. 부시행정부와 미국의 중동정책에 점점 더 질려버린 합리적 인물이지만 그는 종종 매우 사나운 에쎄이스트가 되기도 한다.

우리집 거실에서 편한 의자에 앉아 자연이 다시 한번 인류에게 끔찍한 충격을 가한 날 ─ 파키스탄에 지진이 일어난 바로 그 날(2005년 10월 8일 ─ 옮긴이) ─ 아침식사를 기다리면서, 그는 내가 잘 알지 못하는 중동지역의 역사와 판구조론(板構造論)에 대해서 이야기하기 시작했다. 질문을 받으면 조리있는 대답을 위해 뜸을 들였다. 이 바닥에서는 흔치 않은 일인데,

미시간 대학교 역사 교수로 중동 전문가인 후안 콜

그가 생각을 가다듬는 게 정말로 보였다. 조금이라도 양식이 있는 학생이라면 선생으로 원할 만한 인물이다. 실제로, 인터뷰가 시작된 지 한시간 반이 지나 녹음기를 멈추었을 때 그저 변죽만 울렸다는 생각이 들었다. 다른 날을 잡아 더 묻고 싶은 질문들이 많았기에 탐디스패치 인터뷰로는 처음으로 2부로 나눠 싣는다.

탐디스패치 잠을 자긴 자는 거예요? 독자들이 궁금해하는 질문이에요. 10월 4일을 예로 들어보죠. 그날 글 4개를 올렸는데, 올린 시간이 새벽 여섯시에서 여섯시 반이에요. 일곱시에 일어나서 보면 항상 계시더군요.

후안 콜 야행성이에요. 자초지종을 설명하자면, 중동지역의 아랍과 페르시아 신문들은 미국 시간으로 저녁 열시에서 열한시 경에 기사를 올리는데 다음날치 신문들이죠. 그래서 기본적으로 시간여행을 하는 셈이에요. 내일자 신문을 오늘 밤에 읽는 것이죠.

탐 전지구적 테러에 대한 부시대통령의 가장 최근 연설에 관해 이렇게 쓰셨어요. "부시대통령, 당신이 그려내는 세계가 어떤 것인지 모르겠소." 이라크에 대한 미국의 상황파악, 단지 부시의 사태인식만이 아니라 주류 언론의 상황파악 중에 빠져 있는 부분을 개괄하면서 시작하는 게 어떨까요?

미국언론은 제너럴리스트를 선호해

콜 이라크만의 상황이 아니죠. 세계에 대한 미국의 정세파악이 문제예요. 미국은 유난히 고립된 사회입니다. 사람들 대부분은 여행을 많이 다니지 않으며, 대중매체와 중요한 텔레비전의 뉴스는 대략 다섯 기업에 의해 좌우되고 있어요. 국무부와 미국 언론 집단은 다방면의 지식을 가진 제너럴리스트들(generalists)을 선호하고 심층 전문가는 편향되게 의심하는 전통이 있어요. 그래서 중동을 잘 알고 아랍어를 할 줄 아는 이라크 취재 기자는 그 지역에 너무 밀착되어서 객관적이지 못한 사람으로 여겨지기 십상이죠. 미국이 객관성을 확보하는 방식은, 어떤 상황에 제너럴리스트들을 낙하산으로 투입해서 그들로 하여금 토착 정보통들에 의존하게끔 하는 식이었어요. 그런 논리는 전부 틀려먹었어요. 예컨대 BBC라면 중동 지역 취재의 대부분을 아랍어를 모르는 사람에게 맡기는 일은 꿈도 꾸지 않을 거예요.

기본적으로 미국 대중은 중동 문제와 같은 일들에 대한 정보를, 작년에 서남아시아나 러시아에 주재했던 제너럴리스트인 기자들과 지난주에 다른 지역들을 담당하던 정치가와 관료들로부터 얻어요. 그러고 나면 워싱턴의 공식적인 말재주, 식자정치(punditocracy), 중동에 관해 딱히 제대로 아는 것도 없으면서 그에 대해 이러쿵저러쿵 떠드는 뉴욕과 워싱턴의 전문 논평가들이 또 있어요. 워싱턴에서 현미경으로 들여다보는 세계에 살고 있는 사람은 하나같이 우리가 세상을 표현하는 방식에 대체로 놀라워합니다. 결국 우리는 어떤 현실적 정보도 거의 영향을 미칠 수 없는 극히 완강한 이미지들의 집합에 봉착하게 되지요.

탐 이런 현실을 이라크 문제에 적용하신다면요?

콜 유명한 사례는 국무부 차관인 월포위츠(P. Wolfowitz)가 이라크 전쟁이 시작되기 전인 2월에 공영라디오방송(National Public Radio)과 한 인터뷰입니다. 그는 이라크가 싸우디아라비아의 경우보다 미국에 더 나은 우방이 되리라는 요지로 말했습니다. 미국의 중동지역 안보토대의 거점을 싸우디아라비아에서 이라크로 바꿀 생각이라는 말입니다. 싸우디인들은 와하브(Wahhabi)파로서 메카와 메디나 같은 자신들의 성지에 매우 민감하다는 거예요. 반면 이라크는 시아파(Shia, 정통 이슬람의 한 '분파'를 의미하며 수니파에 반대되는 교파. 전체 이슬람 인구 중 약 10%를 차지하며 주로 이란과 이라크에 집중 분포되어 있다 ─ 옮긴이) 사회라서 세속적이라고 하더군요. 시아파와 세속성을 병치한 것이죠. 그러곤 덧붙이길, 이라크에서는 성지를 점령하는 데 아무런 문제도 없다는 거예요. 침공을 입안한 워싱턴의 권력 엘리뜨는 시아파까지 포함하여 이라크를 세속적 사회로 여겨왔다는 것인데, 이는 나자프와 카발라(Kabala)가 이슬람세계에서 가장 성스러운 도시들로 꼽힌다는 걸 몰랐다는 얘기죠.

월포위츠의 멍청함이 문제는 아니에요. 충분한 지식이 없다는 사실이 문제죠. 고의적으로 무지하다는 것. 오래전에 이라크 국적을 버린 정치가이자 타락한 은행가였지만 현재는 이라크 부총리를 지내는 아메드 찰라비(Ahmed Chalabi)가 이라크에 대해 말한 것을 월포위츠는 그대로 믿었을 뿐이에요. 아마도 이라크의 현대사 책 한권도 제대로 읽지 않았겠죠.

이라크는 세속적인 사회가 아닙니다.

이라크는 금괴 속 보물

탐 2002년 4월에 싸담 후쎄인 집권 이후 이라크에 대한 미국의 희망을 거론하면서 이렇게 쓰셨죠. "민주적으로 선출된 정부와 우호적인 정부가 반드시 동일하지는 않다. 적어도 장기적으로는." 이게 현재 미국이 처한 상황인데 침공 한해 전에는 분명히 파악 가능한 일이었지요.

콜 미시간 대학의 국제연구소에서 2003년 1월에 이라크전쟁의 장단점을 써달라고 요청했어요. 전쟁을 하지 말아야 한다고 했던 이유들은 첫째, 바스(Baath, 아랍부흥사회당. 아랍어로 '부흥'을 뜻하며 1947년 씨리아에서 결성된 아랍부흥당이 1953년에 아랍사회당과 합쳐서 바스당이 되었다. 1963년 씨리아의 아싸드정권과 1968년 이라크의 싸담 후쎄인정권이 각각 바스당으로 집권한 후 정통 바스당을 표방하며 주도권을 다투었다 ─옮긴이) 체제를 무너뜨리고 이라크의 비종교적인 아랍 민족주의를 부정한다면 수니파 아랍 공동체는 알까에다 식의 정체성을 찾는 쪽으로 쏠릴 수 있다는 것 둘째, 이라크를 침공해서 대중정치를 풀어놓는다면 시아파 이라크인들은 이란의 아야톨라(Ayatollah, 이란에 거주하는 시아파들─옮긴이)와 제휴하리라는 것이었죠. 이런 일들은 불을 보듯 뻔했어요. 1990년대 초반으로 거슬러 올라가서 딕 체니의 연설들을 들여다봐도 비슷한 분석들을 내놓았어요.

탐 그렇다면 그때와 2003년 3월 사이에 아무튼 딕 체니에게 무슨 일이 있었던 거겠죠?

콜 이라크전쟁을 위해서 체니는 자신이 전에 우려했던 바를 번복할 구실을 찾은 게 분명해요. 미국의 통치구조가 투명하지 못해서 부통령의 구실이 정확히 무엇인지 우리가 판단할 처지는 아니지만, 이전의 우려들이 얼마나 타당성이 있었든지 간에 다른 고려사항들에 비해 비중이 떨어진다고 확신했음이 틀림없어요.

탐 그 고려사항들이 뭐라고 짐작하세요?

콜 체니에 관한 제 짐작으로는, 에너지 부문에서 일하고 핼리버튼사의 대표이사를 지낸 경험이 그의 사고에 영향을 미쳤음이 분명해요. 미국의 민간 에너지 부문은 이라크를 보면서 속이 터질 지경이었을 거예요. 이라크는 유엔의 제재를 받고 있는 중이었는데 적절히 투자만 한다면 싸우디아라비아에 버금가는 산유국이 될 수 있는 나라예요. 싸우디아라비아는 마음만 먹으면 하루에 1,100만배럴 정도를 생산할 수 있어요. 전쟁 전에 이라크는 하루에 300만배럴 정도를 생산했는데 유정을 탐사하고 개발하여 개척한다면 20년 내에 싸우디 수준이 될 거예요. 시장에 많은 원유가 공급되는 것이죠. 정유하여 돈을 벌 기회도 늘어날 거예요. 이라크에 자유시장체제가 자리를 잡는다면 서방 원유회사들이 유전을 다시 소유할 기회도 생길 거예요. 대부분의 유전들이 국유화된 1970년대 이후로는 중동에서 가능하지 않았던 일이지요. 이라크의 모든 잠재성이 봉쇄된 것이었죠.

원유산업은 구조적으로 끔찍한 산업입니다. 왜냐면 끊임없이 우량 매장지를 찾아 개발에 유리한 계약을 따낼 수 있느냐에 성패가 달려 있어서 계속해서 다음 유전을 놓고 다투어야 하기 때문이에요. 이라크에서 원유와 에너지의 확실한 공급원을 확보하는 일은 제재로 봉쇄되었고, 모든 것을 통제하는 아랍사회주의정권 때문에 사람들은 분명 안달이 났던 거예요.

언제 제재가 풀릴지 모르지만 이라크는 다시 생산을 늘릴 수도 있어요. 원유산업에 종사하는 쪽에서 원하는 것은 장차 상황이 어떻게 될 것인지에 대한 10년치 일정표일 거예요. 이라크가 하루에 500만배럴을 생산할 수 있다면 어떻게 될까요? 가격에 충격을 줄 수 있을 거예요. 달성하고자 하는 계획을 짜는 데 영향을 미치겠죠. 그런데 그런 예측을 할 수 없는 거예요. 전혀 알 수 없어요.

그래서 이라크는 마치 금궤 속 보물 같아요. 정확히 어디 있는지, 그 보물이 무엇인지도 알고 있지만 그걸 가질 수 없는 거지요. 확실한 행동은 쇠지레를 쳐서 금궤의 자물쇠를 떼어내는 것이죠. 체니 같은 인물이 이라크전쟁을 지지하는 데에는 그런 고려사항들이 밀접하게 관련되어 있지 않았을까 하는 의심이 들어요. 시아파들을 포함한 여타 사항들을 기꺼이 감수하는 것이죠.

탐 행정부 내의 다른 많은 인물들과 달리 그가 그런 여타 사항들을 이미 알고 있었다는 얘긴가요?

콜 아무렴 잘 알고 말구요. 이 전쟁을 기획한 인물들 중에서 체니와 당시 국무부 장관이던 콜린 파월은 이라크 현지 상황을 알고 있었을 거예요.

탐 그밖의 다른 사람들의 동기는 뭐라고 보십니까?

콜 역사가로서 모든 자료들을 접할 수 있어서 전쟁이 어떻게 계획되고 누가 전쟁을 지지했는지 파악할 수 있게 된다면, 부시행정부가 다양한 세력들의 연합체이며 각 세력들에겐 전쟁을 원하는 나름의 이유가 있었음이 밝혀질 거예요. 가장 많이 검토된 집단은 네오콘들(neoconservatives)인데 전쟁을 추진한 세력들에 관한 최종 평가에서는 훨씬 비중이 낮아질 거라고 봐요. 그 사람들은 대체로 진두지휘하는 위치에 있질 않아요. 논쟁을 벌이는 위치에 있지요. 희생양이 될 수도 있어요. 일이 꼬이기 시작하면 다른 사람들보다 네오콘 세력이 말하던 얘기들이 더 많이 새어나올 거예요.

조지 W. 부시는 텍사스 주지사 시절부터 "싸담을 축출하기 위해" 이라크전쟁을 원했다는 얘기가 나오지 않을까 싶어요. 그가 전쟁을 원했을 법한 여러 이유들은 물론 복잡해요. 에너지 부문에 연줄이 있었기 때문에 체니 식의 생각에 영향을 받았을 테지만 개인적으로는 가문의 원한 관계도 있었죠. 아버지 부시는 걸프전 후에 싸담이 몰락하리라 기대했어요. 자기 스스로도 인정했지만 싸담이 살아남자 매우 놀랐대요. 이라크 장교 집단이 "옳은 일을 하길" 기대한 것 같은데, 여기에는 미국 앵글로쌕슨계 백인개신교(WASP) 엘리뜨들에 대해 그리고 이들이 정치에서 무엇을 기대하는 것인지 말해주는 바가 있어요. 누군가가 처참하게 실패한다면, 나머지 엘리뜨들이 나서서 그 사람을 제거하길 바라는 것이죠. 이라크에서 그런 일은 없었고, 그게 부시 가문의 체면에 손상을 입혔다고 봐요. 아들 부시로서는 그 문제와 관련해서 가문을 옹호하는 일이 중요했을 수 있어요.

전쟁 결정에는 무수한 동기가 있었겠지만, 부시 자신이 어느정도까지 핵심적이고 정책을 결정하는 데 어떤 역할을 했는지가 미국 담론에서 빠져 있어요. 그가 바람에 휩쓸리는 나뭇잎 같다는 얘기가 아닙니다. 부시 대통령 재임기간이 주요 문서들을 통해 최종적으로 평가받게 될때 서열 3위인 국방부 장관에 귀속되었던 많은 것들이 실은 애초부터 부시의 생각이었고 그가 강하게 밀어붙인 일이었음이 밝혀질지도 몰라요.

부시의 개인적 스타일은 일을 임기응변으로 처리하는 것이죠. 많은 세세한 부분까지 끈기있게 챙기지 않아요. 텍사스에서도 무슨 일들이 생기면 그는 각 사안들을 처리하기 위해 주 의회 공화당원들과 민주당원들을 함께 불러서 협력하도록 하곤 했어요. 이게 정책 결정자로서 그의 경력인데 세계 무대가 텍사스의회 같지는 않지요. 타협점을 찾아 함께 나아가는 그런 사이좋은 동아리가 아닙니다. 세계는 훨씬 더 복잡하고 불합리한 곳이며, 수긍할 만한 타협점을 찾을 수 없는 소통 불가능한 사안들로 꽉 차 있습니다. 텍사스를 통치하던 방식으로 세계를 다스리려고 하는 것은 큰 잘못이에요.

조직체의 집합인 미국 정부는 실제로 보스니아와 꼬소보 등지에서 겪은 갈등 이후의 상황에 관해 많은 경험을 했어요. 국무부와 국방부에 있는 많은 인물들이 지난 20여년간 해온 일이 바로 그거예요. 보스니아어나 아랍어는 모를 수 있지만 전쟁 이후 경찰력의 필요성이랄지 방역과 쓰레기 취합의 필요성에 대해서는 잘 알고 있는 실무 전문가들이 있어요. 이들이 이라크에 관해 조언을 해왔고, 제가 그 사실은 잘 알고 있어요. 그런데 실제 상황에서는 깡그리 무시당했어요. 어찌 된 일인지 국방부에 있는 군무원(軍務員)들은 그 전문가들을 모두 제외했고 따라서 미국 군대는 전쟁 후에 이라크를 어떻게 회복시킬 것인가에 관해 아무런 지침도 받지 못했어요.

탐 언급하신 금궤 이미지로 잠시 돌아간다면 그 금궤의 자물쇠는 2003년 3월에 파괴되었습니다. 이제 2년 반이 흐른 현싯점에서 파악한 이라크 상황을 가능한 대로 잠시 개괄해주시면 고맙겠군요.

미 육군이 없는 이라크 현지

콜 좋아요. 북쪽에서부터 남쪽으로 이야기해보죠. 이라크 18개 주들 가운데 세곳이 쿠르드족(Kurd, 터키 및 이라크와 이란에 걸친 쿠르디스탄지역에 거주하는 종족으로서 대부분이 수니파에 속하며 시아파는 소수이다 — 옮긴이) 밀집지역으로 이들은 1차걸프전쟁 후 영국과 미국이 설정한 비행금지구역 내에서 쿠르디스탄(Kurdistan)이라 불리는 연합체를 형성하고 있어요. 독립된 지역의회와 수상이 있는 일종의 극소국가(mini-state)예요. 미국 군대는 최북단에는 별로 출현한 적이 없어요. 전쟁 당시 미 공군의 근접 지원을 받아 쿠르드 전사들은 실제로 키르쿠크(Kirkuk) 도시를 점령했어요. 2001년에 북부 아프가니스탄의 많은 도시들이 북부 연합군(Northern Alliance)에 의해 점령된 것과 비슷해요. 그래서 이라크 북부지역은 아프가니스탄 전쟁 때와 흡사합니다.

탐 공군력 지원, 중앙정보부 그리고 부족 인물들의 결합은 1960년대 라오스(1960년대 미국이 라오스를 인도차이나에서 사회주의 확장을 막는 방파제로 삼겠다며, 이른바 대(對)라오스비밀전쟁secret war을 치른 사건을 뜻함—옮긴이) 이후 미국이 전쟁을 수행하는 기본 방식이 되었죠.

콜 맞아요. 꼬소보에서도 그렇게 싸웠죠. 아프가니스탄에서 싸운 방식도 마찬가지였는데 이라크의 경우 특히 눈에 띄는 면은, 당시 투르크멘(Turkmen, 투르크메니스탄공화국과 주변에 흩어져 거주하는 종족으로 대부분이 이슬람교도이다—옮긴이)인들과 아랍인들 및 쿠르드족으로 구성된 들끓는 도시의 치안을 키르쿠크를 점령한 쿠르드족 민병대 페시메르가(Peshmerga, 이라크 쿠르디스탄의 민병대. '죽음 앞의 그들'이란 뜻으로, 1920년대 초 쿠르드족 독립운동 때 결성되었으며 미국과 연합군에 가장 협조적인 군대이다—옮긴이)가 담당했다는 사실이죠. 쿠르드족은 현재 아마 절반 정도를 차지할 거예요. 많은 쿠르드인들이 싸담에 의해 추방되었지만 대규모로 귀환하는 중이죠. 현지 사람들에게서 얻을 수 있는 이야기들을 종합해보면 쿠르드족이 밀집된 세곳의 상황은 아주 좋아요.

탐 점령되지도 않았죠?

콜 거긴 미국 군대가 거의 없어요. 쿠르드족 세력과 미국인들이 종종 싸움을 벌이거나 쿠르드인들이 도를 넘어서 자신들의 통제를 벗어났다 싶을 때 미국인들이 쿠르드 기지를 폭격하는 일은 알게 모르게 계속되어 왔어요. 그러나 공개적으로 보도되지는 않았어요. 이라크에 있는 사람들에게 들은 이야기에요. 하지만 전반적으로 쿠르디스탄은 미국에 의해 점령된 적이 없었고 경제적으로도 상황이 매우 좋은 것 같습니다. 실업률은 낮고 건설 일거리는 많아요.

반면에 키르쿠크지역은 언제 터질지 모르는 화약통이죠. 잘못 터지면 이라크와 그 지역 모두에 불행한 결과들을 초래할 수도 있어요. 쿠르드족 동맹을 위해 쿠르드족은 키르쿠크지역의 유전과 도시를 원해요. 전통적으로 키르쿠크지역을 지배했으나 최근에 쿠르드족에 의해 세력을 빼앗긴 투르크멘족은 이러한 생각에 반대하고, 싸담이 그 지역에 정착시킨 아랍인들도 달가워하지 않아요. 평상시 상황이었다면 쿠르드족이 뜻을 관철했겠지만 투르크멘족은 터키의 지원을 받고 있어요. 이라크 북부는 쿠르드족이 소수이고 터키인들이 다수인, 터키와 똑같은 모습이에요. 테러도 많고 거의 매일 사람들이 암살당하는 싯점에서 만일 공동체간의 전쟁 같은 것이라도 불거진다면 지역감정에 불을 붙이는 격이 될 거예요. 키르쿠크가 걱정입니다.

다음으로 수니파 아랍인들의 중심부가 있어요. 그런데 이라크 문제가 네 지역에 국한된다는 것은 사실이 아니에요. 바그다드를 포함해 이라크인들 거의 절반이 분쟁지역에 살아요. 특별히 극심한 일곱 혹은 여덟 지역은 전례 없는 저강도(low-intensive) 전쟁 상태에 있습니다. 언론 보도는 유난히 난폭한 사건들에만 촛점을 맞추는 경향이 있기 때문에, 저강도 전쟁 상태를 겪어본 적이 없는 사람들은 이 상태가 어떤 것인지 상상하기 힘들 거예요. 그런데 지금 얘기하는 지역은 약 1,200만명의 사람들이 살고 있고 대부분은 매일 일어나서 생업에 종사하고 폭력이라고는 마주치지 않는 곳이에요. 모술 지역에 사는 사람이라면 눈으로 폭력을 볼 수 있는 날이 거의 없어요. 반면에 멀리서 기관총이 발사되는 일은 자주 있을 거예요. 가끔씩은 폭탄이 폭발하는 소리도 들리겠죠. 바그다드의 상황은 이렇습니다. 그렇기 때문에 서방 기자들이 가끔 미군에 둘러싸여서 이라크에 낙하산을 타고 내려와서는 "자, 홍청대는 시장의 모습이 보이고 일이 잘 돌아가는 것 같습니다"라고 말하는 것은 잘못이에요. 항시적인 폭력의 북소리가 거듭되기 때문에 불안정과 공포가 생겨나고, 투자와 돈의 흐름이 방해를 받으며, 사람들을 고용할 능력과 아이들을 학교에 보내려는 의지가 영향을 받는 것입니다. 이건 육안으로 확인할 수 있는 것이 아니죠.

국가의 중심부에는 안전을 보장해주는 장치가 없어요. 기본적으로 수니파의 아랍 게릴라 활동은 이라크를 무력화하고 미군을 철수시키려고 하는데, 일단 미군을 제거하고 새로운 정부의 정치가들을 살해한 후 쿠데타를 일으키길 원해요. 알제리를 비롯해 다른 곳에서 쓰인 바 있는 고전적인 게릴라 전략이죠.

탐 국가 기반시설에 대한 지속적인 파괴는 어떻게 봐야 하죠?

콜 게릴라 활동은 기반시설을 의도적으로 파괴합니다. 전기설비, 원유 파이프라인, 철도 수송 등을요. 민간인들이 사는 부근에 병사들을 배치함으로써 의도적으로 도시에 주둔한 미군들을 유인하여 미군들이 반격을 했을 때 피해가 나길 바라는 것입니다. 왜냐면 도시에 거주하는 이라크인들도 부족에 속해 있기 때문이죠. 부족을 위한 복수는 여전히 사람들이 중요하게 간주하는 명예심의 한 부분입니다. 따라서 만일 미군이 이라크인 한 사람을 살해한다면 미군에 복수를 하는 것이 명예롭다고 느끼는 다섯

형제자매와 스물다섯 사촌들을 적으로 바꾸는 행위라고 봐요. 수니파의 아랍 게릴라 활동은 군중들이 점차 미국에 반대하도록 하기 위해 그러한 부족의 명예심을 이용했습니다. 더 많은 수니파 아랍인들은 1년 전보다도 현재 더욱 이라크에서 미국의 존재에 완강하게 반대하는데, 1년 전에는 또 그 전 해보다 더 많아진 거죠.

미국은 민간인 마을에 대규모 폭격을 했는데, 자국 군대를 이라크 도시의 골목길에 투입해 근접 육박전을 벌이는 방식으로는 미군 병사들의 희생이 매우 크리라고 예상했기 때문이죠. 만일 그랬다면 미국 여론은 매우 급속히 전쟁에 반대하는 쪽으로 움직였을 거예요.

탐 부시행정부가 침공 시작을 준비할 때 육박전 방식은 매우 잘 알려진 공포의 대상이었고 전쟁을 예측하는 백여 건의 기사들이 다룬 주제였어요. 바그다드의 뒷골목 집집마다에서 시가전을 벌여야 하는 상황에 빠지는 것인데, 현재 처한 상황이 이와 거의 비슷하군요.

콜 싸담은 항상 군부를 믿지 않았기 때문에 실제로 전쟁을 벌이는 와중에는 그런 시가전이 벌어지지 않았어요. 그 자신이 군부 출신이 아니었거든요. 그는 낙제한 법학도였고 군대가 수도에 주둔하는 걸 용납하지 않았어요. 군대를 외곽에 머무르게 하는 바람에 궁극적으로 미국에 의해 학살당하게 방치한 셈이죠. 그러나 바스당을 피해 지하로 숨은 사람들과 대체로 게릴라 활동을 유지하는 사람들은 도시를 본거지로 하는 전술을 이용하기로 결정했어요. 그러고는 성공했죠. 미국이 건물의 3분의 2가량을 파괴했고 오랫동안 비워뒀으며 사람들이 귀환하는 것을 매우 조심스레 허용해온 팔루자 같은 도시조차 안전하지 않게 됐어요. 그 지역에서는 미군을 겨냥한 박격포와 폭탄 공격이 매일 벌어지죠. 팔루자에서 미국이 우호세력을 만들지 못한 것은 확실해요.

구렁텅이가 되어버린 바그다드

탐 최근의 한 온라인 게시물에서 바그다드에 대해 이렇게 쓰셨더군요. "부시는 세계에서 가장 위대한 도시들 중 하나를 질서도 없고 권위도 없으며 써비스도 없는 구렁텅이로 만들어버렸다."

콜 구렁텅이는 그쪽 사람들과 미국 방문중인 아랍기자들을 통해 얻은 이미지예요.

탐 네오콘들과 전쟁 전에 그들이 가졌던 구상으로 돌아가보면, 그들은 주변부 세계는 실패한 국가들이 정글을 이루고 있는 장소라서 미국이 질서를 잡아줘야 한다고 생각해요. 그게 현재 이라크가 처한 상황 아닌가요?

콜 현재로선 이라크는 실패한 국가죠.

탐 이제 남부로 여행을 계속하면……

콜 남부는 대체로 시아파지역이죠. 제가 아는 한 대부분의 지역은 이라크의 이슬람혁명최고회의(Supreme Council for Islamic Revolution)에 의해 점진적으로 장악되었습니다. 최고회의는 1980년대 싸담의 탄압을 피해 테헤란에 근거를 두고 아야톨라 호메이니(Ayatollah Khomeini, 1900~89 이란의 종교지도자이자 정치가로서 이란혁명최고회의를 주도하며 1979년에 임시정부를 수립했다―옮긴이)의 지원을 받으면서 이란 영토에서 이라크에 있는 바스당의 목표물들에 사실상의 테러 공격을 가한 시아파 근본주의 종교집단들의 연합체입니다. 바스라(Basra)를 경유하고 습지를 통과하여 동쪽 바쿠바(Baquba)를 거쳐 이라크로 들어왔기 때문에 그 지역들의 후원을 받았죠.

싸담이 실권한 뒤 최고회의는 이란에서 이라크로 돌아왔어요. 지도부는 나자프와 바스라에 자리를 잡았죠. 최고회의 사람들이 큰 도시에서 작은 마을과 부락으로 들어가서 정치 사무소를 열었어요. 그들은 아주 뛰어난 풀뿌리운동가들이었죠. 그들이 어떻게 풀뿌리운동을 성공적으로 해냈는지는 정확하게 알 수 없지만 1월 30일 선거 때 9개 주에서 승리했어요.

시아파가 주도하는 남부 문제는 이런 거예요. 전쟁 후에 미국은 연합군에 남부의 수비를 요청했어요. 이들은 스페인, 이딸리아, 우끄라이나, 네덜란드, 폴란드 같은 나라 출신의 소규모 병력들이었고 잘 뭉쳐지지 않는 경우가 많았어요. 그래서 남부는 다국적 세력들이 땜질하는 정도였고, 백만이 넘는 도시인 바스라와 50만이 거주하는 메이산(Maysan)에는 겨우 영국군 8, 9천명의 병력밖에 없었어요. 지역 치안은 보잘 것 없는 대로 근방의 민병대가 담당했는데 누가 그 민병대를 유지했을까요? 토착 시아파 종교·정치 집단들이죠. 놀랄 것 없이 선거가 닥치자 시아파 집단들이 승리했어요. 그래서 지금은 싸드르(Sadr, 사하라아랍민주공화국의 약칭 — 옮긴이) 조직과 최고회의가 바스라를 통치합니다. 통치자는 호메이니와 호메이니의 의붓아들이란 말이죠. 당연히 주류 판매점과 비디오 가게는 문을 닫았고 여성들은 강제로 베일을 써야 했으며 민병대가 길거리를 순찰하죠. 시아파 집단이 민간 정부를 장악했기 때문에 민병대는 이제 경찰병력으로 편입되고 있어요.

바스라는 그런 식으로 유지되고 있어요. 미국의 모든 사람들이 그렇게 열광하던 1월 30일 선거로 미국이 결국 실권을 잡게 도와준 종교·정치 집단들에 의해서요. 미국인 대부분은 선거를 부시의 정치적 승리라고 여기는 모양이지만, 바스라 같은 지역에서 실제로 누가 실권을 쟁취했는가에는 관심을 기울이지 않는 것 같았어요. 현재 영국은 커다란 문제에 봉착했어요. 실권을 잡은 이들 집단의 준(準)군사조직들이 속속들이 침투한 치안병력과 경찰을 8천명의 병력으로 상대해야만 하거든요. 당연히 갈등은 갈수록 불거지고 있죠. 강조하건대, 장기적으로는 영국이 이 싸움에서 이길 것 같지 않아요.

〈2부〉 전지구 경제의 심장부에 투척된 수류탄

● 편집자 주   2005년 9월 22일 탐디스패치는 사회학자 마이클 슈워츠(Michael Schwartz)가 쓴 「즉각적인 철군이 합당한 이유」(Why Immediate Withdrawal Makes Sense)라는 글을 올린 바 있는데 글의 결말은 다음과 같다.

"미군이 철수하면 분명 이라크는 엄청난 무기 속에서 부대끼며 많은 문제들을 안고 장래에 벌어질 수많은 폭력의 가능성들을 지닌 채 찢겨지고 궁핍해질 것이다. 둘 중 하나만을 택해야 하는 현재의 상황이 보기 좋지는 않지만, 그 음울한 풍경에서 한가지 현실이 또렷이 부각된다. 미군 주둔은 민간 희생자들의 주된 원인일 뿐만 아니라 이라크에서 내전의 위협을 부추기는 핵심 기제이기도 하다. 철군을 미룰수록 미국에도 이라크에도 상황은 더 악화될 것이다."

다음날 후안 콜은 웹싸이트 '정통한 논평'에 답변을 올려 "이런 식의 주장을 도무지 이해할 수 없다"고 쓰고는 자신이 거기에 동의하지 않는 근거를 자세하게 펼쳐놓았다. 이는 여러 전문가, 학자, 블로거들이 콜의 싸이트와 다른 곳에서 며칠 동안 벌인 논쟁을 촉발했는데, 그 결과 콜은 자신의 입장을 어느정도 재고하게 되었고 미 지상군이 이라크에서 철수해야 한다는 우렁찬 요구를 내놓게 되었다.

이 논쟁과 토론이 인터뷰 둘째 부분의 이야깃거리가 되었다. 철군에 대한 나의 생각은 「철군의 싯점」(Time of Withdrawal)에 나와 있는데 바그다드가 함락된 지 6개월 후에 쓴 글이고 2005년 6월 「도마에 오른 철군」(Withdrawal on the

Agenda)에서 수정 보완되었다.

탐 이제 철군 문제로 논의를 돌려보겠습니다. 당신과 상대한 사람들의 편지와 에쎄이를 올려놓은 일은 물론이고 당신 웹 싸이트에 이를테면 본인의 지적인 발전을 게시한 일에 저는 특히 감명을 받았어요. 이런 일은 정말 흔치 않아요. 독자는 한 사람의 두뇌가 실제로 작동하는 모습을 보면서 변화하는 상황을 정기적으로 재평가할 수 있는 거죠. 이라크에서 미군이 철수하는 사안에 관해서는 이 점이 특히 맞아떨어져요. 최근 몇달간 당신 싸이트에 오른 글을 요즘 다시 읽었더니 시간이 지나면서 부시행정부와 관련해서 당신이 점차 격렬해지고 격노하는 게 분명하더군요. 최근에 쓰신 한 글에서는 미국의 지상군이 "이라크를 위해서나 미국을 위해서나" 지금 철수해야 한다고 말하셨죠. 이 문제와 관련해 진전된 생각을 말씀해주시겠어요? 철군이 어떻게 이루어질지 하는 사안에 현재는 어떤 입장이신지요?

콜 제일 먼저 얘기하고 싶은 것은 그 주제를 제가 어떻게 생각하는지가 대단히 중요하리라는 환상은 없다는 거예요.

탐 (웃음) 우리 둘 중 누구도 이라크에서 미군을 철수시킬 능력은 전혀 없죠. 사람들이 이러저러한 계획을 주장할 때 이 점을 늘 염두에 두고 있어요. 제 생각엔, 잠깐……

콜 (웃음) 제가 독자들과 벌인 논쟁과 제 의견에 관한 비판들을 게시한 방식에 대한 얘기라면, 학술활동에서 기대할 수 있는 것이 바로 그런 공개적인 논쟁, 그리고 본인의 근거자료와 결론에 이른 과정에 대한 솔직함이겠죠. 제 블로그의 고갱이는 대중적인 포럼에서 정신의 역정을 보여주려는 시도예요. 제가 하는 일은 메씨지와 요점에 머무르려고 하는 정치학과 다른 것이라고 봐요. 사람들은 어떤 이미지, 입장을 내걸고 그걸 고수하려고 하지요. 상대방이 얼버무린다거나 우유부단하다고 놀리기도 하고요. 그런데 진지한 사상가치고 오락가락하지 않는 사람이 어디 있어요? 애초에 취한 것과 다른 선택들을 고려하지 않거나 시간이 지나면서 경험한 바에 따라 때때로 다른 입장을 취해야 할 경우가 없다면 미치고 말 거예요.

휘트먼은 "내 스스로를 뒤집어봐? 좋다, 내 스스로를 뒤집는다, 나는 거대하고 군중을 포함한다"라고 말했죠. 그게 미국의 정신이죠. 그래서 저는 이 문제들과 논쟁하고 내 생각을 드러내며, 중동에 관심을 기울이는 한 지식인이 시간을 두고 전해지는 일련의 정보들을 어떻게 다루는지를 세상에 보여주는 일이 행복합니다.

지금은 이라크에서의 결과가 중동과 미국, 나아가 세계에 어떤 의미를 띨지 정말 걱정입니다. 정말, 정말, 걱정인데 악몽 같은 씨나리오들도 몇 가지 떠올릴 수 있어요.

탐 하나만 말해주시면⋯⋯

철군의 딜레마

콜 미국과 동맹국들이 군대를 철수한다고 할 때 동맹국들은 모두 쳇, 할 게 매우 뻔해요. 모두 12월 12일 선거 이후에 철수하겠다고 선언했어요. 하지만 잘못된 방식이나 무분별한 철수가 진행되면 다음과 같은 일이 벌어질 수 있어요.

바벨(Babel) 같은 지역에서는 이미 저강도 파벌분쟁이 진행중이죠. 아침이면 22명이 귀 뒷부분에 총상을 입고 마피아 방식으로 살해된 채 발견될 거예요. 시아파일 수도 수니파일 수도 있어요. 미국이 명확히 판별할 수 없는 야간에 양측은 이미 서로 싸우고 있어요. 영토분쟁이죠. 바벨지역은 전통적으로 시아파 밀집지역이었어요. 싸담이 시아파들을 내쫓고 수니파를 불러들였죠. 수니파 정착의 일환이었죠.

탐 키르쿠크처럼……

콜 그쪽은 아랍화였고 이쪽은 수니화였어요. 자, 미국이 더이상 머물지 않는다고 할 때, 만일 수니파 여단 병력이 마흐무디야(Mahmudiyah)에서 남하하여 힐라(Hila)를 공격한다면 어떻게 될까요? 그런 비슷한 사건이 레바논내전중에 벌어졌지요. 지역 민병대가 군대로 변해서 자기지역을 떠나 군대로 변한 다른 지역의 민병대와 전쟁을 벌일 수 있어요. 그런 일이 벌어지고 수니파 아랍인들이 승리하기 시작한다면, 혁명수호대(Revolutionary Guard)가 이란에서 국경을 넘어 시아파들을 도우러 올 거예요. 이란은 이라크 시아파들이 학살당하는 것을 앉아서 용인하지 않겠지요. 그렇게 된다면 싸우디인와 요르단인 및 시리아의 수니파들도 구경만 하지는 않을 테고 이란의 혁명수호대는 수니파 아랍인들을 학살하는 보복을 하겠죠. 그들은 쳐들어올 거예요. 동시에 쿠르드족은 투르크멘족을 학살할 것이고 터키가 이에 개입하겠죠. 결국엔 국지적인 저강도전쟁으로 귀결될 거예요. 스페인내전을 떠올려보세요.

지난 1980년대에 싸담 후쎄인과 호메이니는 8년 동안이나 서로 싸웠지만 전체적으로 상대방의 원유시설을 공격하는 일은 삼갔어요. 그런 일이 발생하면 자기네 국가가 제4세계 국가로 격하되리란 걸 쌍방은 알았거든요. 그래서 서로간에 일종의 상호 인증된 파괴라는 원칙이 있었죠. 국가간에 가능한 원칙이었죠. 그러나 이라크에서의 게릴라전쟁에서는 수니파 게릴라들이 이미 석유수송관과 석유에 대한 파괴행위에 앞장섰습니다.

화염에 휩싸인 쿠웨이트의 어느 유전지역

탐 그러한 파괴행위가 아직 카스피해나 다른 곳의 석유수송관에까지 이르지 못한 것은 정말 놀랍군요.

콜 더 확장될 수 있어요. 2004년 8월에 미 해병대가 나자프에서 무크타다 알-싸드르(Muqtada al-Sadr, 시아파 이슬람근본주의 세력의 지도자이자 시아파 제2인자로서 2004년 미국이 세운 이라크 과도통치위원회에 대항하여 자체적으로 정부수립을 선포했다 — 옮긴이)의 사람들과 싸우고 있을 때 바스라의 싸드르인들이 실제로 남부 석유수송관을 파괴하겠다고 위협한 적이 있어요. 그랬다면 이라크는 정말 불구가 되었겠죠. 국지적인 게릴라전쟁에서 수니파 게릴라들은 이란의 석유수송관을 공격하려는 자극을 많이 받고, 이란내 석유 생산지역에 거주하는 몇몇 수니파 부족들이 이런 목표를 위해 차출될 수도 있어요. 싸우디가 개입한다면 급진적인 시아파들은 싸우디의 석

144

유수송관을 공격할 자극제를 얻게 될 텐데, 싸우디의 원유시설은 시아파가 밀집된 지역에 있어요. 기본적으로 이라크에서 얻은 교훈은, 개인의 안전이 보장되는 환경에서 강력한 토착세력들이 원유 생산을 원하는 경우에야 원유가 생산된다는 것입니다. 토착세력들 가운데 상당한 비율이 원유 생산을 원치 않는다면 송유관을 망가뜨릴 수 있어요.

탐 나이지리아에서처럼……

콜 이런 일은 세계 도처에서 목격됐어요. 한 국가에 한정해도 그 국가가 수백 마일에 이르는 석유수송관의 안전을 보장할 수는 없어요. 말 그대로 불가능해요. 여기서 얘기하는 게 뭔지 생각해보세요. 전세계적으로 어림잡아 8천에서 8,400만배럴의 원유가 매일 생산됩니다. 싸우디아라비아가 그중 확실히 9백만배럴, 때로는 그 이상을 생산하죠. 이란이 4백만을 생산하고요. 괜찮은 시절엔 이라크가 거의 3백만을 생산하곤 했어요. 지금은 180만배럴 정도로 줄어들었어요. 이 모든 생산량을 시장에서 빼버린다면 대략 세계 원유생산의 5분의 1이 줄어드는 셈이에요. 그게 가격에 어떤 영향을 미칠지 가늠이 되나요!

1갤런에 3달러하는 휘발유 값이 맘에 들지 않는다면 제가 지금 묘사하는 세계를 정말 증오하게 될 거예요. 가격 충격이 전지구적으로 경제성장을 둔화시킬 것이고 몇몇 국가들은 경기 후퇴나 심지어는 불황에 빠질 거예요. 세계적 차원의 파국이 되겠지요. 더구나 일단 시작되면 어떻게 멈추게 할지도 분명치 않아요.

탐 이런 맥락에서 최근에 미 지상군이 지금 철수해야 한다고 거듭 요구하셨죠.

콜 왜냐면 미 지상군이 이런 형태의 씨나리오가 발생하는 것을 막는다는 확신이 없기 때문이에요.

탐 철군에 대한 생각을 좀더 얘기해주시죠.

콜 제가 걱정하는 것은 미 지상군이 현재 팔루자 작전, 탈 아파르 작전 내지 현재의 하디타 작전 같은 일들에 매여 있다는 것이에요. 이건 기본적으로 수니파 아랍 혹은 탈 아파르의 경우에는 수니파 투르크멘 성향의 도시들을 공격하는 데 병력을 사용한다는 것을 뜻하죠. 이 도시들은 게릴라 활동의 요새이자 외국 병력들이 국내로 침투하는 거점으로 여겨집니다. 도시인구 중에서 게릴라들을 솎아내고 전체 지역을 평정하며 도시 기반시설 및 건물을 광범위하게 파괴하고 거주민들을 천막생활자와 난민으로 강등했다가 단계적으로 다시 그들을 복귀시켜서 전에 살던 보금자리가 파괴된 잔해 위에 천막을 치고 살게 만드는 방식의 봉기억제 전술은 먹혀들 가능성이 없어요. 다른 도시 사람들은 이런 일이 벌어지는 것을 보고 수니파 동포들을 동정하게 됩니다.

역봉기를 희망하는 데에는 세가지 문제가 얽혀 있어요. 당연히 무고한 민간인들을 공격하는 사람들을 척결해야만 하겠죠. 그런 일을 막으려고 노력해야겠지만 마찬가지로 그들의 정치 지도자들과 이면교섭로를 열어두고 그들을 씨스템 안으로 끌어들일 방도도 찾아야만 해요. 일반 대중들을 설득해 그들을 돕지 못하게 해야만 해요. 팔루자, 탈 아파르, 하디사에서 벌인 것 같은 작전들은 게릴라 단체와 싸우는 데 약간의 제한된 효과—그다지 크지 않으리라고 봐요—만을 얻을 수 있을 거예요. 그러나 그런 작전들로는 정치 지도자들을 고립 속에서 빠져나오게 하거나 수니파 일반 대중들이 게릴라 활동에 대한 정보를 제공하게끔 할 정도로 미국과 이라크의 동맹자들에게 우호적이게 만들지는 못해요.

그러니 수니파지역에서는 상황이 악화될 뿐이죠. 사람들은 한해 전쯤 두번째 팔루자 공습이 시작되기 전에는 모술이 하나의 모델로 여겨졌다는 사실을 잊어버렸어요. 모술은 페트레우스 장군(D. H. Petraeus)이 통치했어요. 모술에서는 수니파 아랍인들을 회유하는 것이 가능한 것 같았어요. 그러나 팔루자 공습 와중에 모술은 폭파되었어요. 경찰 4천명이 사임했죠. 게릴라들은 떼를 지어서 도시 전역의 검문소들을 장악했어요. 폭발사건이 있었고 다시는 제대로 안정을 찾지 못했어요. '바그다드의 시대'라는 뜻의 『알-자몬』(al-Zamon)의 최근 보도에 따르면 북부 모술지역은 현재 기본적으로 게릴라에 장악된 상태입니다.

탐 15개월 동안 현장에 있었던 페트레우스 장군은 이라크 육군을 "일으켜세운" 공이 있는 인물이기도 한데 최근 미국 본토로 재배치되었죠.

콜 그의 교체는 일이 전체적으로 잘 굴러가지 않는다는 것을 말하죠. 수행 불가능한 임무가 주어졌다고 볼 수 있죠.

그래서 만일 미 지상군이 이런 식으로 이용된다면 시간이 지날수록 더 많은 게릴라들을 양산할 뿐이에요. 진전되기보다 악화되고 있다는 증거가 보여요. 1950년대 중반 프랑스가 알제리의 게릴라 활동에 대항해 성과를 거둘 때보다 1960년대 초반의 알제리 상황과 점점 더 흡사해 보여요. 따라서 제 판단엔 지상군을 철수해야 하며, 도시를 소개(疏開)하고 마을을 파괴하며 까놓고 말해 수니파 아랍 대중을 향해 응징 차원의 초토화정책을 추구하는 데 병력을 이용하는 일을 그만두어야 한다고 봐요.

탐 저는 그것을 카르타고식 해결책(패자에게 가혹한 책임을 지우는 해법 ― 옮긴이)이라고 불러왔어요.

콜 맞아요. 게다가 현대 게릴라전 관점에서 보면 그 해법은 최악의 처리 방식이죠. 그러나 좌파진영의 몇몇 친구들이 주장하는 바 — 자유주의자들도 비슷하게 생각하는 것으로 봐서는 이게 꼭 좌우파를 나누는 사안인지는 잘 모르겠지만 — 와는 달리, 그냥 챙겨 나와버림으로써 이라크가 내전 상태로 빠지게 두는 것은 정말로 위험하다고 생각해요. 혹자는 가령 "글쎄 이라크가 이미 내전중인데 우리가 떠난다고 뭐가 달라질까?"와 같은 정말 놀라운 얘기들을 합니다. 아니죠! 아니에요! 아니에요! 지금은 본격적인 내전 직전의 단계예요. 규모의 차이가 있어요. 이라크에서 게릴라 폭력 때문에 일주일에 죽는 사람들이 수백명인데, 수천명이나 수만명, 혹은 수십만이 죽는 것과는 다르죠. 캄보디아, 아프가니스탄, 콩고 같은 나라들에서 목격한 적이 있다는 말이에요. 이런 식의 싸움으로 인구의 5분의 1을 잃을 수도 있어요. 사람들이 "그냥 챙겨서 떠나고 뒷일은 될 대로 내버려두자"고 말하는 것은 잔인하다고 생각해요. 부시행정부가 이 일을 아주 심하게 망쳐버렸다는 것을 알기 때문에 누구라도 이라크에 손해를 더 입히기 전에 손을 떼자고 얘기하고 싶겠지만, 양심상 우리가 대량학살을 바라겠어요?

아는 사람 중에 "일단 우리가 빠지면, 뒷일은 우리 책임이 아니지"라고 말한 양반이 있어요. 정말 그럴까요? 누군가 어느 나라를 침공해서 정부를 전복하고 군대를 해산한 이후 그 나라를 빠져나오는 바람에 백만명이 죽는다고 한다면 아무런 책임도 없나요? 이런 사고방식을 이해 못하겠어요.

침묵하는 비겁한 민주당

탐 잠시 이 문제의 방향을 워싱턴으로 돌려보겠습니다. 최근에 아랍언론이 워싱턴의 반전시위대를 흥미롭게도 "미국의 길거리"(American street)라고 언급했던 일을 거론하셨고, 아울러 몇몇 의회흑인간부회의 (Congressional Black Caucus) 구성원들을 빼면 민주당의원들이 언급은 물론 시위대에 합류하거나 참여조차 하지 않았다는 점도 지적하셨어요. 이라크와 앞으로의 일을 생각해볼 때, 미국이 승리하지 못하고 있다는 단순한 불만을 포함해 여러 지역에서 생겨나는 대중의 점증하는 반전 움직임과는 달리 정치권의 반대는 거의 존재하지 않는 것 같아요. 약간 과장을 보태자면 의회에서 민주당원의 절반은 존재하지도 않는 병력을 더 많이 이라크에 보내자고 여전히 요구하고 있어요. 미 지상군을 철수하자고 하신 최근의 주장에 비춰볼 때 이 점은 어떻게 보시는지 궁금합니다.

콜 먼저 얘기해야 할 부분은 이라크정책에 관해서는 우리나 민주당이나 영향력이 엇비슷하다는 점이에요. 민주당의원들이 어떤 입장을 취하든지 정책이 반드시 그 입장대로 결정되지는 않아요. 부시가 백악관에 있는 이상 권한을 행사할 아무런 희망도 없다는 뜻에서요. 저는 민주당의원들이 외교정책에서 나약해 보이는 것을 두려워한다고 봐요.

탐 그런 태도의 결과 그들은 믿을 수 없을 만큼 나약해지죠.

콜 말만 번지르르하게 하면서 부시가 망하도록 두는 게 전략이죠.

탐 최근에 그런 태도를 "위험천만한 전략"이라고 하셨죠.

콜 이라크전쟁과 부시의 외교정책에 대해 온 나라에 존재하는 엄청난 불만들은—만일 불만들이 제대로 제기되고 이 사안들을 이끌 지도력만 주어진다면—2006년에 민주당 후보들이 풀뿌리 차원에서 승리하는 일로 전환될 수 있을 거예요. 제 칼럼 중 하나에서 특수부대와 공군력을 이라크 병력을 지원하는 쪽으로 바꿔야 한다고 제안한 것도 그 때문이죠. 이라크 병력을 아프간전쟁 때 북부 연합군처럼 대우해주라는 것이죠. 비록 이것이 진입전략이 아니라 퇴장전략이라고 보긴 하지만요. 이런 얘길 하는 것은 주로 민주당이 취할 수 있는 다른 입장들이 있다는 걸 보여주기 위해서예요. 1975년 베트남에서 철수하던 방식처럼 사람들이 헬리콥터에 매달리게 하지 않으면서도, 그저 침묵함으로써 부시가 스스로 자신의 무덤을 파게 하는 것도 아닌, 군사적·정치적으로 현명한 철수전략이 필요할 수 있다는 말이에요. 무엇보다도 침묵은 비겁해요. 둘째로 토론도 벌이지 않고 그 사안에 대해 다른 의견을 주도하는 인물도 갖지 못하는 것은 미국을 위해서도 좋지 않아요.

탐 부시가 자기 무덤을 팠다고 보시나요?

콜 내 말은 이게 미국 역사상 가장 커다란 외교정책의 실패 중 하나라는 거예요. 원유가 매장된 걸프지역에는 너무나 많은 위험요소가 있는데 부시는 세계경제의 심장부에서 주변부에 수류탄을 던지고 있어요. 그래서 저는 이라크정책과 관련해서 부시가 자신의 무덤을 파고 있다고 봐요. 그런데 미국내 정치 대부분은 국내문제에 집중되어 있지요.

탐 대체로 국내 문제가 중심을 차지하기는 하지만 다른 무엇보다도 전쟁이 침공 시기 이후로 계속해서 부시 인사들을 내몰아간 것이 아닌가 생각하게 됩니다. 예컨대 에이피(AP)통신과 입소스(Ipsos)통신의 최근 여론조사를 볼 때, 지금 다른 무엇보다 복음주의자들을 성가시게 하는 것이 뭐겠어요? 전쟁이죠.

콜 맞아요. 그들이 이라크에서 일어난 일에 화가 난 것은 부시가 이슬람 시아파들과 손을 잡았기 때문인데, 이건 지금 코란에 근거해 이라크 입법 과정에 반대하는 이슬람근본주의자들과 연대했다는 것을 뜻하거든요. 복음주의자들은 큰 꿈이 있어요. 이라크가 선교의 성공사례가 될 것이며 자신들이 이라크인을 개신교도로 바꿀 수 있다고 생각해요. 그러나 현재 이라크에 어떤 선교사가 나타난다면, 곧 그가 비디오를 통해 목숨을 애원하는 걸 보게 될 거예요. 이라크에서는 그들이 목표하던 그 어떤 일도 성취하지 못했어요.

그런데 선교는 1850년대부터 복음주의자들이 꿈꾸어온 바이지요. 그 때문에 아메리칸 대학이 베이루트에 생기게 됐고요. 장로교회의 소명은 원래 중동지역에 복음을 전파하려는 것이었는데 거의 줄곧 실패했고 계속 실패하고 있어요. 부시의 전성기는 선교와 제국주의가 하나로 합쳐질 수 있다는 19세기 복음주의자들의 꿈이 잠시 부활한 순간이겠죠. 지금은 이런 일이 일어나기 힘들다는 것을 그들도 분명히 알기 때문에 화가 났고 실망하는 것이죠. 그럴 만해요.

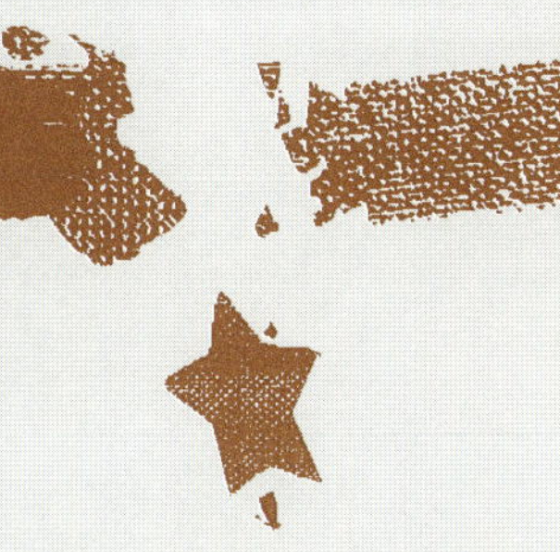

7장

총검으로 안되는 게 없지만 깔고 앉지는 못한다

마크 대너 Mark Danner

　구름 한점 없는 날 하늘엔 늦은 오후의 푸른빛이 감돌고 나는 차를 몰아 버클리의 언덕을 굽이돌아 올라가고 있었다. 자두나무와 배나무들이 도로의 굽이마다 눈부신 흰빛과 핑크빛을 내뿜고 있다. 기온은 20도를 넘나들고 있었지만, 노란 꽃밭과 레몬이 달린 나무들과 진기한 종려나무들이 북부 캘리포니아 겨울의 초록에 둘러싸여 있다. 누추한 흰색으로 사그라진 거의 동그란 보름달이 머리 위에 떠 있다. 갑자기 방향을 바꿔 천국으로 향하듯 곧바로 올라갔는데 사실은 그리즐리 픽(Grizzly Peak)을 향한 길이었고 이내 좁은 길로 한번 더 방향을 바꿔 나무 대문 앞에 멈췄다. 문을 밀고 들어서서 세상에서 가장 조그만 삼나무 군목을 지나 그림 같은 자갈길을 따라 내려가다보면, 최근까지도 노벨상을 받은 시인 체슬라브 밀로즈(Czeslaw Milosz)의 집이었으나 지금은 기자인 마크 대너의 집이

154

된—그러나 가구라고는 거의 없는—노란 흙벽의 오두막에 다다랐다. 그는 자신이 "일종의 도덕적 명증함"을 추구하는 젊은 작가로서 "학살과 살육과 고문이 자행되는 곳, 곧 사악함을 발견할 수 있는 장소"에 끌린다고 말한 적이 있다.

활짝 열어젖히면 금문교의 눈부신 경치와 쌘프란씨스코 만이 보이고 햇빛이 금빛처럼 반짝이는 퇴창이 보이는 대문 앞에 대너는 마중을 나왔다. 구김이 간 짙은색 셔츠와 편안한 바지 차림으로 그는 안뜰의 석조 테라스로 나를 안내했다. "여기는 사슴들이 노니는 곳이에요"라고 말하고는 의자 바로 너머 풀이 약간 눌린 조그만 땅을 가리켰다. "거기 앉아서 제가 퇴창 반대편을 마주하고 있는 모습을 쳐다보죠. 놈들은 꼭 탁구를 치는 것 같아요."

이 평화로운 왕국을 마주하고서 대너는 약간 무심한, 마치 빨래통에선 꺼냈으나 건조기에 넣진 않은 빨래 같은 표정을 지었지만, 희한하게도 특징이 없는 낯빛만은 햇빛이 없는데도 환하게 피어올랐다. 매우 반가워하면서 환하게 미소짓는 걸 보니 적어도 현재 풍경에서는, 그가 지난 몇십년 동안 지구상에서 전혀 우호적이지 않고 가장 위험한 몇몇 지역에서 보도를 했다는 사실을 거의 믿기 힘들게 하는 구석이 있었다. 다른 지역들보다도 1980년대는 아이티에서, 1990년대는 전쟁에 찢진 유고슬라비아에서 그리고 최근 몇년 동안 세번을 다녀온 이라크에서. 그는 『뉴욕커』(*New Yorker*), 『뉴욕 타임즈 매거진』(*New York Times Magazine*) 그리고 특히 『뉴욕 리뷰 오브 북스』(*New York Review of Books*)를 위해 세계를 취재했다.

대너는 현재 미군과 중앙정보국 및 부시행정부의 고문 행위 전문가로, 그 주제에 관한 그의 입문서인 『고문과 진실: 미국, 아부그라이브, 그리고 테러와의 전쟁』(*Torture and Truth: America, Abu Ghraib and the War on Terror*)은 필독서이다. 버클리 소재 캘리포니아 대학의 언론대학원 교수

고문 행위에 관한 전문가인 마크 대너

인 그의 당면과제는 아슬아슬한 미국 외교정책의 현황일 터이다. 책 집필자 경력은 이제는 고전이 된 『엘 모조뗴에서의 학살』(*Massacre at El Mozote*)과 함께 시작되었는데, 그는 로널드 레이건의 재임 첫해 동안 미국이 훈련시킨 군대가 750명이 넘는 쌀바도르인을 학살한 악명 높은 현장을 발굴하기 위해 엘 쌀바도르에 다녀왔다. 최근에 쓴 글을 모은 『전쟁으로 가는 비밀통로』(*The Secret Way to War*)는 4월에 출판할 예정이다.

자리를 잡고 앉아 천천히 저무는 해를 등진 채 우리는 단박에 대화에 빠져들었다.

고문의 합법화는 계몽주의시대의 가치 파괴

탐디스패치 전문분야이신 고문정책 이야기로 시작하고 싶습니다. 부시 행정부가 9·11 이후 아주 신속하게 이 영역에 발을 들이기로 한 결정은 일종의 권력투쟁인 것 같아요. 고문만 하면 뭐든 할 수 있겠죠.

마크 대너 기록을 들춰볼 때 다시 거론하게 되는 문구, 곧 심문에 관해서만이 아니라 9·11 이후 부시행정부가 맞은 예외상황과 비상사태를 규정한 다른 많은 절차들에 관련된 문구는 "본때를 보여주자"(take the gloves off)예요. 이 말을 거듭해서 듣게 돼요. 이 문구의 흥미로운 점이라면 이제까지는 본격적인 싸움이 아니었다는, 즉 민주주의와 인권에 대한 미국의 믿음을 밑받침하는 법률과 원칙들 때문에 나라가 위태로워졌다는 암시예요. 제네바협약에 대한 미국의 지지, 조지 워싱턴 시절로 거슬러 올라가는 미국의 인도적 죄수 대우의 기록, 정부의 시민감시 권한을 제한할 목적으로 통과된 해외정보감시법(FISA law, 미 의회가 1987년에 제정한 법으로 미 정보기관이 미국내의 국제적 교신을 도청하기 위해서는 사전에 수색영장을 발부받도록 규정했다—옮긴이) 등 이 모든 것들이 미국 권력에 제한을 가했고 9·11 사태는 권력자들에게 "족쇄를 채운" 씨스템이 미국인들을 보호하기에 부족하다는 점을 보여주었다는 거죠. 그게 그들의 신념인 듯해요.

아시다시피 9·11 바로 직후 당시 백악관 보좌관이던 알베르토 곤잘레스(Alberto Gonzales)는 부시대통령에게 제네바협약의 조항들이 "새로운 패러다임"에 의해 사문화되었거나 심지어 낡아빠졌다고 천명했습니다. 제네바협약, 고문금지협약, 고문을 금지한 연방법률 같은 일련의 조치들은 테러와의 전쟁을 수행하는 데 있어 미국에 부당한 속박으로 작용하며, 나아가 미국의 존재까지 위협한다는 것이죠. 바로 그 지점에서 고문—좋게 말해 "특단의 심문"이죠—은 미국이 과거에 인권을 준수해온 길과 배치되는 반발이자 어떤 면에서는 법 그 자체에 대한 반발이 핵심입니다. 여기서 문제가 되는 것은 합법성과 권력의 갈등이죠.

고문은 인권, 즉 제약된 권력에서 무소불위의 권력으로 가는 확실한 직항로입니다. 여기서 우리는 계몽주의시대에 건립된 미국의 뿌리에 놓인 이상들, 정부의 권력에 대한 제한과 잔혹하고 비인간적인 처우로부터의 자유같이 어떤 양도할 수 없는 권리를 갖는다는 확신에서 뒷걸음질치는 움직임을 목격합니다. 문제를 (인권의 측면에서) 이렇게 바라봄으로써 「독립선언」과 「미국헌법」에 구현되었고 미국인들에게 부여되었던 저 계몽주의 이상들은 제네바협약과 고문금지협약을 통해 모든 인류와 정부에 확장되었습니다. 그런데 부시행정부는 특단의 심문을 밀어붙이며 권력을 비밀스런 남용에서 공공연한 남용으로 전환하는 등……

탐 실제로는 권력의 남용이라기보다 권력의 천명이 아니었나요?

대너 맞아요. 이제 제가 부시의 예외적 상황이라고 부르기로 한 것의 둘째 단계에 이르렀습니다. 특단의 심문, 도청, 외국인체포 등—목록을 만들자면 한이 없지만—을 포함한 이러한 많은 조치들은 대체로 혹은 완전히 비밀리에 진행되었습니다. 점차로 그 조치들이 드러나기 시작했고 정치적 논쟁거리가 되었습니다. 행정부에서 정치적으로 반대하는 사람들이 그 조치들을 되돌리는 일에 실패하는 한 그것들 역시 용인된 활동이 되어버리는데, 지금 상황이 바로 그렇습니다. 여기 앉아 있는 지금 아부그라이브 사진들이 출판된 지 2년이 되어갑니다. 2004년 4월 그 사진들을 보고 난 후 2년이 지나서도 특단의 심문들이 실제로 중앙정보국 내에서 허용될 것이라고 예측한 사람이 있다면 아주 비범한 관찰자였을 거예요. 상원에서 특단의 심문을 금지하는 수정안을 통과시켰는데도 불구하고 대통령은 총사령관인 자신이 합당한 통치권에 따라 수정조항을 위반할 권리를 본질적으로 보유한다고 밝힌 서명문서로 응답했어요.

실제로 대통령은 전시권한에 의해 국가안보와 관련되었다고 판단되는 모든 영역에서 법을 어길 수 있는 백지위임장이 자신에게 주어진 것이라는 식의 주장을 폅니다. 거기에 덧붙여 쌔뮤얼 앨리토(Samuel Alito, 미국 대법원 판사로 보수주의적 판결을 내리는 것으로 유명—옮긴이)를 연방대법관으로 등용합니다. 9·11 이래 우리가 목격한 유일한 대항권력은 2004년 6월 연방대법원의 구금 판결에 실제로 근거를 두고 있습니다. 판사 중 한 사람인 쌘드라 오코너(Sandra D. O'Connor, 1981년부터 2006년까지 미국 최초의 여성 대법관으로 활약—옮긴이) 법관은 전시의 대통령권은 백지수표가 아니라고 선언했지요. 지금 그녀는 자칭 "단일 통치권"(unitary executive)의 신봉자와 교체되었지요. 법무부에 있을 때 의회권력을 완화하는 방도로 대통령의 서명문서라는 전략을 거세게 밀어붙인 인물이 바로 앨리토였습니다.

탐 부시의 고위급 인사들이 한 일 중에서 고문을 향한 충동, 본때를 보여주자는 충동이 최우선적이고 가장 즉각적인 조치였다는 사실이 충격적이지 않으셨나요? 상층부의 충동이었죠.

대너 상층부의 충동이라고 표현하니까 흥미롭군요. 대통령과 부통령은 9·11 이후에 국가안보와 법을 집행하는 관료들에게 제안서를 들고 올 것을 요청했다고 말했어요. 미국이 무엇을 해야 할까? 자, 본때를 보여줄 때가 왔으니 모두가 어떻게 해야 하는지 방도를 마련하시오. 마이클 헤이든(Michael Hayden) 장군은 바로 전날 저녁의 인터뷰에서 국가안전보장국(NSA)의 도청프로그램이 백악관의 요청에 응답한 것이라고 말했어요.

탐 아프가니스탄에 있는 미국인 탈리반 존 워커 린드(John Walker Lindh)를 "면담"할 때 실제로 심문관들에게 물불을 가리지 말라고 말한 것이 럼즈펠드 아니었나요?

대너 『뉴스위크』 보도에 따르면 럼즈펠드는 누군가를 시켜 심문관들에게 분명 전화를 했다는군요. 임무를 완수하라, 갈 데까지 가보라,라고요.

탐 우리시대에도 미국 정부의 정책에서 고문이 완전히 없었다고 할 수는 없지만 하나의 차이점이라면 지도자들이 연루된 정도가 달랐다는 것 같아요. 럼즈펠드는 시시각각으로 린드의 심문과정을 보고받았을 거라고 봐요.

대너 중앙정보국이 사용한 수법들을 따져보면 한참을 거슬러 올라갑니다. 알프레드 머코이(Alfred McCoy, 미국의 역사학자—옮긴이)를 비롯한 사람들이 이 문제에 관해 쓴 적이 있어요. 1950년대와 60년대에 개발된 고문 수법들이 다시 나타나고 있어요. 아주 중요한 차이점이 하나 있긴 해요. 고문을 대놓고 공식적으로 승인한다는 점과 이런 수법들이 대중에 노출되고 대중적인 논란이 되는 상황에서도 지속하려는 결단을 보여준다는 점이죠. 고문이 드러났는데도 존속되고 있으니 큰 차이죠. 정부의 최고위층의 분명한 의도가 있다는 증거 역시 충격적이에요. 물론 어느 순간에는 아주 모호한 분야인 정신분석적 정치학의 영역으로 들어가 분석해야겠지만요.

탐 한번 해보죠 뭐.

제국은 현실을 스스로 창조한다

대너 여기서 핵심 문제는 9·11 이후에 왜 그런 식으로 대응했는지예요. 국가안보를 그토록 강조해 마지않던 부시행정부는 미국 역사상 가장 끔찍한 본토 공격을 당했어요. 이 사건의 결과를 기억해야만 합니다. 부시행정부의 주요 안보프로그램이 전략방어계획(Strategic Defense Initiative, 1983년 레이건대통령이 추진한 미국 국방부의 대륙간 탄도미사일 방어개발 계획으로 탄도탄을 발사 단계에서부터 포착하여 격파하려는 계획을 말함—옮긴이)과 중국에 대한 대응전략이라는 것을 상기합시다. 그들은 테러리즘에 대해서는 계집애들 짓이라며 신경을 쓰지 않았어요. 인도주의적인 개입과 유사한 비국가 행동파들의 위협 및 먼젓번 행정부의 많은 다른 우려사항들 같은 것들은, 국가안보에 대한 유치한 관점이라는 이유로 그들은 무시해버렸어요. 자신들이 그것을 어떻게 묵살했는지 보여주는 보고서들이 존재한다는 것을 나중에 잘 알게 되는데, 가장 눈에 띄는 것으로는 잘 알려진 대로 "빈 라덴의 미국본토 공격계획"이라는 제목이 붙은 대통령일일보고(Presidential Daily Briefing)였습니다. 사람이 하는 일이니 그럴 수도 있겠죠. 국가안보에서 얼마나 강력한지 천명했는데도 그들은 공격을 당했거든요. 이러한 사실들이 왜 그렇게 그들의 반격이 격렬했는지 어느정도 설명해주지요. 깊이 들어가보지 않아도 알 수 있어요. 본때를 보여주자는 생각을 들여다보면, 자신들의 무죄를 주장하려는 의도가 강해요. 실제로는, 본때를 보여주자고 하기 전에는 제약들이 많아서 이러한 공격을 감지하거나 막지 못했다고 얘기하려는 것이죠.

헤이든 장군은 국가안보국의 영장이 필요 없는 도청 프로그램이 기능만 했었다면 9·11사태를 막을 수 있었다고 분명히 말했어요. 그걸 증명할 증거는 없지만, 이 발언의 정신분석적 정치학의 근원을 따져보면 시사해주는 바가 있어요. 이는 럼즈펠드와 체니 같은 몇몇 고위 관리들의 우려와 맞아떨어지는 말로서 베트남전쟁 후반기에 정부가 부당하게 속박을 받았다는 주장입니다. 체니는 공공연히 그렇게 말했죠. 1973년에 통과된 전시권한결의안(War Powers Resolution, 베트남전쟁 이후 미 의회가 전시 대통령의 군사력 이용 권한을 대폭 제약한 결의안으로 대통령이 전쟁선포, 방위조약체결, 미국 영토 및 군사력에 대한 공격에 대처할 때 미 의회의 사전 승인을 명문화함 —옮긴이) 얘기입니다. 카터 때 통과되기는 했지만, 해외정보감시법도 비슷한 정치적 우려를 복합적으로 고려한 결과였어요.

탐 레이건 시절에는 해외정보감시법 때문에 안달이었죠.

대너 아, 정말 그랬어요. 그 담엔 1970년대 중반 처치와 파이크 진상조사위원회(Church and Pike Committee, 미 정보기관의 범법행위를 조사하기 위한 의회의 위원회—옮긴이)의 청문회가 있었는데, 그들이 보기엔 이로 인해 중앙정보국이 무력화됐다고 생각해요. 따라서 이 문제는 일정부분 이전에 자신들의 삶에서 매우 불쾌한 시절에 벌어졌다고 믿는 잘못들을 바로잡는 일과 관련되어 있어요. 베트남전쟁 직후에 럼즈펠드는 국방부 장관이었고 체니는 당시 사면초가이던 백악관의 수석비서관이었어요. 개인적으로 아주 실감나게 역사가 현재 시대로 회귀하여 괴롭히는 셈이죠.

탐 익명의 고참 행정부 관리가 자기는 "현실기반 공동체"(reality-based community)에 있다고 말했다는 론 써스킨드(Ron Suskind) 기자의 기사를 종종 인용하셨는데, 그 관리는 나중에 "우리는 지금 하나의 제국이기 때문에 우리가 행동하면 스스로의 현실을 창조한다"라는 아주 놀라운 말을 했다고 하지요.

대너 그 인용은 시사하는 바가 엄청나다고 봐요. 모든 분야에 걸친 저들의 정책, 미국의 압도적인 혹은 우세한 힘이 쉽게 사실을 바꿀 수 있고 진실을 변경할 수 있다는 믿음을 강조하고 있어요. 미국내에서 대중을 상대로 하는 정보정책이 어떠한지 잘 나타내줍니다. 예컨대 『뉴욕 타임즈』를 읽는 사람들을 괘념치 않는 것이죠. 이건 단적인 예에 불과합니다. 사실에 관심이 있는 사람들을 신경 쓰지 않아요. 이야기의 더 큰 틀에만 관심이 있어요. 여기서 우리는 저들이 이러저러한 법을 어겼다, 저들이 애초에 말했던 것이 진실이 아닌 걸로 드러났다라고 끊임없이 사실들을 인용하는데, 그 어느 것도 그들에겐 특별한 관심거리가 아니에요.

그들의 관심사는 자신들이 통치하는 데 필요한 50.1퍼센트의 사람들이 믿는 더 큰 현실이에요. 로널드 레이건의 수석비서관이었던 케네스 듀버스틴(Kenneth Duberstein)이 최근에 이 점을 지적하며 현재의 행정부는 50.1퍼센트로 통치한다는 면에서 독특하다고 말했어요. 선거가 아니라 통치하는 동안의 인기를 말하는 것이죠. 그의 생각으로는 레이건이 그를 지지하는 50~65퍼센트를 얻고 싶어했다면 부시 인사들은 아슬아슬한 과반수만 원한다는 거예요. 최소필요 층에 호소하기 때문에 그들이 훨씬 더 극단적인 정책들을 편다는 말입니다. 그 때문에 정치학에 접근할 때 그들은 매우 완고해집니다. 그저 최소필요 층에 하나만 더하면 되거든요.

제국에 관해서 지금 행정부의 특이한 점이라면 권력뿐만 아니라 일방주의에도 촛점이 맞춰져 있다는 사실입니다. 일방주의는 고립주의와 동전의 양면이죠. 경제적이거나 정치적인 동맹관계 혹은 국제법은 부득불가장 강력한 국가를 훼방한다는 관념을 담고 있죠. 걸리버를 묶은 밧줄의 이미지 말예요. 미국의 2005년판 국가안보전략에서 그들은, 경쟁자들이 "국제협의체와 사법절차 및 테러리즘" 같은 약자들의 전략들을 동원해서 미국에 도전을 계속할 거라고 말합니다. 미국의 압도적인 힘을 무력화하기 위한 똑같은 수법이라는 점에서 저들은 테러와 불공평한 전쟁을 국제법과 연결하는 겁니다. 그 점이 국제법과 국제기구를 대하는 태도를 나타내주는데, 이런 태도는 미국이 과거에 취한 행동과 실질적이고 극적인 결별을 보여준다고 생각합니다. 미국 역사에서, 특히 최근 역사에서는 저들과 견줄 만한 비교대상이 없어요. 저만큼 극단적인 정부를 찾기가 어렵죠.

탐 민족주의자(nationalist)란 용어를 미국에서 쓸 수는 없지만, 저들은 정말로 극단적인 미국 민족주의자들입니다.

대너 맞아요. 저들에게는 강대국 미국에 대한 믿음과 국제기구에 대한 거의 선천적인 불신이 결합되어 있어요. 외교정책을 집행하는 데 있어서 트루먼 집권기의 미국과 지금 체제의 차이죠. 국제기구들과 테러리즘을 동일한 수준, 다시 말해 약자의 무기로 간주합니다.

탐 대량간섭무기(weapons of mass interference)네요.

대너 제가 보기엔 네오콘의 지도력이 통하는 시대가 분명 끝나가고 있다는 말을 덧붙이고 싶어요. 그들이 내내 모든 걸 통제한다는 인상은 어떤 경우든 잘못된 것이고 네오콘의 지도적 위치는 이라크에서의 커다란 실패로 눈에 띄게 무뎌졌어요. 왜냐면 압도적인 미국의 힘이라는 그들의 가정이 사실이 아닌 걸로 드러났기 때문이죠. 나뽈레옹에게는 "총검으로 안 되는 게 없지만 깔고 앉지는 못한다"는 멋진 문장이 있었어요. 군사력은 뭔가를 폭발시키고 파괴하는 일에는 유용합니다만 새로운 질서를 세우는 데는 쓸모가 없어요. 이라크에 항구적인 질서를 세우는 일에는 훨씬 더 많은 힘과 기술과 인내심이 필요합니다. 미국은 충분한 여력도 기술도 없습니다. 잘 아시다시피 인내심도 없지요. 악의 축의 하나가 점령되었는데, 그 한축이 자신을 희생해서 북한과 이란의 더 큰 자유 — 공격으로부터의 자유, 어쩌면 핵무기를 제조할 수 있는 자유 — 를 향한 길을 열어놓았다고 볼 수도 있어요. 저는 지난 몇달 동안 미국이 이란에 아주 지혜롭게 대처했다고 생각하지만, 사실은 아주 무기력했어요. 결국 이란에 대한 군사력 사용은 이제 거의 물 건너갔는데 왜냐면 이웃 이라크에서의 실패도 있고 그 실패로 이란이 강해진 탓도 있어요.

탐 제 판단이 안 서는 문제가 이거예요. 만일 저들이 궁지로 몰린다면 미친 짓이긴 하지만 이란도 공격할 수 있다는 그런 씨나리오를 상정할 수 있지 않을까 싶어요.

대너 이 문제에 대해 우리 생각의 다른 점은 부시행정부가 철저하게 비이성적이라는 점을 어느 만큼이나 상상할 수 있을지와 연관되어 있어요. 현재 이란의 경우는, 공중폭격을 포함해 저들이 할 수 있는 형태의 군사적 공격을 취할 수 있는 잇점이 있는 반면, 그런 조치가 가져올 단점이 너무 분명해서 비교조차 되지 않을 정도이기 때문에 그런 수순을 밟으리라고는 믿지 않아요.

얼어붙은 추문의 시대

탐 작금의 미국사회를 두고 "얼어붙은 추문"(frozen scandal)이라는 흥미로운 문구로 표현하셨더군요. 그 말을 처음 쓰실 때 미국에는 다우닝 스트리트 메모와 관련된 추문이 있었는데 아무 일도 벌어지지 않았죠. 지금은 국가안전국과 다른 추문에 파묻혀 있는데도 아무 일도 벌어지지 않고 있어요.

대너 빙산들이 떠다니고 있어요. 이 표현을 쓴 것은 일련의 예상되는 절차들을 따라 진행되는, 우리가 알고 있는 추문의 진행방식이 끝나버렸다는 것을 지적하기 위해서였어요. 전에는 첫째 단계에서 대체로 행정부 내부에서 누설된 정보의 도움으로 언론이 비리를 폭로하죠. 둘째 단계는 법원이 종종 의회와 힘을 합쳐 대개 공개적으로 공식 사건개요를 작성하는 조사를 벌이는 것이죠. 이런 절차가 워터게이트(Watergate)와 이란-콘트라(Iran-Contra) 및 다른 경우에 있었어요. 마지막 셋째 절차는 속죄인데 법원과 의회가 형벌을 내려서 사회가 일종의 은총 입은 상태 — 자, 잘못을 바로잡았으니 이제는 전진합시다라는 생각 — 로 돌아갈 수 있게 하는 것이죠. 이번 행정부의 경우엔 고문, 불법도청, 국내첩자, 국내 외국인들을 체포하는 과정에서 벌어진 온갖 학대행위, 대량살상무기에 관한 전쟁 전의 과장되고 허위에 찬 주장, 이라크에서의 광범위한 편파주의와 부패에 대한 폭로들이 있었죠. 이렇게 계속될 수는 있겠죠. 하지만 아무런 공식적 조사도 없는걸요.

탐 폭로와 반복이죠.

대너 네, 폭로와 반복. 이라크를 침공해서 점령한 지 3년이 지났어요. 그런데 정보국에서 이라크에 대량살상무기가 확실히 있다고 암시한 그 정보를 행정부가 어떻게 이용했는지에 대한 공식적인 조사가 없었어요. 그 결과 신문과 잡지 및 책을 통해 출판된 이런 추문들을 알고 있으면서도 잘못에 대한 아무런 공식적 시인도 처벌도 없는 일이 벌어졌어요. 어쩌면 마지막에 한줌의 인물들만 처벌받겠죠.

탐 ……주변부 인물들이겠죠.

대너 멍청하게 꼬리가 잡힌 인물들, 예컨대 아부그라이브 디지털 영상에 이미지가 잡힌 헌병대들이요. 심문정책 변화를 주도한 실제 정책결정자들은 어떠한 처벌도 받지 않을 거예요. 실제로 그들은 여전히 자리를 지키고 있어요. 어떤 조사도 그들을 건드리지 못했어요. 현장에서 심문을 담당했던 당사자들에 대해서조차 아는 것이 거의 없어요.

탐 심문관들을 인터뷰한 적이 있으시죠?

대너 그래요. 그들에게 무슨 일이 벌어졌는지 어느정도 알고 있어요. 얼어붙은 추문의 시대, 가장 큰 문제는 우리가 마치 쳇바퀴에 올라탄 것같이 이미 알고 있는 사실들을 계속해서 확인만 하는 통에 대중의 분노를 촉발하는 폭로의 위력이 갈수록 약해진다는 면이에요. 폭로에 길들여지면서 대중은 스스로 부패하기 시작합니다.

탐 훨씬 더 불길한 일을 예측해볼 수도 있어요. 지금껏 경험한 것 중 가장 지저분해질 이번 선거에서, 만일 2006년 11월에 민주당이 실제로 의회의 일부만을 차지한 채 조사가 시작된다면 얼어붙은 조사의 시대로 접어들 수도 있을 거라고 봐요. 행정부는 총사령관의 권리를 주장할 것이고요.

대녀 그럴듯한 예측입니다. 허리케인 카트리나나 국가정보국 도청에 관한 사안에 대응하면서 부시행정부는 이미 극도로 소심한 공화당 주도의 위원회조차 의도적으로 회피하고 있습니다. 한편으로는 만일 민주당이 의회 통제권을 차지해서 실질적인 조사를 감행하더라도 그들 또한 2008년 대통령선거에서 기회가 무산될 것을 두려워하기 때문에 매우 신중히 조사할 거예요. 다른 한편으로는 총사령관의 권위에 대한 압도적인 주장들이 나와서 조사자의 손발을 완전히 묶어버릴 수도 있어요.

탐 플레임 정보유출 사건(Plame case)에 관한 오늘자 기사에서 이런 문장을 발견했어요. "체니의 대변인은 정보유출 조사가 진행중이기 때문에 이 사건에 논평하지 않겠다고 했다. 그 대변인은 자신의 이름을 밝히길 거부했다."

대녀 (웃음) 비밀 대변인이네요.

탐 비밀과 거짓말이 있을 뿐만 아니라 저번에 언급하신 제3의 태도, 즉 다소 기이한 솔직함도 있어요. 그 점에 대해 말씀해주실 수 있으실런지요.

국가안보라는 만병 통치약

대너 국가안보라는 이름으로 저들이 취한 이 모든 조치들이 야기한 문제를 보면, 행정부 내에서는 문제를 부인하고 회피하려는 충동과 앞으로 나서서 아주 대담하게 자신들이 국가안보의 이름으로 그러한 행동들을 취했다고 주장하려는 충동이 흥미롭게도 교차합니다. 도청 문제에서 그걸 확인할 수 있는데, 칼 로브는 국가안보국 폭로 건에 아주 영리하게 대응하면서 "몇몇 민주당원들은 분명 원하지 않겠지만 나는 알까에다가 미국의 누군가와 내통한다면 그게 누군지 알아야겠습니다"라고 선언하는 쪽을 택했음을 확연히 보여주었어요. 근본적으로 말해 도청 문제를 우려하는 것은 미국을 약화하는 일이라는 뜻이죠. 모든 인권과 수정헌법 4조(부당한 수색, 체포, 압수에 대하여 신체·가택·서류 및 기타 재산의 안전을 보장받을 국민의 권리를 규정한 미국헌법의 수정조항 ― 옮긴이) 운운하는 것이 허튼소리에 불과하다는 얘기에요.

본질적으로 이는 권리장전에 대한 공격입니다. 권리장전이 헌법에 들어 있는 이유는, 건국선조들이 많은 권리들이 특히 전시같이 압력이 존재하는 상황에서는 그다지 대중의 지지를 받지 못할 것임을 알았기 때문입니다. 그래서 다수의 통제나 다수의 부인에 따라 좌우되지 못하도록 그 조항들을 영구히 새긴 것이죠. 헌법에 구현된 국가 원리와 전시에는 이런 많은 원리들이 인기가 없다는 현실 사이의 괴리를 자신의 정치적 적수를 파괴하는 데 이용하는 일은 가장 야만적이고 무차별적이며 위험한 부류의 정치학인데, 바로 이것들이 지금 행정부가 하는 짓이죠.

부시행정부 내에는 이런 문제들을 아예 대놓고 꺼내려는 사람들이 많아요. 심문의 경우에도 그런 충동이 있었습니다. 아부그라이브사태 이후에도 이런 조짐들이 있었는데, 그들은 나서서 "그래요, 잘못을 저지른 인물들이 약간 있어요. 극단적인 심문을 했지만 다 국가를 수호하기 위해서예요"라고 말할 수도 있었어요. 이렇게 했었다면 가령 워터보딩(waterboarding, 물고문의 일종―옮긴이)을 지지하고도 남았을 다수의 사람들을 더욱 부추겼을지도 몰라요.

이 문제들을 얘기하면서 저도 애증이 교차하는데 왜냐면 저들이 공공연히 거짓말을 하면서 이런 일들을 비밀리에 저지르고서 부인하는 데 매우 화가 나면서도, 다른 한편으로는 저들이 공공연히 자신들을 지지해달라고 부추기기 위해 이러한 정책들을 천명할 때 사용하는 것과 같은 대중선동의 기술이 두렵거든요.

이 모든 것은 물론 두번째 테러공격이 있으리라는 걸 교묘히 상정하는 일이지요. 많은 사람들은 두번째 공격이 있게 되면 모든 걸 파괴하리라는 것, 훨씬 더 명시적인 세력과시가 있으리라 가정하죠.

탐 그걸 믿으세요?

대너 아무렴 충분히 가능하죠. 9·11이 발생한 지 1년 뒤쯤이었다면 정말 그런 일이 벌어졌을 거예요. 지금은 시간이 지났으니 확실치는 않아요. 저들은 훨씬 수세적인 정치적 입장에 놓여 있어요. 어떤 종류의 공격이었으며 그것이 예상했어야만 했던 종류의 공격이었는가에 따라 다르겠죠. 다시 말해, 최소한 미리 막을 수 있는 공격이었다는 사실을 미국민에게 납득시킬 수 있느냐 말입니다.

탐 미래를 예측하는 것은 항상 위험하지만, 완전히 다른 각도에서 이 행정부가 스스로 무너지거나 국면을 타개하는 걸 상상할 수 있습니까?

대너 대개의 경우와 마찬가지로, "저는 예측을 안해요. 특히 미래에 대해서는 안하죠"라는 요기 베라(Yogi Berra, 뉴욕양키즈 소속의 야구선수. 17년 동안에 팀을 10번 월드씨리즈 챔피언으로 만들었는데 야구에 관한 유명한 격언으로 잘 알려져 있다―옮긴이)의 말이 딱 맞아요. 노골적인 정치권력에 관한 한 지금 행정부의 견고한 지지대는 분명 국가안보예요. 9·11 덕분에 공화당은 냉전의 종말로 잃어버렸던 국가안보에 있어서 확고한 우위를 되찾았어요. 이 행정부가 멋지고 거침없이 효과적으로 한 일이 한가지 있다면 그건 테러와의 전쟁을 정치적으로 이용한 일이죠. 2006년 선거에서 그걸 다시 한 번 써먹을 수 있을지 지켜봐야겠어요. 민주당도 기회는 있어요. 왜냐면 미국인들이 4년 동안 이러한 수사법에 신물이 났고 이라크전쟁과 허리케인 카트리나에 대한 대응 및 의료보험의 난맥상과 무엇보다도 행정부의 전반적인 무능력과 부패로 깨달은 바가 있기 때문입니다.

현 행정부가 지금 국면을 타개할 수 있을까요? 좌파쪽의 많은 사람들이 탄핵을 발의하자는 의견을 내고 있지만 그게 가능할지는 의문이에요. 우선 정치 일정을 보면, 이란―콘트라 시절로 치자면 지금은 민주당이 2008년에 백악관을 탈환하는 데 방해가 되기 때문에 탄핵을 하지 않을 싯점에 이르렀어요. 민주당은 또한 1998년의 탄핵으로 공화당이 어떻게 되었는지 목격했죠. 역사상 처음으로 한 대통령의 재임기간에 치러진 중간선거에서 공화당은 의석수에서 졌어요. 기억하시겠지만 이는 뉴트 깅그리치의 갑작스런 몰락으로 이어졌죠. 다른 한편 오는 11월에 민주당이 상원이나 하원 중 한 곳을 차지한다면 조사를 통해서 지금 행정부가 심하게 다칠 수 있는 분야들이 있는데, 실제로 관리들을 조사하여 고발하고 유죄판결을 내리며 감옥으로 보내는 공격적인 의회위원회의 목표물이 자신들임을 알게 되었을 때 부시측 인사들이 어떻게 반응할지는 예측하기 힘들어요. 실질적으로 그 임무를 수행하는 의회가 있다고 해도 테러리즘이 미국의 정치씨스템에 체현되어 있는, 우리 시대의 핵심적인 정치 현실에 직면해야만 할 거예요. 말하자면 두려움이 최고의 이득이 되는 정치적 감정으로 통용되는 정치씨스템에서는 행정부가 공포를 확산하는 데 엄청난 공을 들일 거라는 얘기죠. 행정부에는 국가안보를 맡은 관료주의에 대한 공격은 사람들의 안전에 대한 공격이라고 얘기할 힘이 있어요.

뉴스는 오히려 인간을 둔감하게 만든다

탐　당신의 경력 중 초기에 속하는 1980년대 엘 쌀바도르에서 있었던 끔찍한 학살을 상기하면서 이제 이라크 문제로 돌아가보려고 합니다. 미국이 훈련시키고 지원한 쌀바도르 군대가 자행한 학살의 뒷얘기를 보도하셨죠. 레이건 시절의 초반부와 현재를 비교해주실 수 있나요? 너무나 많은 등장인물들이 동일한 것으로 밝혀졌는데 가령⋯⋯

대너　엘리엇 에이브럼즈(Elliott Abrams, 국가안보회의 참모. 레이건 시절에도 정보국에서 활약한 바 있다—옮긴이)를 포함해⋯⋯

탐　⋯⋯체니, 럼즈펠드, 네그로폰테(J. Negroponte, 국가안보국장을 지낸 현 국무부 차관—옮긴이) 및 기타 인물들도 있죠. 좀더 일반적인 의문도 고려해주셨으면 해요. 미국은 왜 그렇게 정기적으로 피비린내나는 일에 몰두할까요?

대너　이거 참. 레이건행정부 초기에 있었던 엘 모조떼의 학살(1981년 엘 쌀바도르의 엘 모조떼 마을에서 미국 군사학교 출신 병사들이 저지른 민간인 학살사건—옮긴이)을 돌이켜보면, 그 일을 통해 임무를 새로 맡은 레이건 관리들과 새롭게 호전성을 드러낸 쌀바도르 군대가 쌀바도르에 선을 그어서 남반구 내에서는 이른바 공산주의적 이해관계의 진전이 계속되는 것을 허

엘 모조떼 학살자 발굴 현장

용치 않겠다는 새로운 결심을 했음이 드러난 사실이 눈에 띕니다.

지금과 그때를 비교하면, 사실을 부인하고 무자비하게 부인행위를 고수하려는 확고한 정부의 의지를 꼽을 수 있어요. 왜냐면 엘 모조떼와 관련된 일이 현재 반향을 일으키는 이유는 『뉴욕 타임즈』와 『워싱턴 포스트』의 레이먼드 보너(Raymond Bonner)와 앨머 길러모프리에토(Alma Guillermoprieto) 두 기자가 몇주 만에 학살 현장에 도착하여 이야기를 취재했기 때문이에요. 이 이야기들은 미국에서 가장 영향력있는 두 신문의 머릿기사를 장식했지요.

탐 지금보다 그때가 더 영향력이 있었죠.

대너 그렇죠. 『뉴욕 타임즈』와 『워싱턴 포스트』가 실질적으로 지배하던 시절에는 행정부가 당당히 나서서 학살이 있었다는 걸 부인했고 그 관점을 고수할 수 있었죠. 암살부대가 쌀바도르 정부에 의해 쫓겨난 사실도, 미국 대사관이 이 모든 것을 알고 있었다는 것도, 이런 일은 일어나서는 안되며 그럴 경우 원조를 중단하는 게 미국 정부의 공공정책이었다는 것도 우린 기억하고 있어요. 그러나 새로운 분노가 터져나올 때마다 언론은 예의바르게 정부의 부인과, 암살부대와 미국이 지원하고 있는 정부 사이의 연관성에 대해서는 실제로 아는 게 없다는 쌘쌀바도르 주재 대사관의 부인을 보도했습니다.

그래서 이런 결론에 이르게 됩니다. 많은 이야기들의 경우에 정보가 아니라 정치학이 문제라는 것. 정보가 부족한 게 아니라는 것이죠. 그런 정보가 밝혀졌을 때 그게 쉽사리 부인되고 권력자들은 현실을 보는 자신들의 관점을 강요할 수 있다는 점이 문제예요. 상충되는 정보가 분명한데도 정치권력은 현실을 부인했습니다. 우리 시대를 관찰하면 그런 현상이 뚜렷이 각인되어 있음을 볼 수 있습니다. 이는 상대적으로 궁벽한 중앙아메리카의 한 나라에서 벌어진 학살보다도 훨씬 도가 지나친 짓이에요. 미국을 침략하지도 않은 나라를 침공하여 죄수를 고문하고, 고문의 증거가 분명한데도 그런 사실을 부인하며, 정부가 명백히 법을 어겨가며 국내사찰을 감행하면서도, 대통령은 그 일을 계속하겠다고 선언하는 정책들과 발언들을 서슴지 않는 것이죠. 이 모든 경우 정보가 아니라 정치가 문제입니다. 우리 시대 언론인의 본보기는 워터게이트이기 때문에 이는 기자들로서는 받아들이기 힘든 사실이겠죠. 잘못된 일이 실제로 폭로되고 또 일종의 고통스런 영원회귀처럼 계속해서 폭로되더라도 아무런 결과가 없는 현실을 언론인들이 납득하기는 매우 어렵습니다.

탐 이걸 이라크에 적용해보죠. 이라크에 세번 다녀오셨죠. 말로만 듣던 땅에 도착해서 실제 나라를 보는 게 놀라운 일이었을 텐데요.

대너 이라크에서 가장 눈에 띄는 것 중 하나는 여기서 사람들이 알고 있는 이야기와 실제 이야기 사이의 엄청나게 커다란 간극이에요. 우선 으스스하고 보안 조치가 강요된 이라크의 풍경을 이곳 사람들에게 전해주기가 매우 어려워요. 수마일에 걸친 파괴된 콘크리트 벽과 철조망, 차를 몰고 다니며 취재를 시도할 때의 항시적인 공포, 도처에 지속적으로 동반하는 죽음 등. 이라크에서 벌어지는 대부분의 살인은 이곳에 보도되지 않는데도, 파괴된 벽과 철조망과 무수한 무장군인들을 뒤에 둔 채, 경비가 철통같은 호텔 지붕에 서서 한 방송 기자가 보도하는 것을 보면서 미국 시청자들은 전쟁을 목격하고 있다고 생각합니다. 그 기자가 그날 그 호텔을 빠져나올 수 있을지 없을지도 모르면서요. 많은 기자들이 끔찍한 상황에서 비범한 일을 수행하고 있지만 제가 알기론 그런 상황에서 제대로 된 보도를 하기란 거의 불가능합니다.

결국 우리가 아는 이라크는 아주 복잡하고 아주 폭력적인 현실의 작은 단면에 불과해요. 끊임없이 반복되는 좋지 않은 소식과 거기서 계속적으로 벌어지는 죽음은 미국의 뉴스씨스템에 묻혀버렸어요. 무슨 말이냐면, (전에는) 열명이 죽으면 신문 1면을 장식하거나 "단신"이 아니라 네트워크 뉴스에 실제로 촬영된 영상이 나갈 수도 있었지만, 지금은 그보다 더 많이 죽어야 해요. 얼마나 전쟁이 악화되었는지에 온 나라와 뉴스 미디어가 갈수록 둔감하게 되어서, 그곳에서 평균적인 속도로 발생하는 죽음, 곧 전쟁 전에 그런 일이 예상되었다면 끔찍했을 결과, 그럴 줄 알았다면 애초에 아무도 전쟁을 지지하지 않았을 끔찍한 결과, 이 끔찍한 결과를 우리는 당연하게 받아들이는 기준선으로 삼게 된 것이죠.

기사가 뉴스의 공간을 차지하기 위해서는 극히 끔찍한 공격이 필요합니다. 오늘자 『뉴욕 타임즈』에는 폭동이 시작된 이래로 공격 횟수가 꾸준히 증가하고 있다는 놀라운 보도가 있었어요. 공격이 무자비했다는 얘긴

데 이는 전쟁에서 미국과 이라크가 성공하고 있다는 모든 보도에도 불구하고 폭동이 점차 만만찮아진다는 걸 말합니다. 그 기사는 A12면에 실렸어요. 뉴스거리도 아니죠. 같이 딸린 기사는 이라크 기반시설의 실패에 관한 것이었어요. 미국이 이라크 기반시설에 대략 미국돈 160억달러를 퍼부었는데 바그다드 주민 한사람당 평균 전기공급시간은 24시간에서 4시간으로 줄어들었어요. 기반시설에 관련된 모든 숫자들이 하향곡선을 그려서, 당신이 만약 이라크인이라면 현재 납치되거나 폭탄에 죽거나 혹은 날아가고 아이들이 납치될 확률이 훨씬 더 많아진 것도 모자라 미국 치하에서 삶의 질마저도 꾸준히 저하된다는 것을 알았을 거예요. 이런 일은 거의 미국인들에게 알려지지 않아요. 실제로 이런 이야기는 대체로 1면을 벗어나, 오웰(G. Orwell)이 잘 그려낸 바 있는 동아시아와 오세아니아 간의 아득하고 끝없는 전쟁의 축소판이 되어갑니다.

이라크가 실패작이라는 점은 행정부의 고위층 사이에서는 널리 알려져 있다고 봅니다. 또한 많은 사람들에게 전략적 측면에서 이라크전쟁은 파국이 될 수 있다고 인식되어 있어요. 왜냐면 본질적으로 이란에 우호적인 시아파 이슬람 정부를 만드는 바람에 다른 건 몰라도 미국이 핵문제에 있어서 이란을 적절하게 압박하는 일은 불가능해졌기 때문입니다. 이번 점령은 이 지역의 수니파 독재자들에 의존해온 미국의 50년에 걸친 걸프정책과 정반대로 귀결될 거예요. 그 정책은 잘못된 면이 많았어요. 몇십년 동안 독재자들을 지원함으로써 분명 알카에다와 그 아류들을 만들어내는 데 일조했어요. 하지만 문제는 부시행정부가 그것을 대체할 만한 아무런 방안도 없이 그 정책을 본질적으로 폐기했다는 점이죠.

실현 가능하고 믿음직한 정치적 대안의 필요성

탐 "내가 작가가 된 이유의 일부분은 들은 것과 볼 수 있는 것 사이에

크게 벌어진 거리를 어찌할 수 없다고 보았기 때문이라고 생각합니다"라고 쓰셨어요. 지금 그 벌어진 틈은 누구나 알 수 있어요. 제게는 우리가 이상하게도 소집 해제된 상태에 있는 것 같아요. 궁금했던 것이, 만일 당신이 기자 중 한사람이라면 지금 이슈는 뭐죠? 상기시켜줄 수 있겠어요?

대너 고맙게도 아주 우울한 논점을 아주 우울한 방식으로 제기하는군요. 잘하셨어요. 실제로 그 벌어진 틈은 이제 누구나 알 수 있고 또 힘도 빠지게 만드는데, 어떤 면에서는 현실이 상관없다는 결론에 가까이 다다를 위험이 있기 때문이겠죠. 신문 안쪽 면에서 미국 관리들이 이라크에서 기금을 횡령한 일에 대한 기사를 볼 때, 이로 인해 아무도 처벌받지 않을지도 모른다는 걸 깨달을 때, 밀란 쿤데라(Milan Kundera)의 소설을 생각하고 1950년대와 60년대 동유럽에서 사는 일이 어떤 것이었는지에 대한 그의 생생한 묘사를 떠올립니다. 모두가 부패와 권력남용, 정부의 무능 및 얘기되는 것과 실제로 벌어지는 일 사이의 벌어진 틈새를 다들 알고 있으면서도 아무도 어떻게 해볼 도리가 없던 그 쏘비에뜨 씨스템의 묘사를요.

탐 미국이 일종의 브레즈네프 시기에 처한 건가요?

대너 그렇게까지 비유할 수 있을지는 확실치 않아요. 브레즈네프 시기라면 하나의 씨스템이 노인성 쇠약에 다다랐다는 말을 할 수 있다는 얘기거든요. 현재 미국이 그 당시의 동유럽을 방불케 한다고 말하는 것은 결코 아니지만, 우리가 진실로 알고 있는 것과 공식적으로 승인된 현실 사이의 간극과, 이 간극이 사라질 수 없을 것이라는 면에는 유사점이 있어요. 반면에 부시의 지지율 추락, 특히 '미국이 제대로 가고 있다고 보십니까?'라는 극히 중요한 질문이 참담하게 추락한 것은 많은 사람들에게 이 간극이 광범위한 영향을 미쳤다는 걸 보여줍니다. 거기서 약간의 위로를 받기도 합니다.

　민주당은 누가 이 나라를 운영하길 원하는가에 대한 일반 여론조사에서 아주 선전하고 있어요. 이게 물론 중간선거에서도 그렇게 나타날 거라는 뜻은 아니죠. 오히려 사람들이 공포 때문에 아무리 둔감해졌다고 해도 전쟁이 실패작이었으며 가령 카트리나나 범국민의료보험 프로그램 같은 사안에서 정부가 아주 잘못했다는 사실을 볼 수 없을 정도는 아니라는 뜻이죠. 결국에 문제는 어느정도 실현 가능하고 믿음직한 정치적 대안이 있어야만 한다는 것인데, 이 행정부에 반대하는 정치 엘리뜨는 신뢰할 만한 대항프로그램을 정식화할 수 없었습니다.

　이 일의 핵심에는 국가안보라는 문제가 있습니다. 베트남전쟁이 끝난 이후 각종 여론조사에서 미국인들은 자신들을 보호하는 일에서 민주당보다 공화당을 더 믿는다고 했습니다. 여론조사에서 흔한 진부한 표현이죠. 지금 같은 특정한 시기에는 역설 때문에 더 악화되었습니다. 만일 민주당이 솜씨 좋게도 단지 이라크전쟁만이 아니라 좀더 광범위한 테러와의 전쟁을 공격한다면—부시행정부는 이 둘을 연결시키는 데 뛰어났지요—만일 민주당이 이런 일을 하는 데 성공한다면 실제로 공포라는 극도의 정치적 감정에 불을 붙이는 형국이 될 겁니다. 공화당은 공포심을 아주 성공적으로 이용해왔어요. 원인이 어디에 있든, 공포는 공화당과 그들이 제공하는 자칭 강한 지도력을 이롭게 하는 것 같아요. 2004년 선거에서 그들의 기본 전략은, 써프보드(Surfboard, 파도타기에 사용하는 보드—옮긴이)가 어울리는 친구 케리를 뽑으면 당신들을 죽게 만들 거다,라는 것이었어요. 당시에는 상당수 사람들이 그걸 믿으려 했어요. 그 낡은 만병통치약이 여전히 만만한 구매자를 얻을 수 있을지는 불투명해요. 저도 의심이 가고요.

정치적 무기력에서 벗어나야

탐 땅거미가 내려앉고 있으니 이렇게 마무리하죠. 수년 동안 끔찍한 상황에 놓인 몇몇 국가들에 관해 보도하셨죠. 어디선가 그들 나라들을 국무부 말투로는 TFN, 즉 '완전히 맛이 간 나라들'(totally fucked-up nations)이라고 표현하셨어요. 집에 돌아오면 어머니께서 늘 "기분전환 겸 어디 좀 근사한 곳에 가보지 그래?"라고 하셨다죠. 자, 해가 지는데 금문교를 배경으로 지금 여기 안뜰에 앉아 있어요. 근사해 보이네요. 질문을 드리죠. 여기가 근사한가요, 아니면 지금 보도하면서 가르치고 있는 이곳이 '완전히 맛이 간 나라'인가요?

대너 (마음껏 웃으면서) 오 이런 풍경이 단지 현실에서는 완전히 맛이 간 나라를 감추는 빛나는 그림 같은 가면에 불과하다는 얘긴가요? 정말로 완전히 맛이 간 나라라는 지경에 이르기 위해서는 아직도 갈 길이 멀다고 봅니다. 이 나라는 정치적 진화에서 아주 바닥에 있는 셈이죠. 테크닉과 방법과 신념에 있어서 이만큼 극단적인 정부에서 살아본 적이 분명 없어요. 제 생애에 이에 견줄 만한 정부를 본 적이 없어요.

진리를 소중히 생각하고, 진리는 실제 권력있는 사람들 마음대로 결정된다는 주장 — 지금 행정부는 그렇게 생각하겠지만 — 을 믿지 않는 사람들에게 지금은 힘든 시절입니다. 많은 사람들이 그렇게 믿지 않는다는 사실에서 저는 위안을 느낍니다.

미국엔 두가지 근본적인 위험이 있어요. 하나는 이 모든 문제들과 상관없다고 생각하는 정치적 무기력 상태에 빠지는 것이죠. 정치는 엿이나 먹고, 우리나 잘살아보자. 정치적 참여에서 빠지겠다는 매우 자연스런 반응이지만, 아주 잘못되고 아주 해로운 태도라고 봐요. 다른 위험은 지금 행

미국의 대표적 보수언론인 폭스 뉴스

정부와 똑같이 현재 벌어지는 일을 과장·왜곡하는 식의 매우 바르지 못한 태도를 보이는 것입니다. 정치적 목적이라는 명분으로 과장하고 침소봉대하여 진실을 바꾸는 일은 제 생각엔 아주 매혹적입니다. 매혹적이에요. 지금처럼 폭스 뉴스(Fox News)가 존재하는 것을 보면 그 반대편에서도 비슷한 뭔가를 하고 싶지요. 그러나 폭스 뉴스와 정반대로 침소봉대하는 행위는 제 소임이 아니라고 생각하고 그게 많은 현역 작가들과 언론인들의 일거리도 아니라서 다행이에요.

조금 전 이런 시대에 기자는 무엇을 해야만 하는지 물으셨죠. 사람들이 심지를 굳게 지니도록 하고, 계속해서 무엇이 진실인지 보도하며, 국가안보국(NSA) 관련 이야기 같은 것을 취재해야 하고, 이 모든 것을 기록하는 일이 엄청나게 중요하다고 생각합니다. 왜냐면 결국 그게 기자가 할 일이고, 기자의 일이 진짜 소중하고 — 이런 표현을 용서한다면 — 정말 신성하기 때문입니다. 기자들은 실제로 무슨 일이 벌어졌는지 얘기하려고 하니까요.

• 이미 어두워진 복도를 걸어나오면서 자동차까지 이어진 돌계단을 조심스레 걷는데, 그가 소리쳤다. "사슴 조심하세요! 밤중 요맘때쯤 녀석들이 나오곤 해요!"

8장

이상한 나라의 냉철한 전사

찰머스 존슨 Chalmers Johnson

　부인 실라와 함께 나를 태우고 이글거리는 한낮에 쌘디에고 중심가로 차를 몰고 가는 도중에 그가 "저 선체 좀 봐!"라고 갑자기 소리쳤다. 푸르게 펼쳐진 항구 너머를 가로질러 쳐다보니 거대한 항공모함이 있었다. 그가 말하길, "저건 미 항모 '로널드 레이건'호인데, 태평양 함대의 최신 항공모함이죠. 떠다니는 체르노빌인데다 거대한 원자로 두개가 달린 전설적인 6인치 폭탄을 바닥에 장착하고 있어요. 한번 잘못 건드리면 미국에서 일곱번째로 큰 도시가 날아가버리죠."

　우리는 곧 남부 캘리포니아를 묘사할 때면 으레 등장하는 그 전설적인 고속도로 정체에 갇힌 채 해안가 위쪽에 있는 그들의 집으로 향하고 있었다. "우리 집은 그래도 꽤 북쪽에 있는 편이죠. 그래서 작열하는 태양도 있고 고양이도 기르고 짐을 싸서 애리조나 주의 쿼츠싸이트(Quartzsite)로

두 기의 원자로가 있어 한번 연료를 채우면 20년 동안 운항이 가능한 로널드 레이건호

가기도 하죠." 그가 흥겨운 목소리로 이렇게 덧붙이는 바람에 그와 함께 가는 길이 긴장되면서도 아주 즐거웠다.

미 해군에서 복무했고 지금은 미국 군사주의 역사를 연구하는 찰머스 존슨은 자신의 전직 복무지 근처에 살고 있다. 샌디에이고에는 제11해군지구의 사령부가 있다. 그는 "해안가 앞까지 군사 기지로 둘러싸여 있어요"라고 토를 달았다. "그건 그렇고, 이번 여름에 국방부는 2차세계대전 이후 태평양에서 가장 큰 규모의 해군 집결훈련을 계획중이죠. 항공모함 기동부대 네 척—그중 두 척은 대서양에서 오는데 거의 유례가 없는 일이죠—이 중국 연안에서 군사훈련을 합니다."

그날 오후 우리는 그의 집 식탁에 자리를 잡았다. 올해 74살인 그는 류마티스 관절염과 무릎 통증으로 다리를 절고 있었다. 지팡이를 짚고 걸었지만 정신만큼은 도시에서 가장 왕성한 축에 들었다. 창밖으로는 희한하고 거대한 수많은 선인장들이 보인다. (그의 말로는 "용설란(龍舌蘭)"이란 다. "갖고 싶으면 가져도 돼요. 여긴 지천으로 있어요. 청회색 떼낄라 화초에 피는 꽃은 75피트나 곧게 뻗죠! 그때가 되면 남부 캘리포니아의 벌새들이 다 모여요.") 저 멀리서 태평양이 반짝거린다.

존슨은 전직 군장교인 친구가 러시아에서 가져왔다는 검은 티셔츠를 입고 있었다. ("모스끄바 공항에서 히피들이 이걸 파는 걸 보고 재밌었대요.") 셔츠 앞면에는 키릴 문자로 된 '미하일 깔라시니꼬프'라고 새긴 글자와 그 밑에 '자유 투사의 동지, 소련제'라 쓰인 AK-47 소총 그림이 뽐내고 있었다. 뒷면에는 영어로 '세계 학살 기행'이라는 글자와 그 목록이, '걸프전, 아프가니스탄, 베트남, 앙골라, 라오스, 니까라과, 쌀바도르, 레바논, 가자지구, 까라바흐, 체첸…… 다음에 계속'이라고 나열되어 있었다.

1950년대에 해군 중위(하급)로 복무했고 1967년부터 1973년까지 중앙정보국 상담역을 역임한 존슨은 버클리 소재 캘리포니아 대학에서 몇년 동안 '중국학연구쎈터'를 운영했다. 그는 베트남전쟁을 지지했지만 ("그런 점에서 난 분명 그 시대 사람이었죠"), 아마도 전후 동일 세대 중에서 본인의 책 『반격』(*Blowback*)의 서문에 다음과 같은 구절을 쓸 수 있었던 유일한 인물이기도 했다. "문제는 내가 국제공산주의운동에 대해서는 너무나 많이 알고 있었지만 미국 정부와 국방부에 대해서는 충분히 알지 못했다는 점이다. 돌이켜보니 내가 반전시위운동에 동참했더라면 하는 생각이 든다. 소박하고 질서도 없었지만 반전시위는 옳았고 미국의 정책은 잘못이었다."

일본 전문가로서 오랫동안 정력적으로 일한 후에 은퇴하여 그는 2000년 별로 주목받지 못한 그의 예언적인 책 『반격: 미 제국의 댓가와 결과』(*Blowback: The Costs and Consequences of American Empire*)를 펴낸다. 9·11 이후에 그 책은 베스트쎌러가 되었고, "반격"은 중앙정보국에서 미국의 비밀작전에 대한 보복을 일컫는 용어로 널리 쓰이게 되었다. 그뒤에 그는 『제국의 슬픔: 군사주의, 비밀, 공화국의 종말』(*The Sorrows of Empire: Militarism, Secrecy, and the End of the Republic*)을 썼다. ("학문적 주제로 미 제국은 대체로 금기예요. 이제 편안하게 은퇴했지만 학자로서의 경력은 성공적이었어요. 누가 조금만 엄호해준다면 오늘날 젊은 학자들도 그 주제를 채택해서 미 제국의 측면들을 연구하기 시작하리라는 것을 알게 되었어요. 누군가 선구자가 필요한 것이죠. 몇몇 옛 대학원생들이 얘기하길, '선생님은 잃을 게 없으시잖아요. 앞장을 서지 않으실 거라면 저희에게 미군 창녀촌이 터키에 미친 영향에 관한 연구를 기대하실 이유가 없죠'라고 하더군요. 까짓것, 그래 해보자, 해볼 만한 주제다!")

그는 '반격 삼부작'(Blowback Trilogy)의 마지막 책을 막 끝낸 참이었다. 『네메씨스』(*Nemesis*)라는 제목이란다.

머리가 비상하고 정력적이며 기개도 뛰어나며 진정한 염려와 철저한 냉소를 번갈아 보여주는 그는 타고난 입담꾼이다. 우리의 만남은 이름만 인터뷰에 불과했다. 인터뷰 대담자가 따로 있을 필요가 없었으니까. 생각하고 있던 질문으로 시작은 했지만 사실 그럴 필요조차 별로 없었다.

탐디스패치 당신의 생애에서 매우 두드러진 순간, 즉 냉전이 끝났을 당시 얘기부터 해보죠. 냉전종말이 어떤 의미였죠?

이상한 나라의 냉철한 전사

찰머스 존슨 저는 냉철한 전사였어요. 의심의 여지 없이요. 소련이 진짜 위협이라고 믿었죠. 지금도 그렇게 생각해요.

어떤 면에서 소련이 어느정도 이상주의를 고취했다는 점은 분명합니다. 제 주위에 제가 존경하는 어르신들 중에는 내무인민위원회(NKVD, 소련 첩보기관인 KGB의 전신 — 옮긴이)와 강제수용소 때문에 공산주의와 오래전

현 캘리포니아 버클리대 일본정책연구소장인
찰머스 존슨

에 결별했는데도 불구하고 지금도 '인터내셔널 노래'만 연주되면 일어나지 않고는 못 배기는 사람들이 있어요. 쏘비에뜨로부터 우리를 보호해야 한다고 생각했죠.

제가 보기에 미국의 기형적인 군사체제, 즉 엄청난 규모와 거기에 투입되는 엄청난 물량, 아이젠하워가 확립한 군산복합체(Military-Industrial Complex)의 성장이 정당화될 수 있는 유일한 이유는 소련의 존재와 미국에 맞서려는 소련의 결의 때문이었죠. 소련이 전세계적이며 매우 강력했다는 면이 중요했지 어느 누구도 소련의 약점들은 충분히 예상하지 못했어요. 소련 지도자 레오니드 브레즈네프(Leonid Brezhnev)의 실권이 정점에 있던 1978년 소련에 가본 적이 있어요. 그 당시에 소비자 경제가 존재한다는 느낌을 전혀 받지 못했죠. '미-캐나다협력기구'에 있던 동료들은 전부 "이게 웬 떡이야, 괜찮은 그루지야산 백포도주를 찾았어," 혹은 "꾸바 사람들은 근사한 것을 갖고 있지. 그 사람들 술집에 가자구!"라고 했지만, 막상 가게에 가보면 살 수 있는 거라곤 보드까뿐이었죠.

아주 불편한 세계였지만 어떤 것들은 정말 뛰어났어요. 미국은 본토를 보호할 미사일 방어를 이야기중인데, 현재까지 미국이 만든 미사일 방어 체계를 뚫을 수 있는 무기를 보유한 나라가 딱 하나 있는데 그게 러시아예요. 그들이 보유한 (SS-27로도 알려진) Topol-M 미사일을 상대할 무기가 미국엔 없어요. 레이건대통령이 '스타워즈 계획'을 세우겠다고 말했을 때 이 영리한 소련 무기제조자들은 "우리가 막을 거요" 했는데 실제로 막았어요.

뉴욕 주 상원의원 대니얼 모이니핸(Daniel Moynihan)이 말했듯이 1980년대에 소련의 몰락을 예견하지 못한 중앙정보국이, 그러니까 소련의 경제가 정말 열악한 상태여서 아프가니스탄전쟁과 몇몇 다른 일 때문에 붕괴될 것이라는 사실을 파악할 수 없었던 이 320억달러짜리 정보기관이 무슨 쓸모가 있을까요.

1989년에 소련 지도자 고르바초프(Michail Gorbachev)는 결단을 내립니다. 독일이 베를린장벽을 무너뜨리는 것을 막을 수도 있었지만 러시아의 장래를 위해 그는 스딸린이 동유럽에 만들어낸 저 비참한 위성국가들보다는 차라리 독일 및 프랑스와 우호적인 관계를 맺겠다고 결단을 내렸어요. 그래서 장벽이 무너지는 걸 그냥 지켜보았는데 그러자 곧 전체 소련 제국이 무너지기 시작한 것이죠. 우리가 오끼나와(沖繩)인들이 오끼나와에서 미국인들을 몰아내는 것을 방관하고 방치했다면 유사한 일이 미국에서도 일어났을 거예요. 일단 시작되면 막을 수 없을 형태로 미 제국도 붕괴될 가능성이 있다고 봐요.

소련은 내부에서 폭발했어요. 이게 미국에는 얼마나 훌륭한 교훈인지 모른다고 생각했지요. 지금은 폭발이 마무리되었고 실질적인 승리의 배당금, 진정한 평화의 배당금을 나눌 시기가 되었어요. 문제는 대규모 전쟁이 사라졌을 때 미국이 전과 마찬가지로 행동할 수 있느냐는 것이죠. 2차 대전 이후 미국은 매우 급속하게 군비를 축소했어요. 물론 1947년에 아주 신속하게 재무장을 시작했지만 당시 미국의 군사력은 보잘것없었죠.

1989년 베를린장벽이 붕괴된 것보다 저를 더 놀라게 만든 일은 바로 이거예요. 군산복합체와 국방부 기구와 전세계에 주둔중인 함대의 존재를 완전히 정당화하기 위해, 모든 미군기지들이 폐쇄된 상황에서 미국은 순전히 반사적인 대응책으로 즉시 대체 적국을 찾기 시작했어요. 미국의 지도자들은 냉전체제가 붕괴되는 것을 그저 지켜볼 수만은 없었던 거죠.

제게는 그게 충격적이었어요. 또한 미국 대중들이 무관심해 보여서 그에 못지않게 충격을 받았죠. 지도자들이 한 일은 아주 형편없었어요. 아버지 조지 부시가 대통령이었죠. 그는 즉각적으로 아프가니스탄에 더이상 관심이 없다고 선언했어요. 끝났죠. 그렇게 미국이 지금까지 했던 가장 대규모의 비밀작전을 수행하고는 그냥 손 털고 나오는 통에 얼마나 큰 댓가를 치렀나요. 그 바람에 1980년대에 미국이 소련과의 전쟁을 위해 모집했던 모든 아프간인은 한순간에 미국을 적으로 간주하고 되갚기 시작했어요. 그 모든 것 중 가장 큰 반격은 물론 9·11이었지만 그전에도 그런 일이 많았어요.

너무 어리둥절해서 무슨 일이 벌어진 것인지 알아야겠더라구요. 냉전이 미국에서는 영구 지속되리라는 점—동일한 구조, 동일한 군사적 케인즈주의, 무기생산에 깊이 의존하는 경제—이 분명해졌을 때 거의 즉각적으로 떠올랐던 핵심 의문은 이랬어요. 냉전이 사실은 뭔가 다른 것을 감추기 위한 위장술을 뜻하는가, 그 다른 뭔가가 2차대전중에 대영제국을 계승하여 전세계적으로 구축된 미 제국을 의미하는가?

그렇게 되자 이렇게 말하게 되었죠. 그래, 냉전은 미국이 주장했던 것과는 달리 전체주의적 가치들과 민주주의적 가치들 간의 확연한 갈등이 아니다. 1950년대 어느 싯점의 서유럽에서는 그런 식의 주장을 할 수도 있지만, 일단 중국과 동아시아에서 벌어진 두 전쟁 즉 한국전쟁과 베트남전쟁을 고려하면 전체 구도가 와르르 무너지고, 이로 인해 저는 뭔가 다시 생각해야 했어요. 여러번 있었던 일인데, 잘난 체하는 2학년생이 저더러 "일관성이 없으시군요?"라고 하더군요. 대개는 영국 경제학자인 케인즈의 유명한 발언으로 답을 하곤 하는데, 케인즈는 언젠가 일관성이 없다고 추궁받자 "글쎄 새로운 정보를 얻으면 나는 내 입장을 재고해요. 그쪽은 새로운 정보가 있으면 어떻게 하세요?"라고 대답했다죠.

소련이 무너진 후 5년 동안의 개인적 경험 역시 국제관계에 대한 제 생각을 훨씬 근본에서부터 재고하게 만들었어요. 매우 심각한 사건이 벌어지기 직전에 주지사의 초청을 받아 오끼나와를 방문한 적이 있어요. 1995년 9월 4일 미 해병대 병사 두명과 선원 한명이 열두살짜리 여자아이를 강간한 일이 벌어졌습니다. 그로 인해 미국의 핵심 동맹국인 일본에서 1960년 안보조약이 체결된 이래 가장 큰 규모의 반미주의가 분출되었어요.

일생의 대부분을 일본 연구에 보냈지만 저는 그전에는 오끼나와에 가본 적이 없었어요. 하와이의 카우아이(Kauai) 섬보다 작은 섬에 미군기지 서른두개가 있고 그 때문에 섬 주민들은 엄청난 압박을 느낀다는 사실에 어리둥절했지요. 한명의 평범한 냉철한 전사로서 저의 첫 대응은 오끼나와가 예외임에 분명하다고 생각한 것이었습니다. 오끼나와는 잘 알려지지 않은 지역입니다. 미국 언론은 취재하지 않아요. 군사 식민지예요. 미군은 1945년 오끼나와 전투 이래 그곳에 계속 주둔했어요. 식민지 분위기가 물씬 풍겼어요. 그렇지만 저는 이게 그저 미국이라는 거대한 체제의 표면에 붙은 계시적이지만 불행한 뽀루지 정도라고 여겼죠. 그런데 공부를 하다보니까 오끼나와가 예외가 아니란 것을 발견했어요. 표준이었어요. 전세계 모든 미군기지에서 확인할 수 있는 것이었어요.

미국은 뛰어난 편집기술자

탐 미국이 전세계에 주둔하는 방식 때문에 결정적으로 세계에서 미국

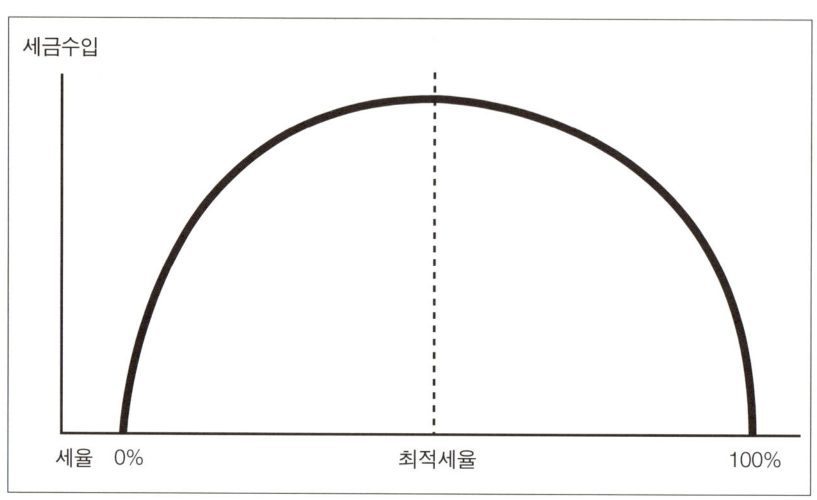

세율과 세수의 상관관계를 나타내는 래퍼곡선

이 차지하는 위치를 다시 생각하게 되신 거군요. 국방부의 기지정책을 다룬 장들은 지난번 책 『제국의 슬픔』의 핵심이었죠. 서평자들이 그 책을 좋아했을지 어떨지는 모르지만 어느 누구도 미국의 실제 기지들에 대한 당신의 견해를 다루지 않는 것이 이상하지 않으셨나요? 어떻게 생각하세요?

존슨 왜 그런지 모르겠어요. 왜 미국인들은 가령 미국내에 거대한 군용지를 만드는 일이 자연스러운 처리 방식이라고 당연시하는지 모르겠어요. 그 일엔 눈곱만큼도 자연스러운 구석이 없어요. 인위적이고 비용이 많이 들어요. 최근 들어 생긴 가장 흥미로운 의식 중 하나가 예고된 기지 폐쇄에 대해 법석을 떠는 일이에요. 결국 국방부가 불필요한 시설들을 폐쇄하는 일은 분명 합당한 조치이지만, 그렇게 난리치는 것을 보면 그런 생각이 안들 거예요.

미국사회에서 군산복합체의 영향력을 사람들이 우습게 대하는 것을 보면 언제나 놀라워요. 사람들은 공급측면의 경제학이나 래퍼곡선(Laffer Curve) 같은 완곡한 표현을 구사하지 인위적으로 일을 만들어낸다고는 말하지 않아요. 경제공황 때 일자리촉진국(Works Progress Administration)이 때로는 '구덩이 팠다가 다시 메우기' 계획이라고 불렸다면, 지금은 폭발하는 물건을 만들어서 사람들에게 팔아먹고 있어요. 미국의 무기는 전 세계 뛰어난 무기제조국들의 것에 비견되지 못할 정도로 별로 신통치 않아요. 그냥 아주 빨리 많이 제조할 뿐이에요.

탐 전문 편집자의 한 사람으로 말하건대 전세계를 둘러봐도 미국은 아주 뛰어난 편집기술을 가졌어요.

존슨 물론이죠. 미국은 부분부분 편집해버리죠. 쌘디에고 주민들은 이곳과 로스앤젤레스 사이에 거대한 제1해병사단의 사령부인, 캠프 펜들턴(Camp Pendleton)이라 불리는 군용지가 있다는 사실에 조금도 놀라는 것 같지 않아요. 한국전쟁기에 저 자신이 거기서 근무했어요. 불행하게도 당시 제가 복무하던 LST-883 부대의 소대장과 마찰이 있었어요. 한 장교를 캠프 펜들턴으로 보내라는 명령을 받았는데 그가 "누굴 보낼지 생각해두었지"라고 하더군요. 나였어요. (웃음) 결코 잊을 수가 없어요. 해병대 훈련 하사관의 세계는 완전 딴 세상이죠.

여러모로 자연환경을 열성적으로 옹호하는 사람으로서 저는 펜들턴이 그곳에 있는 것에 만족합니다. 하나의 완충지대죠. 한 10년 전쯤 사단장과 잠시 같이 시간을 보낸 적이 있어요. 조류 보호에 관해 이야기를 나누고 있었는데 그가 "저는 새들을 보호하라는 명령을 받고 있습니다. 부대원 하나가 새둥지를 가로질러 탱크를 모는 통에 군법회의에 회부할 거예요. 그 망할 놈의 새가 쌘클레멘트에 날아오려면 각오해야 할 거예요"라고 하더군요. 그때 든 생각은, '그게 당신들에 맡겨진 일 중 하나야. 왜냐면 여기서 진행되는 어떤 일도 별로 국가에 보탬이 되는 게 없거든'이었어요. 물론 요즈음엔 군대가 환경규제들에 고분고분 따르려 하지 않기 때문에 그 작은 혜택마저 사라져버렸어요.

탐 자, 원래 논점으로 돌아가서, 제국을 발견하셨는데……

군사기지로 이루어진 제국

존슨 찾았으니 개념화해야 했어요. 제국은 아주 흔하게 식민지 보유국으로 정의되지만, 분석해보면 제국은 헤게모니를 바깥으로 다른 민족에게 투사하여 그들로 하여금 자신들의 이해가 어떤 영향을 받을지에 상관없이 우리의 이익에 복무하도록 이용하는 것을 뜻하죠.

그럼 미국은 어떤 부류의 제국일까요? 제국의 단위가 식민지가 아니라 군사기지예요. 제국 개념을 옹호하는 사람들이 흔히 가정하는 바에 비해 그다지 특이한 것이 아니죠. 다시 말해 중동지역에 있던 로마제국의 주요 군사기지를 쉽게 셈할 수 있는데, 오늘날 그 지역에 주둔하는 데 필요한 것과 엇비슷한 숫자가 나와요. 약 38개의 주요 기지가 필요해요. 로마시대에 기지를 계획했듯이 오늘날에도 계획이 가능하죠.

군사기지로 이루어진 제국. 이 개념이 국방부가 인정한 전세계에 걸친 700여 군사기지들의 논리를 가장 잘 설명해줍니다. 근데 우리는 이게 미국인의 안전을 확보하기 위한 것이라고 그저 우스개를 떨고 있어요. 대개 미국은 자신이 수행한 전쟁에서 모종의 전략적 목적을 염두에 두고 이런 기지들을 점령한 것이 사실이에요. 전쟁이 끝났는데도 미국은 그 기지들을 포기하지 않아요. 그게 게임의 일부분인 것을, 전쟁에서 싸운 사람들을 위한 특전인 것을 알게 되었죠. 해병대는 오늘날까지도 자신들이 2차세계대전중 가장 피비린내나는 최후의 대전투에서 입은 손실 때문에 오끼나와에 주둔할 자격이 있다고 믿어요.

그런데 비록 군사기지로 이루어진 제국은 아니지만 제국이라는 개념이 얼마나 빠르게 젊은 부시와 동시대의 신보수주의자들에게 받아들여지던 지 놀랄 지경이었어요. 결국 많은 이들이 그랬듯 그 용어를 자랑스럽게 쓰는 것은 미국의 기원을 정면에서 대놓고 들이받는 일을 뜻합니다. 미국인은 다른 누구보다도, 아주 폭압적인 방식으로 통치하던 국왕을 공격한 반제국주의자라는 사실을 자랑스러워하곤 했으니까요. 제 생각에 그 자부심은 스페인-미국 전쟁까지가 고작이었어요. 물론 미국은 훨씬 이전에 이미 제국이 되었죠.

탐 지적했다시피 미국은 거의 모든 것이 군사화되었다는 점에서 현재 일종의 외다리 제국이 된 것 아닌가요?

존슨 그 점이 정말로 미 제국의 불길한 징조예요. 대부분의 제국에는 군대가 존재하지만 미 제국에서 군사주의는 정말 핵심적입니다. 국가방위나 정치적 목적에서 힘을 행사하는 차원의 군사주의가 아니라 하나의 생활방식, 부를 쌓고 안락을 추구하는 방식으로서의 군사주의 말입니다. 캘리포니아 오션싸이드보다 오끼나와에 주둔하는 제1해병사단이 현격하게 차이가 날 정도로 더 풍요롭게 살고 있습니다. 베를린장벽이 무너진 후 소련군대는 몇년 동안 동독을 떠나지 못했습니다. 집으로 돌아가고 싶어 하지 않았어요. 그들은 궁핍한 러시아로 돌아가서 살게 될 때보다 독일에서 훨씬 더 잘살고 있었으니까요.

대부분의 제국은 그러한 군사적 측면의 사정을 감추려고 하지요. 미국의 문제는 어떤 이유에서인지 사람들이 군대를 아낀다는 점입니다. 미국인은 군대를 사회의 축소판이라고 생각하며 효과적인 기구라고 여깁니다. 미국의 정치인들이 항시 환기하는 것이지만 "우리의 병사들을 지원하자"는 것보다 더 위선적인 말은 없습니다. 어쨌든 이 소년, 소녀들이 이제껏 존재했던 가장 존경할 만한 인물들은 아니며, 더구나 그들이 다른 사회에 개입하여 명목상 일을 잘해낸다고 칭찬받는 경우라면 더더구나 아닙니다. 게다가 미국사회의 고질적 일부인 인종차별주의도 아주 급속하게 출현합니다. 어떤 일이 벌어지는지 이해할 수 없는 사회에, 어떤 가련한 이라크인에게 영어로 고함치게 되는 그런 사회에 그들이 주둔하게 된다면 말입니다.

탐 미국의 제국 예산이 방위예산이라는 데 동의하시리라 짐작합니다. 그 점을 납득할 수 있게 설명해주시겠어요?

존슨 제국이 미국사회에 침투해 들어온 방식, 미국인들이 제국에 의존하게 된 방식에 제국의 한 측면이 있습니다. 로마제국, 대영제국, 일본제국 같은 과거 제국은 영국인들, 로마인들, 일본인들을 풍요롭게 하는 데 기여했습니다. 미국사회에서는 무기를 제조하고 판매하는 것이 얼마나 깊숙이 우리 삶의 방식이 되어버렸는지 인정하지 않으려고 합니다. 미국에는 실제로 주요 무기 제조업체가 불과 네곳 — 보잉, 록히드 마틴, 노스롭 그루먼, 제너럴 다이내믹스 — 밖에 없지만 이 회사들은 자신들의 막대한 계약들을 가능한 한 많은 주와 많은 의회선거구에 나누어줍니다.

국방예산은 국가를 파산으로 몰아가기 시작했어요. 국방예산에는 합당한 군사목적을 한참 넘어서는 막대한 자금이 투여되었죠. 전세계 총군비지출의 절반에 조금 못 미치는 수준에 달합니다. 그런데 미국은 지구상에서 가장 작고 가난한 두 나라에서 곤경에 처해 있거든요. 미국이 침공하기 전 이라크는 루이지애나 주 규모의 국내총생산을 보유했고 아프가니스탄은 분명히 지구상에서 가장 빈곤한 지역 중 하나였습니다. 그런데 이 두 지역이 미국을 저지했어요.

군사적으로 봐서 미국의 예산은 일관성이 없고 그리 현명하지도 못해요. 그 예산이 미국의 산업체에 자금을 대는 식으로 쓰인다는 점, 또는 미국이 여전히 그런대로 효과적으로 제조하는 몇 안되는 것들 중 하나가 무기라는 점을 깨달을 때만이 그나마 일관성이 있을 거예요. 국방예산은 기업들이 아니라 국방부가 대외 무기판매로 운영하는 거대한 수출사업입니다.

당연히 이것은 자유경쟁 사업이 아니지요. 네 거대 제조업체들과 오직 하나의 주요 고객이 있을 뿐이죠. 이건 국가사회주의고 미국 대학의 어떤 경제학 과목에서나 배울 수 있는 방식으로 경제를 운영하지 않아요. 이건 케인즈가 대공황을 극복하기 위해 옹호했던 것, 즉 고용유지를 위한 경기 역순환적 정부지출에 가깝죠.

미국은 기지 폐쇄 얘기만 나오면 집단적인 불안신경증을 겪는데, 이건 정치하고는 아무런 상관이 없습니다. 포츠머스 해군 조선소가 문을 닫는다면 뉴잉글랜드 사람들은 난리가 날 텐데 여기 샌디에고 사람들도 해병대 공군기지가 폐쇄된다는 얘기가 나온다면 반응이 비슷할 거예요. 군사기지는 항상 우리 기지라고 간주됩니다. 감히 우리 기지를 빼앗아가다니! 우리 하원의원이 다시 찾아와야만 해!

이것은 제가 미국의 군사주의와 미 군사제국의 가장 음험한 측면이라고 생각하는 점을 예증합니다. 더이상 떨쳐버릴 수가 없어요. 우리가 마약에 중독된 것처럼 빠져 있기 때문이 아니에요. 그냥 그렇게 둔다면 미국 경제가 몰락하기 때문인데 그걸 다들 알고 있어요. 그게 바로 끔찍한 점이죠.

전례를 살펴보면 정말 소름이 끼칩니다. 가장 큰 규모의 군사적 케인즈주의의 유일한 이전 사례는 독일인데, 불황과 경기침체로 넋이 빠진 경제를 살리고, 벼랑 끝까지 갔던 사람들을 구제하여 경제를 회복시켰죠. 아돌프 히틀러는 1933년 총통이 되고 난 후 5년 동안 현대의 천재 가운데 한 사람으로 칭송되었습니다. 사람들이 일터로 되돌아갔지요. 이것은 전적으로 군사적 케인즈주의 즉 나찌당과 독일 제조업의 동맹관계에 의해 이루어졌습니다.

당시 많은 이들은 그것이 본래 케인즈주의의 문제들에 대한 해답이라고 주장했어요. 케인즈주의는 공장을 재가동하기 위해 인위적으로 정부의 수요를 창출하는 과정인데 노동조합과 노동계급을 강화하는 것으로 간주되었어요. 자본가들은 노동계급을 강화하는 경향이 있는 정부정책들을 두려워했습니다. 그들이 혁명적이 될 수 있다는 것이지요. 노동자들은 20세기에 자주 그랬었죠. 미국에서는 볼세비즘을 여전히 충격으로 받아들였고, 지금도 어느정도는 그렇습니다.

미국이 취한 경제 조치들은 아돌프 히틀러가 자기 나라에 했던 것과 아주 비슷해요. 항공기들과 다른 무기체계를 엄청난 양으로 생산합니다. 이는 미국을 1991년 소련이 마침내 몰락한 싯점으로 바로 되돌려놓습니다. 미국은 냉전이 끝나게 둘 수 없었어요. 금방 그 사실을 깨달았죠. 실제로 국가안보국의 거시전략문서인 NSC68 같은 곳을 보면, 냉전이 시작되던 순간부터 냉전의 추동력은 대공황을 겪어낸 후 미국 경제의 핵심이 자본주의적인 자유기업체제에 기반해서는 유지 불가능하다는 점을 분명히 인식하고 있는 중년 후반의 미국인들에게 존재한다고 믿는 사람들이 많아요. 어처구니없게도 이런 식으로 무기생산을 시작한 지 불과 20여년 만인 1966년에 약 3만 2천여 핵탄두가 만들어진 거예요. 그때가 대량무기비축이 정점에 달한 해였는데 정말 말도 안되는 일이었죠. 지금 현재도 여전히 9,960개가 있어요.

그런데 2007년 국방부예산 역시 말이 안되기는 마찬가지예요. 4,393억 달러……

탐 전쟁비용은 빼고……

천문학적인 비밀 국방예산

존슨　전쟁비용은 빼고요! 이들은 우리가 환상적인 군사기구를 만들어야 한다고 설득했는데, 그때 클린턴 행정부의 국무장관이던 매들린 올브라이트(Madeleine Albright)가 파월 장군에게 따끔하게 일침을 가한 일이 유명하죠. 그녀는 "활용도 못하면서 당신들이 늘 얘기하는 이 굉장한 군대를 유지하는 게 무슨 소용이 있죠?"라고 일갈했어요. 오늘날 이 군대를 활용하려면 1,200억달러를 또 요구할 거예요! (웃음)

공식적인 예산도 말이 안되긴 마찬가지예요. 지금까지 단일 계약으로는 가장 큰 규모인 록히드 마틴 사의 F−22 같은 무기 구입비용이 예산을 가득 차지 하고 있어요. F−22는 스텔스 전투기인데 아무 쓸모가 없지요. 그들은 버지니아 급 핵잠수함을 또하나 건조하려고 해요. 해군제독들을 위한 장난감일 따름이죠.

탐　우리가 젊었을 적에는 백만달러짜리 군사용 멍키스패너 같은 국방부의 쓸데없는 예산낭비에 대한 기사들이 항상 많았죠. 아무도 더이상 그런 기사를 쓰려고 하지 않아요, 그렇죠?

존슨　국방부가 정직하고 정상적인 회계를 완전히 포기했기 때문이에요. 노벨상을 받은 경제학자 조지프 스티글리츠(Joseph Stiglitz, 정보의 비대칭성에 의한 시장의 불균형을 추적하는 정보경제학의 창시자로 현재 미국 컬럼비아 대학 교수이다 —옮긴이)와 그의 하버드 대학 동료 한사람은 현재 미국이 치르는 전쟁에 필요한 국방부예산을 실제로 계산했는데 2조달러에 육박합니다. 그들은 예전에 무기구입을 하는 데 쓰인 국가채무의 이자 같은 항목들을 집어넣었는데 족히 수십억달러에 달하는 것으로 밝혀졌어요. 무엇보다도 퇴역군인들의 연금액수 총액의 반 정도나마 정확한 숫자를 반영하려고 했어요. 그 액수가 올해만 공식적으로 680억달러에 이르는데, 1차걸프전 이후에 연금을 신청하고 받는 퇴역군인들의 엄청난 숫자를 감안하면 많기는커녕 거의 확실하게 아주 낮게 잡은 셈입니다.

저녁 뉴스에서 155밀리미터 폭탄 3개가 험비(Humvee) 아래서 터졌는데 영웅적인 응급치료 덕택에 살아남은 사람들에 관한 의료기적을 들었어요. 가까스로 살아남았더군요. ABC 뉴스 앵커 중 하나인 밥 우드러프(Bob Woodruff)처럼요. 목숨을 구해준 친구의 말로는 발견했을 당시 그가 죽은 줄 알았대요. 그러나 이런 많은 군사적 희생자들은 영원히 국가의 감시자들이 될 거예요. 그러니 우리가 그들을 저버릴 수 있겠어요? 1930년대의 유명한 반전 경구가 생각날 거예요. 당시 하원의원들은 "우리 병사들을 위해 하지 못할 것이 없어요. 그런데 아무것도 하지 않는 것, 그게 바로 우리가 할 일이에요"라고 했다죠.

우리가 내건 몇몇 약속들은 거의 받아들여지지 않을 게 확실합니다. 예컨대 트라이캐어(Tricare, 미 국방부에서 운영하는 퇴역군인과 가족 및 생존자 의료보험. 약값과 치과치료 및 생명보험 세가지를 합쳐놓았다—옮긴이)는 퇴역군인과 그 가족들을 위한 정부의 의료써비스입니다. 2007년에는 불과 390억달러에 불과해요. 그러나 그 숫자는 곧 급상승할 텐데 미국은 지불할 능력이 없어요.

저 거만한 이데올로그인 럼즈펠드조차 최근 예산에 대해서는 백기를 든 모양이에요. 하나도 삭감되지 않았죠. 모든 무기가 통과되었어요. 럼즈펠드는 "병력 전환"(force transformation)을 주창하지만 미국은 어떤 상상 가능한 상황에서도 쓸 수 있는 충분한 핵 장비를 이미 갖추고 있습니다. 도대체 왜 또 지출하는 거죠? 그런데도 전직 국방부 수석예산분석가였고 현재는 국방정보쎈터의 연구원인 휠러(W. Wheeler)에 따르면 에너지부는 2006 회계연도에 핵무기에 185억달러를 지출합니다.

198

탐 국방부예산에는 잡히지도 않았죠.

존슨 물론 안 잡혔죠. 이건 에너지부의 예산이죠.

탐 다시 말해 엄연한 비밀예산이 있다는……

존슨 네 엄청나요! 1조달러의 4분의 3은 예산 1순위로 전체적인 업무에 쓰입니다. 국방부 감사관인 티나 존스(Tina Jones)의 계산에 따르면 4,400억달러가 승인된 예산이고 1,200억달러는 추가 전투예산입니다. 한달에 68억달러 꼴이죠. 그밖에 널려 있는 다른 항목들을 덧붙여야겠는데, 무엇보다도 퇴역군인 보호와 얼마 전까지만 해도 베트남전쟁 시기의 사상자 수치에 포함되었을 중상자들에 대한 원호를 집어넣어야 합니다. 베트남에서라면 사망자였을 그들이 지금은 여전히 생존자입니다. 생존자들의 존재는 행정부에 매우 당혹스러운 일이라서 시민들이 사정을 눈치채지 못하도록 야간에 후송되어 옮겨졌습니다. 지금껏 국방산업의 가장 큰 후원자인 존 머사(John Murtha) 하원의원—그는 미사일방어 장치나 외계 우주와 관련된 것이면 어떤 것이든 아무리 터무니없는 것을 사더라도 밀어줍니다—이 조금이라도 정신을 차린 계기가, 그나마 자신이 옛 해병대 퇴역군인으로 병원에서 시간을 보냈기 때문이라는 사실은 매우 놀랍더군요.

이러한 메씨지를 대중에게 전달할 수 있는 또다른 인물로는 둔즈베리(Doonesbury) 만화로 유명한 게리 트루도(Gary Trudeau)가 있습니다. 탐, 제가 알기론 당신 어머니는 만화가셨죠? 당신이나 내가 연재만화 『포고』(Pogo)를 그린 월트 켈리(Walt Kelly, 중요한 정치가들을 희화화한 그림으로 유명한 미국의 만화가—옮긴이)를 최고로 친다는 것도 알아요. 『포고』의 가장 유명한 대사 "적을 마주치고 보니 그 적이 바로 우리라네"(We have met the enemy and he is us)가 오늘날 상황에 어쩜 그리도 잘 들어맞는지!

〈2부〉 도대체 의회에 무슨 일이 있었나?

탐 지난번에 정신 나간 2007년 국방부예산을 얘기하다 말았습니다.

짐승같이 거대한 국방예산

존슨 현재 국방예산과 4년에 한번 발행되는 『국방연감』(*Quadrennial Defense Review*) 최근판 — 이 연감에는 아무런 전략이 없어요 — 이 전에 했던 것을 그저 되풀이하는 데 불과하다는 점이 저로서는 이해가 안돼요. 전세계 2백여 군(軍) 골프장이 잘 관리되도록 조치하거나, 리어(Lear) 제트기로 제독들과 장군들을 바바리안 알프스의 가르미쉬(Garmisch)에 있는 스키 리조트나 서울과 토오꾜오(東京)의 도심에 있는 두 고급 군사호텔에 실어나를 준비를 확실히 갖추라는 얘기들이죠.

의회에 무슨 일이 있었는지 도무지 설명할 수가 없네요. 단지 그들이 부패한 것인가요? 물론 그것도 일부 이유가 되겠죠. 여기 이곳은 캘리포니아 제50선거구예요. 지난 12월에 이 지역 하원의원인 커닝엄(R. Cunningham)은 미 의회 역사상 단일 규모로는 가장 큰 뇌물수수 사건을 고백했습니다. 미 하원 세출위원회의 군사소위원회위원으로서 비밀리에 예산 항목을 추가하는 데 힘써준 댓가로 롤스로이스 한대와 프랑스 골동품 몇점에 해당하는 240만달러가 그에게 건네졌어요. 조그만 사업체를 운영하는 자기 친구를 위해서 그 짓을 했어요. 국방부조차도 필요없다고 한 항목들을 추가했지요.

이건 뇌물인데 전에 누군가 말했듯이 위원회는 이제 아주 싸구려가 되었습니다. 240만달러를 주고 이 친구들은 1억 7,500만달러어치를 계약했어요. 손쉬운 거래죠.

군대는 통제 불능입니다. 군대는 행정 집행부서의 일부가 되어 국가안보 상태라는 보호막 아래서 확장됐습니다. 제가 어릴 적 국방부는 전쟁부(Department of War)라고 불렸어요. 지금은 국방부인데 누가 봐도 국가방위와는 아무런 관련이 없어요. 그리 오래되지도 않았어요. 심지어 현재는 "국토 안보"(homeland security)를 맡고 있는 행정부서가 또하나 있지요. 그게 다 무슨 필요가 있는지 궁금할 거예요. 그리고 국방부 역시 무슨 소용인지!

행정부는 제대로 움직이지 못하고 있어요. 적절한 관리감독이 없어요. 헌법을 기초한 국가창건자들은 최고 기구를 의회로 생각했죠. 신보수주의자들과 조지 W. 부시가 집권한 이후에 행정부서의 힘이 크게 확대된 것보다 더 큰 수수께끼는 '왜 의회가 그렇게 완전히 우리에게 실망을 안겨주었는가'입니다. 왜 그들은 돈이 어떻게 지출되는지에 더이상 관심이 없을까요? 왜 현재와 같은 국방부예산이 그렇게 관심을 끌지 못할까요? 거기에 기득권이 있기 때문에, 더 많은 일자리를 만들어내기 때문인가요?

커닝엄이 털어놓기 한참 전에 쓴 「군산(軍産) 인간」(The Military-Industrial Man)이라는 글에서 저는 그가 저지른 많은 일들의 실체를 파악했습니다만, 불행하게도 그렇게 탄탄한 선거구에서 그를 어떻게 몰아내야 할지 모른다고 말했습니다. 『로스앤젤레스 타임즈』 특별기고란에 그 기사가 실린 후 신문사는 LA 도심의 제34선거구에서 편집자에게 보낸 독자편지를 두통 받았어요. 말인즉 그가 자기네 하원의원이면 좋겠다는 거였어요. 그가 괜찮은 일자리들을 이곳에 유치한다면 알래스카의 미사일 방어기지처럼 폭발하거나 땅으로 꺼져버릴 어떤 것을 만들어도 상관하지 않겠다는 거예요. 제 말은 미국이 이미 대규모 첨단 히수아비에 해당하는 것을 만드는 데 천억달러나 써버렸다는 얘기예요. 그건 아무것도 타격할 수 없어요. 목표 조준장치가 없었던 거죠. 시험발사가 수포로 끝났어요. 쓸모가 없었어요. 그건 훨씬 더 음험한 일을 꾸미기 위한 구실, 즉 공군력을 우주공간으로 확대하거나 그들이 말하기 좋아하듯이 "전방위지배"(full spectrum dominance)를 위한 구실임이 분명합니다.

이 점에 집중하면서도 당파적인 관점은 피해야 할 필요가 있습니다. 민주당원들이 더 일을 잘하리라고 믿을 만한 근거가 전혀 없어요. 그들은 그런 적이 없어요. 그들은 공화당원들만큼이나 신속하게 무장병력을 확장했어요.

우리가 분석하고 이해하려고 노력하는 짐승이 바로 국방예산인데 오늘날에는 막을 방법이 없는 것 같아요. 이렇게 말해보죠. 미국헌법을 작성한 제임스 메디슨(James Madison)은 다른 모든 권리들을 통제하는 권리가 정보를 얻을 권리라고 했습니다. 이게 없다면 다른 것들은 소용이 없어요. 사태를 파악할 수 없다면 권리장전은 효력이 없어요. 오랫동안 미국에서는 비밀이 판을 쳐왔지만 현재의 행정부하에서 상황은 엄청난 규모로 악화되었습니다. 존 애슈크로프트(John Ashcroft)는 검찰총장이 되자 정보자유법(Freedom of Information Act, 1966년 미국에서 제정된 법으로 민주주의 실현을 위해서는 국민의 알 권리가 보장되어야 하고 이를 위해 정부의 모든 정보가 공개되어야 한다는 원칙이 담겨 있다—옮긴이)에 접근할 수 있는 통로를 될 수 있으면 어렵게 하라는 훈령을 내렸습니다.

국방부 비밀예산의 규모는 지금 행정부 시기에 어느 때보다도 커졌습니다. 이것들은 아무도 확인할 수 없는 프로젝트들입니다. 미국사회의 가장 흥미로운 광경 중 하나는 전직 국가안보국장인 마이클 헤이든 장군 같은 제복차림의 군 장교들이 의회 앞에 앉아서 증언하는 것을 바라보는 일입니다. 전에 그런 일이 있었죠. 힐러리 클린턴이 "국가안보국에서 영장 없는 첩보 개입작전을 얼마나 많이 저질렀는지 대략적으로라도 말해보세요”라고 물었죠. “말하지 않겠습니다”가 그의 대답이었죠. 국방정보국(Defense Intelligence Agency) 책임자인 자코비(Jacoby) 제독은 1년 전 미국이 아마드 찰라비에게 지금도 한달에 34만달러를 대주느냐는 질문을 정면으로 받았습니다. 그의 대답은 “말하지 않겠습니다”였어요.

이 지경이 되면 힐러리 상원의원이 나서서 “국회경위는 저 사람을 체포하세요”라고 말해야 했어요. 그 정도라면 의회모독이라는 얘기예요.

탐 물론 의회를 모독할 이유가 있다는 얘기이기도 하고요.

존슨 정말 그래요. 이 친구들이 왜 이러는지 이해할 수 있어요. 1977년 중앙정보국 국장이던 리처드 헴즈(Richard Helms)는 의회에서 거짓말을 했다는 중죄로 유죄판결을 받았습니다. 쌀바도르 아옌데(Salvador Allende, 1908~73 칠레의 정치가로 1970년 대통령에 당선된 뒤 산업을 국유화하는 등 사회주의적 정부를 추진하던 중 1973년 미국이 지원한 군사 쿠데타로 살해되었다 — 옮긴이) 칠레 대통령을 권좌에서 물러나게 하는 데 미국이 깊숙이 관여했음에도 불구하고 아무런 관련이 없었다고 부정했거든요. 그는 집행유예를 받았고 약간의 벌금을 물고 버지니아 주의 랭글리에 있는 중앙정보국 건물로 걸어 들어갔어요. 환호하는 군중이 그를 맞았지요. 우리 영웅! 그는 비밀정보국이라는 원칙을 보란 듯이 유지했는데, 그 정보국은 대통령의 사적인 부대로서 대통령이 그 부대로 뭘 하는지 아무도 모릅니다. 그들이 하는 모든 일이 비밀입니다. 예산의 모든 항목이 비밀이에요.

탐 군대 역시 사병 비슷한 것이 되었군요……

존슨 맞아요. 저는 너무 손쉽게 조작되기 때문에 징병제도를 싫어하지만, 국가가 위기에 처했을 때 수호해야 하는 것이 시민의 의무라는 원칙을 굳게 믿습니다. 어떻게 수호할 것인지는 여전히 해결되지 않은 문제이지만, 적어도 시민의 군대는 군사주의에 대한 견제 수단의 하나였습니다. 무장 군대에 속한 사람들은 자신들이 비자발적으로 복무한다는 것을 알고 있지요. 그들은 장교들이 능력이 있는가, 전략에 일리가 있는가, 자신들이 싸워야 할 전쟁이 정당한가에 굉장한 관심이 있으며, 만일 베트남에서처럼 자신들이 심한 속임수에 당했다고 믿기 시작한다면 미국의 군대는 무너지기 시작할 것입니다. 베트남전 당시 병사들은 장교들을 아주 심각하게 괴롭혀서 크레이튼 에이브럼즈(Creighton Abrams, 한국전과 베트남전에 참전했고 미 참모총장을 역임한 미국 장성―옮긴이) 장군은 병사들을 철수해버려야 한다고 말했습니다. 그것을 베트남화 혹은 다른 그 무엇으로 부르건 그게 그들이 했던 일입니다.

미국이 이라크에서 그런 쪽으로 나아가는 게 아닌가 우려됩니다. 아침 신문에는 지금 심각한 정신장애가 있는 4등급 사람까지 모병하려 한다는 기사가 실립니다. 끔찍한 일은 그들이 그저 총알받이가 되리라는 사실입니다.

미국내 일자리의 비극에 관해 논의하는 데 로켓과학이 필요하진 않아요. 미국은 그렇게 부유하지 않아요. 2005년에 무역적자가 7,258억달러에 달했어요. 기록이죠. 겨우 1년 남짓한 기간에 거의 25퍼센트가 늘었어요. 이렇게 물건을 제조하는 일도 없이 이러한 형태의 전쟁을 치르며 쓸모없는 무기를 만들면서 버텨나갈 수는 없습니다. 허브 스타인(Herb Stein)은 공화당 행정부에서 경제자문위원회 의장이었을 때 "지속될 수 없는 일은 끝끝내 지속되지 못한다"(Things that can't go on forever don't)라는 아주 유명한 말을 했죠.

탐 그러니 미국의 문제를 간결하게 요약해주세요.

초강대국 미국의 파산

존슨 조지 W. 부시행정부는 원했던 모든 것을 이데올로기적으로 성취
했습니다. 군사주의가 눈에 띄게 진전되었죠. 아주 많은 사람들의 생각으
로는 군사주의만이 이제 유일하게 작동하는 것처럼 보이는 기구입니다.
부시는 지배계급을 살찌웠어요. 그는 권력분립을 가능한 한 아주 철저하
게 파괴했습니다. 미국이 현재 직면한 문제들은 이런 것입니다. 권력분립
을 재건할 수 있는 유일한 방법은 의회를 다시 활성화하는 일일 텐데, 저
는 미국 대중들이 어떤 충격을 받아야 의회 활성화를 도모할지 잘 모르겠
습니다. 대중들만이 그 일을 할 수 있는 유일한 적임자입니다. 법원은 그
렇게 못합니다. 대통령은 분명 그렇게 하지 않을 거고요.

생각건대 그 일을 할 수 있는 유일한 방법은 파산입니다. 2001년 아르
헨띠나에서처럼요. 라틴아메리카에서 가장 부유한 나라가 최빈국으로 전
락했습니다. 붕괴되었죠. 돈을 빌릴 수 있는 능력을 잃었고 내정을 통제
할 힘은 상실했지만, 많은 아르헨띠나인들은 부패한 대통령이 부패한 충
고에 귀를 기울여서 1990년대 내내 얼마나 한심한 짓을 했는지를 생각하
게 되었습니다. 그 덕분에 지금 그 나라는 회복중입니다.

탐 아니 초강대국의 파산이라고요? 아무도 실제로 검토해보지 못한 개
념이군요. 대영제국이 마침내 퇴장했을 때 미국이 그 뒤에 있었죠. 미국
뒤에 누군가가 있나요?

존슨 아뇨.

탐 미국의 파산은 무엇을 의미할까요? 어쨌든 미국은 아르헨띠나가 아

2007년 서브프라임 모기지론 사태로 인해 영업을 중단한
미국 2위의 모기지 회사인 뉴쎈트리파이낸셜 건물

니죠.

존슨 사태 통제력을 잃어버린다는 얘기입니다. 별안간에 미국은 이방인들의 온정에 의존하면서 동냥을 구하게 될 것입니다. 미국은 이미 7,250억달러의 무역적자가 있습니다. 미국 역사상 가장 큰 재정적자로 현재 국내총생산의 6퍼센트를 훨씬 상회합니다. 말도 안되는 엄청난 액수의 국방예산은 통계에 잡히지도 않고 이라크전쟁에 이미 써버린 5천억달러도 잊으면 안되죠. 그 돈 한푼 한푼은 미국시장에 접근하고 싶어서 저축하여 투자한 중국과 일본 사람들에게 빌려온 것입니다. 어느 때든 그들이 미국에 돈을 빌려주지 않겠다고 결정한다면, 이자율은 미친 듯이 올라가고 주식거래는 붕괴할 거예요.

미국은 빌린 돈의 이자를 지불하는 데만 하루에 20억달러를 쏟아붓습니다. 미국이 더이상 돈을 빌릴 수 없게 되는 순간, 국내 저축에서 돈을 끌어와야만 하는데 지금 현재 미국은 마이너스 저축률을 나타내고 있습니다. 미국인들이 수입의 20퍼센트를 저축하게 하려면 적어도 20퍼센트의 이자율을 지급해야 하는데 그렇게 되면 정말로 무시무시한 경기침체가 올 거예요. 어머니가 제게 늘 설명해주시던 1930년대의 사태—그때 우리 집은 애리조너 주의 시골에 있었는데—로 돌아가 누군가 뒷문을 두드리면서 "일거리 없어요? 돈은 주지 않으셔도 돼요. 먹여만 주세요"라고 말하던 시절이 다시 올지 몰라요. 어머니는 그 때 "그래요. 뭔가 일거리를 좀 찾아보고 계란과 감자도 좀 줄게요"라고 말했답니다.

그런 불황은 미국에서 꽤 오랫동안 계속될 거예요. 미국 이외의 세계도 심각한 경기침체를 겪겠지만 아마도 훨씬 빠르게 극복할 겁니다.

탐 그러니까 중국과 일본 및 유럽의 경제는 미국과 함께 몰락하지 않고 미국 없이도 지속되리라고 보시는군요.

존슨 아무렴요. 그럴 거라고 봐요.

탐 가령 대미 수출에 기반을 둔 중국의 거품경제가 몰락하여 거기서도 역시 혼돈이 유발되리라고 보지는 않으십니까?

존슨 그럴지도 모르지만 중국인은 거품경제 몰락 때문에 정부를 비난하지는 않을 겁니다. 중국 경제가 결국에는 내수 위주로 전환하지 않을 하등의 이유가 없습니다. 그토록 많은 사람들이 더 윤택한 삶에 관심이 있다면 북미지역에 스웨터와 파자마를 파는 일에 영원히 의존할 필요는 없겠지요. 미국 경제는 거대하지만 경제규모가 아주 크다고 해서 세계의 다른 나라들이 미국 없이 버틸 수 없다고 믿을 아무런 근거가 없어요. 게다가 무기를 제외하면 이미 미국은 현재 별로 생산하는 것이 없기 때문에 미국은 스스로를 조롱하는 셈이죠.

좀더 신중하지 못했기 때문에 미국은 끔찍한 댓가를 치를 수 있습니다. 아무것도 맞추지 못하는 8기의 미사일을 알래스카 주 포트 그릴리(Fort Greely) 땅에 처박기 위해 기간시설과 건강보험 및 교육을 포기할 정도로 그렇게 어리석은 것이죠. 그 미사일들은 시험 발사 때 아예 지하 격납고조차 빠져나오지 못한 적도 있었습니다.

탐 달러화가 얼마나 오랫동안 명실상부한 국제통화로 남아 있으리라 보십니까? 최근에 이란이 유로화로 바꾸겠다고 으름장을 놓는다는 사실을 알게 되었거든요.

존슨 그래요. 이란은 유로화에 바탕을 둔 석유 거래시장을 구축하려고 노력중입니다. 상당수 나라들이 그렇게 할 수 있습니다. 전지구적체제가 균형을 회복하려면 경제 역사상 가장 큰 규모의 무역적자를 지닌 나라가 벌칙을 받아야 한다고 미국 대학의 경제학원론 과목은 가르칠 것입니다. 이것이 의미하는 바는 통화가치가 극히 평가절하되어서 어떤 미국인도 렉서스 자동차를 살 만한 여유가 없을 수 있다는 얘기죠. 미국인이 이딸리아에서 휴가를 보내려면 달러를 손수레에 가득 담아 지불해야만 할 것입니다.

탐 그렇게 되면 적어도 중앙정보국이 이제까지 하던 방식대로 이딸리아 길거리에서 사람들을 납치해오는 일만큼은 막을 수 있겠군요.

존슨 (웃음) 납치자들이 더이상 밀라노에 있는 오성급 호텔인 쁘린씨뻬 디 싸보이아(Principe di Savoia)에 머물 수는 없겠는데요. 그건 확실하네요.

208

고성장의 동아시아 경제는 현재 미국 재무부의 채무증권을 많이 보유하고 있습니다. 달러화가 평가절하되면 달러를 끝까지 보유하는 사람은 모든 것을 잃게 되기 때문에 자연히 먼저 털어버리려고 할 것입니다. 그런데 한 사람이 처음 행동을 취하면 모든 사람들이 공황상태에 빠집니다. 아주 조심스러우면서도 위태위태한 상황입니다.

1년 전에 2천억달러 정도를 보유한 한국은행 총재가 나와서 말하기를, 한국은 달러화에 다소 심하게 투자를 한 것 같다면서 유로화는 물론 두바이화가 현재로선 더 나을 수 있다고 했습니다. 즉각적인 패닉이 있었죠. 사람들이 달러를 팔아치우기 시작했고 미국 대통령은 전화를 걸어서 당신들 도대체 무슨 일을 꾸미느냐고 물었죠. 한국인들은 한발 물러섰고 그 일은 유야무야되었죠.

요즘 이 경향이 영원히 지속되리라는 이론들을 만들어낸 젊고 영리한 미국 경제학 박사들이 있습니다. 그중 하나는 전지구적으로 예금 포화상태가 존재한다는 이론입니다. 사람들이 돈은 많은데 쓸 데가 없어서 미국에 빌려준다는 것이죠. 그렇지만 『네이션』에 아주 많은 경제기사를 기고한 윌리엄 그레이더(William Greider, 미국 『네이션』의 기고가이자 저명한 언론인—옮긴이)가 몇차례 지적했듯이, 세계 최대 채무국이 자기네 물주들을 모욕하며 다니는 일은 매우 현명하지 못한 행동입니다. 이번 여름에 미국은 중국을 위협하기 위해 네척의 항공모함 편대를 태평양에 보내 항해하면서 전투기를 띄우고 순항미사일을 몇발 쏘아댈 예정입니다. 중국인들이 달러화를 팔아치우자고 왜 안 그러겠어요? 중국인들도 국내가 공황상태에 빠지는 것을 원치 않을 테니 사실상 할 수 있는 한 은밀하게 최대한 소란을 피우지 않으면서 일을 진행하겠죠.

엄청난 적자를 줄여야 할 판에 세금을 감면한다니 지금 행정부는 도대체 일을 어떻게 하는 거죠? 제 판단으로는 이 행정부의 정책들은 공화당이나 민주당의 이데올로기와는 아무 상관이 없고, 다만 재정에 책임을 지고 항공모함이나 다른 비생산적인 물품에 돈을 낭비하지 않는다는 의미에서의 전통적인 구식 공화파 보수주의와 다를 뿐이라고 생각해요.

그러나 행정부의 관리들은 급진주의자들이에요. 정신병자들이죠. 우리는 그들이 왜 그런 짓을 하는지 다들 따져보는 중이죠. 왜 대통령은 헌법을 어기면서까지 군대가 실질적 통제를 벗어나도록 방치하여 자신이 어떤 경우든, 또다른 카트리나 참사든 조류독감의 경우든 의지할 수 있는 유일한 기관으로 만들었을까요? 모든 일이 터무니없어 보이겠지만 고대 로마를 생각나게 합니다.

만일 파산 상황이 미국을 흔들지 못한다면, 제가 존경하는 작가가 일전에 썼듯이 미국이 "쿠데타에 목을 맬" 상황이 될까봐 걱정됩니다. 미국은 로마 공화정처럼 막을 내릴 수도 있어요. 혼돈과 불안이 너무나 커지면 사람들은 한 인물에 의지하게 됩니다. 미국 공화정이 존속해온 것과 대략 비슷한 기간이 지난 싯점의 로마 공화정은 무심코, 아무 생각 없이, 필요치도 않고 관리할 수도 없으며 계속 전쟁에 매여 있게 만든 제국을 이룩함으로써 스스로 구덩이를 팠습니다. 궁극적으로 그게 그들의 발목을 잡았어요. 미국이 어떻게 해야 줄리어스 씨저같이 군국주의자이면서 인민주의자를 연기한 사람의 영향에서 자유로울 수 있을지 잘 모르겠습니다.

탐 결국 자원병으로 구성된 군대가 앞장서서 미국을 몰락한 제국으로 이끌 거라고 보시는 건가요?

존슨 충분히 그럴 수 있어요. 저는 사람들이 이 무능한 정부를 이 정도까지 용인하는 것에 일찌감치 놀랐습니다. 베트남전쟁 이후 무진 노력을 기울여 재건한 자신들의 소중한 군대가 다시 무너지고 있다는 사실, 병사들을 모집하는 일이 어느 때보다도 어려워 질 것이라는 점, 그리고 사관학교들조차 난항을 겪고 있다는 것을 장교들은 알고 있다는 말이죠. 얼마나 오래 참을지 모르겠습니다. 바그다드 공격을 지휘한 토미 프랭크스(Tommy Franks, 미 육군 예비역 장성으로 아프가니스탄과 이라크에서 미군의 작전을 지휘했다—옮긴이) 장군은 9·11에 버금가는 또다른 테러리스트의 공격이 미국에서 발생한다면, 군대가 일을 떠맡을 수밖에 없다고 말했습니다. 다시 말해, 일을 수행하고자 한다면 왜 부시 같은 무능력자의 말을 듣는 것일까요? 왜 도널드 럼즈펠드 같은 한물간 인물로부터 명령을 받아야 하나요? 왜 존 매케인(John McCain, 공화당 애리조너 주 상원의원. 1967년 베트남전쟁에 참전했고 공화당 대통령 후보로 출마했다—옮긴이)을 빼면 공화당원 중에 군대에서 복무한 사람이 거의 없는 의회의 말을 들어야 하나요?

미국이 처한 문제에서 벗어날 수 있는 확실한 방법이 있는지 모르겠습니다. 정치씨스템은 망가졌어요. 야당을 선출할 수도 있겠지만 그렇다고 중앙정보국이나 군산복합체를 통제할 수는 없으며 의회를 되살릴 수도 없습니다. 상황이 악화될수록 그저 현상유지책에 불과하겠죠.

제가 틀릴 수도 있다는 점을 인정합니다. 그렇게 된다면 매우 기쁜 일일 테니 그땐 눈감아주기 바랍니다. (웃음) 전에는 행정부의 권력에 명백한 남용이 있었습니다. 링컨 시절에도 인신보호영장(habeas corpus, 타인의 신체를 구속하는 국가기관에 피구금자의 신병을 법원에 제출하도록 명한 영장—옮긴이)제도를 중지시킨 일이 있었죠. 시어도어 로우즈벨트(Theodore Roosevelt)는 실질적으로 행정명령을 만들어냈어요. 그때까지 대부분의 대통령은 행정명령을 발동하지 않았는데 로우즈벨트는 천여 건이 넘게 발동했습니다. 그게 지금의 대통령 서명문건에 해당합니다. 그다음으로는 네오콘들이 지금 무척이나 좋아하는, 정신 나간 장로교도 우드로우 윌슨(Woodrow Wilson)과 일본계 미국인을 폭압한 프랭클린 로우즈벨트(Franklin Roosevelt)가 있습니다. 그러나 항상 그런 일이 있은 다음에는 민심의 이반이 발생해서 미국 대중들은 자신의 이름으로 자행된 일에 관해 걱정하고 그 일을 바로잡게 됩니다. 제 걱정은 우리가 이번에도 상황을 역전시킬 수 있느냐는 것이지요.

탐 역전의 상황 자체가 없을 수도 있죠.

존슨 현재 체니는 1973년에 제정된 전시권한법과 정보기관에 대한 의회의 감시 등의 조치 때문에 대통령의 권한이 축소되었다고 말합니다. 말도 안되는 얘기라고 보는데, 왜냐면 이 온건한 개혁조치들은 닉슨행정부의 터무니없는 헌법 위반을 추궁하려고 만들어진 것들이기 때문입니다. 게다가 그것들 중 대부분은 도중에 유야무야되었어요. 전시권한법을 합법적이라고 인정한 대통령은 한 사람도 없었습니다. 의회가 제정한 법인데다가 미국의 정부이론에 따르면 공개적으로 위헌이 아닌 이상 따르는 것이 기본인데도, 대통령들은 자신들이 그 법에 속박받지 않는다고 생각합니다. 법치국가라고요? 당치 않아요. 더이상은요.

탐 대체로 우리는 소련이 붕괴되고 실질적으로 미국이 승리함으로써 냉전은 끝났다고 믿습니다. 제 친구 하나는 다르게 보더라구요. 그 친구 표현으로는 미국은 소련보다 훨씬 더 힘이 세기 때문에 부채를 다른 곳으로 분산시킬 더 큰 능력이 있다는 거예요. 소련은 그러지 못해서 폭발했다는 것이죠. 그런데 의문은 현재 우리가 냉전의 종말을 뒤늦게 목격하고 있는 것은 아닌가예요. 혹 두 강대국들이 단지 속도가 다를 뿐 저 유명한 역사의 쓰레기통으로 향하고 있는 것은 아닐까요?

존슨 소련이 먼저 무너진 것은 그들이 훨씬 가난했기 때문이라고 생각했으며, 미국이 승승장구했고 결국 이겼다는 끔찍하고 오만한 결론은 늘 번지수를 잘못 찾은 판단이라고 믿었습니다. 늘 똑같은 이유들, 즉 제국주의적 확산, 과도한 군사주의, 그리고 바빌로니아 이후의 제국들을 공부한 사람들이라면 알 수 있는 요인들 때문에 두 나라 모두가 냉전에서 패배했다고 생각했습니다. 우리는 고르바초프의 공을 인정하지 않았습니다. 역사가들 대부분은 어떤 제국도 자진해서 포기한 적은 없다고 말할 것입니다. 그런 시도를 한 유일한 사례로 꼽을 수 있는 것이 고르바초프 치하의 소련이었습니다.

탐 마지막으로 하실 말씀은?

벌써 와 있는 복수의 여신

존슨 여전히 연구중입니다. 첫번째 시도는 『반격』이었습니다. 미국에서 벌어진 가공할 테러리스트의 공격 같은 일을 예상하기 훨씬 전에 썼지요. 그 책은 21세기 초반의 외교정책의 문제들 — 전 여전히 그 문제라고 봅니다 — 은 지난 세기로부터, 라틴아메리카에서 벌인 미국의 폭압적인 행위들로부터, 베트남의 교훈으로부터 오롯이 배우지 못한 미국의 실패로부터 떠넘겨진 일이 될 것이라는 발언이었습니다. 『제국의 슬픔』은 미국의 군사주의를 파악하려는 시도였어요. 지금 저는 미국이 어찌하여 그렇게 많은 부유하고 총명한 동맹국들 하나하나를 실제로 전부 소외시켰으며 미국이 어떻게 증오의 대상이 되었는지를 연구하고 있습니다. 딸레랑(C. M. de Talleyrand, 1754~1838 성직자 출신의 프랑스 정치가로 나뽈레옹 몰락 이후 유럽의 전후 문제 처리과정에서 정통주의를 앞세워 프랑스의 이익을 옹호했다 — 옮긴이) 식 의미로 말하자면, 이는 되돌이킬 수 없는 실수입니다. 현재 '반격 삼부작'으로 구상하고 있는 연작의 세번째 책을 『네메씨스』로 부르려는 이유도 이 때문입니다. 네메씨스는 그리스신화에 나오는 복수의 여신이죠. 그 여신도 역시 지나치게 거만해진 사람들, 스스로에 너무나 집착한 나머지 모든 사리분별력을 잃어버린 사람들을 쫓아다녔습니다. 항상 한

손에 저울을 들고 — 최후심판의 날을 생각해보세요 — 다른 손에는 채찍을 들고 있는 사나운 인물로 그려졌지요.

탐 그 여신이 우리를 쫓아오고 있다고 보십니까?

존슨 오, 도착했다고 믿어요. 그녀가 앉아서 때만 기다린다고 봐요. 지금 현재 우리가 마주한 바로 이 순간을 말입니다.

9장

36/7의 속도의 세상

카트리나 밴든 회블 Katrina vanden Heuvel

유니언 스퀘어(Union Square)의 바로 동쪽 작은 거리에 자리 잡은 특징 없는 회색 건물로 들어가 정말 느려터진 엘리베이터를 타고 8층에 내려, 막 141주년을 맞은 『네이션』(*The Nation*) 사무실로 들어선다. 사무실은 넓은 공간에 둥지를 틀고 있다. 열심히 일하는 수습들과 사실확인 전담 직원, 그리고 온갖 보조원들이 가득한, 반쯤 벽으로 둘러싸인 열린 칸막이 자리들이 정중앙에 토끼굴처럼 오밀조밀 몰려 있는 구식 신문사와 건물의 거대한 맨 꼭대기층의 중간쯤을 상상해보시라. 사무실의 가장자리로는 빙 둘러 편집장들의 사무실이 있다.

적당히 넓은 유리 뒤쪽으로 편집인이자 출판인이며 이 잡지의 공동소유주인 카트리나 밴든 회블이 책상에 앉아 전화 헤드셋을 머리에 긴 채 대화에 골몰해 있다. 점점 절박해지는 신문사에 사람들의 관심을 조금이라도 끌어보기 위해 기자들이 권위자처럼 뻔질나게 텔레비전에 출연하는 가속화되는 미디어의 세계에서, 어떤 토크쇼에서든 놀랄 만큼 차분한 밴든 회블은 이 잡지를 대표하는 얼굴이 되었다.

책상 위 파일 정리함은 반쯤 비어 있는데, 알고 보니 대신 책상에 온통 여러 더미의 서류들이 가득 차 있고, 얘기하는 그녀의 모습은 서류 더미에 반쯤 가려 있다. 몸을 돌리다가 그녀는 문앞에 있는 나를 발견한다. 검은 재킷과 어두운 색 바지를 입은 그녀가 반가운 웃음을 지으며 일어선다. 텔레비전을 보고 상상한 것보다는 다소 작은 편이고 거만함이라고는 찾아볼 수 없어 신선하다.

그녀의 사무실은 아주 깔끔하고 깨끗하다. 책상이나 책장 위로 눈을 돌리지만 않는다면 말이다. 책상은 서류들로 난리법석이고, 책장 선반에는 책만이 아니라 미하일 고르바초프를 포함한 온갖 종류의 마뜨로쉬까(nesting dolls, 인형을 열면 그 속에서 같은 모양의 작은 인형이 나오는 러시아 나무인형—옮긴이)와 "혁명기의 손가락 인형" 한 상자, 그리고 수많은 사진 액자들로 꽉 차 있다. 우리가 자리잡은 장소 근처의 작은 커피 테이블 역시 말하는 클린튼 인형 — 받침대에 각각 '웃기는'과 '참신한 생각'이라고 쓰인 두 버튼이 있다 — 과 싼타 마뜨로쉬까 — "러시아의 한 언론인과 인터뷰를 했는데 그가 이것을 주었어요" — 이 함께 놓인 곳을 빼고는 책들이 빼곡이 쌓여 있다.

난 쏘파에 자리를 잡고 작은 녹음기 두대를 책 더미 꼭대기에 위태롭게 놓아두고는 인터뷰를 시작한다. 그녀의 목소리는 낮고 부드러웠지만 얘기를 시작하자마자 얼굴이 생기로 반짝거리고 작은 체구는 에너지로 가득 찬다.

편집인의 하루

탐디스패치 잡지사에서의 일상을 좀 말해주시죠. 직원도 모자라고, 모든 게 부족할 것 같은데요. 『네이션』 편집인이자 출판인으로서 보내는 하루는 어떤 식인가요?

카트리나 밴든 회블 서너 신문을 읽으면서 하루를 시작해요. 그때쯤이면 벌써 아주 생기발랄해지는데요…… (웃음) 어쨌든 『워싱턴 포스트』로 시작해서 『뉴욕 타임즈』를 읽고, 다음엔 『파이낸셜 타임즈』나 『월 스트리트 저널』 『USA 투데이』 『로스앤젤레스 타임즈』 등을 부분부분 읽고 『가디언』을 보지요. 다음엔 웹 싸이트를 찾아요. 탐페인(Tompaine), 커먼드림즈(Commondreams), 로메네스코(Romenesko), 탐디스패치, 후안 콜(Juan Cole), 얼터넷(Alternet), 허핑튼 포스트(Huffington Post), 제임스 월콧(James Wolcott)의 블로그, 제이 로젠(Jay Rosen)의 프레스싱크(PressThink), 그리고 가끔 조시 마셜(Josh Marshall)의 토킹 포인츠 메모(Talking Points Memo)나 데일리 코스(Daily Kos)에 갑니다. 할 수 있는 한 많이 빨아들이는 거죠. 편집인 자리의 까다로운 점은 세상 돌아가는 일에 흥분을 금치 못하면서 동시에 인간적이고 분별있는 감독자의 자리를 지키는 거예요.

이번주 사설이 어떤 것이어야 할지를 생각하면서 한주를 시작합니다. 짧은 기간이지요. 월요일에 이번호 기사의 교정쇄를 읽어요. 우리 필자들에게 전화를 걸어서 무슨 생각들을 하는지 물어보고, 또 당연히 새로운 필자들을 물색하지요. 그리고 나머지 『네이션』 일이 있어요. 웹 에디터에게 싸이트의 주요기사를 무엇으로 할지 얘기하고 우리의 작은 라디오 스튜디오를 이용하여 에어 아메리카(Air America)에 매주 나가는 『네이션』의

『네이션』 편집인이자 발행인인 카트리나 밴든 회블

1분 논평을 하고, 또 우리 잡지사에서 처음 시작한 학생 저널리즘 컨퍼런스의 세부계획을 세우는 일 등이죠.

그러고는 블로그에 새글을 올리거나 우리 잡지사의 새로운 블로그인 노션(Notion)에 촌평을 올리거나 『가디언』의 새 블로그인 논평은 자유(Comment Is Free)에 뭔가를 올리겠지요. 아니면 올 여름에 하려는 대중매체 특집처럼 특집과 관련하여 여기 편집인과 논의를 할 수도 있고요. 미디어나 정치행사에 출연하려는 사람들과 얘기를 할 수도 있겠죠. 방금 딕 더빈(Dick Durbin) 상원의원 사무실에서 전화가 왔는데, 내일 민주당의 새로운 안보전략에 대한 전화회의를 할 수 있겠느냐고 묻더라고요.

다음에는 예기치 않게 생기는 사소한 일들이 있지요. 우리 기사를 보고 기업이나 로비스트가 분개하여 명예훼손으로 고소를 하겠다고 위협하는 편지를 받는다든가 하는 거요. 그런 일은 반나절은 잡아먹어요. 그렇게 뭔가를 틀어막고 있다보면 꼭 정치판에 있는 듯한 느낌도 들어요. 그런 때는 그날의 처음 계획은 그냥 슝~. 그리고 텔레비전도 있죠. 이번 일요일에 텔레비전 출연을 했는데, 그런 일이 주중에 생기면 그날의 업무가 끝나가는 시간에 하거나 아침 방송이 있는 날 7시 15분에 해요.

정기적으로 하는 일도 아주 많아요. 표지를 검토하는 일도 그중 하나죠. 매주 수요일이면 제작부장이 와서 "여기 최종 표지예요"라며 주고 가는데, 주중에 표지와 표지 기사를 어떤 것으로 할지, 그 특집에 따르는 둘째, 셋째, 넷째 기사는 어떤 것으로 할지를 결정한 다음 그와 관련해 표지 디자이너와 함께 작업을 해요. 또한 하루에 100통도 넘는 이메일에 답을 해야 해요. 그리고 '네이션 크루즈' 강연회가 있는데 올해로 8년째에 접어드는 것으로 우리 일의 기본적이고 중요한 부분이지요. 사실 오늘 노엄 촘스키(Noam Chomsky)에게 편지를 보내서 거기 참석할 수 있는지 물어보았고 사내의 크루즈 담당자라고 할 수 있는 사람을 만났어요.

그리고 사람들이 찾아오죠. 스페인 사회당의 파견단이 다음주까지 머물 예정이고요, 며칠 전에는 벤 코헨(Ben Cohen)이 자신의 "진정한 다수자" 기획과 납득할 만한 방위예산을 논의하러 왔었죠. 제씨 잭슨(Jesse Jackson, Jr) 목사가 막 전화를 해서 우리가 매주 목요일에 하는 편집회의에 참석해서 얘기를 좀 해도 되겠느냐고 물었어요. 그리고 어머니와의 관계도 있어요. 어머니는 매일 새벽 세시까지 씨 스팬채널(C-Span, 미국 정부나 의회와 관련된 방송을 하는 케이블 채널—옮긴이)을 보기 때문에 거의 매일 저녁 나에게 음성메일을 남기죠. 그러니까 이런 거예요. (가뜩이나 낮은 그녀 목소리가 더 낮아져 숨쉬는 듯한 속삼임이 된다) "이 사람 말이다, 군 변호사인데 이름은 정확히 기억나지 않지만, 그 사람이 억류된 사람들의 권리를 옹호했구나, 그를 보니 내가 미국인인 것이 자랑스럽다! 이런 얘기를 내가 한 적이 없을 텐데……" (웃음) 그리고 농구에 푹 빠진 14살짜리 딸이 있어요. 말 그대로 '3월의 열광'(March Madness, 전미대학체육협회의 농구 선수권대회를 일컬음—옮긴이)으로 다른 괜찮은 미국 매체들처럼 『네이션』도 합동 취재기자단을 두고 있죠. 지난밤에는 니카(그녀의 딸 니콜라의 애칭)와 함께 듀크대와 코네티컷대학 간의 여자농구 준결승전을 보았죠. 그리고 이번 금요일에는 일년에 두번 열리는 편집위원회회의가 있으니 그때 다루어져야 할 모든 계획들을 세워야 해요. 그리고 내일 스트랜드(Strand) 서점에서 탐 헤이든(Tom Hayden)과 로러 플랜더즈(Laura Flanders)의 대화를 소개할 예정이에요. 그러니까 또 그만큼의 할 일이 있겠죠.

탐 적어도 조지 W. 부시 덕분에 다음호에 어떤 기사를 실어야 할지 걱정하는 데 많은 시간을 허비하지 않아도 될 듯한데요.

밴든 회블 아니요, 절대 그렇지 않아요. 내일 구상회의가 있어요. 진행 중인 것이나 계획한 것들이 너무 많을 때가 자주 있는데, 정말로 중요한 일은 그것들을 잘라내어 잡지를 만드는 것이지요. 허리케인이나 뉴올리언즈, 아주 분명한 주제이죠. 2, 3주 동안 카트리나만 다루던 때가 있었어요. 하지만 최근에는 뉴올리언즈의 여파를 다루는 마이크 데이비스를 잡지에 실었고 그것이 한동안 계속됐어요.

탐 그러한 생활을 매일 반복한다면 당신 삶에는 감정이 넘쳐흐르겠는 걸요?

밴든 회블 그렇죠, 하지만 당신과 마찬가지로 의미 없는 일을 하는 건 정말 싫어요. 최근 몇년이 너무 참혹했기 때문에 특히 그래요. 이런 말이 그다지 건전하게 들리지는 않겠지만, 직장에 와서 일에 전념할 수 있는 덕에 내가 느끼게 될 개인적인 참담함은 눌러둘 수 있는지도 모르죠.

탐 수년 전에 스터즈 터클(L. Studs Terkel, 미국의 작가이자 역사가이며 방송인—옮긴이)에게서 행동이 희망을 만들어낸다는 것을 배웠어요. 그저 생각만 하고 바라기만 한다면 희망을 갖게 되지는 않겠죠. 어쨌든 안 좋은 시절에는 말이에요.

밴든 회블 매일 여기서 일에 빠져 있지만 사실 옆으로 비켜나 있다는 점이 때로는 절망스러워요. 그런데 정말로 절망스러운 사실은 분파주의적 논쟁이에요. 좀더 큰 기획에 쏟아부어야 할 에너지를 딴 데 소모하는 거죠. 얼토당토않은 일이 상상할 수 없이 많기 때문에 이 일을 하다보면 겸손해지는 면도 있어요. 때때로 그 모든 일을 빠짐없이 쫓다보면 머리가 터져버릴 것 같기도 하고요. 그렇게 수많은 일을 쫓아다니다보면 모든 것에 대해 그저 조금씩밖에 모른다는 걸 알게 되죠. '이것들을 다 어떻게 짜맞추지?' '사람들은 언제나 이해하게 될까!' 이런 생각들이 머릿속을 뱅뱅 돌죠.

탐 잡지라는 게 매주 아주 어려운 조각그림 퍼즐을 맞추는 것 같다는 느낌도 드나요?

밴든 회블 때로 그런 면이 있지요. 어디에 놓고 무엇을 고를 것이며 어떤 것을 강조할 것인가? 제대로 감 잡았다고 느끼는 때도 있고, 어떤 때는 미국의 어떤 출판사도 하지 않을 일을 했음을 알 때도 있죠. 하지만 때로는 정말 터무니없는 어떤 것, 예를 들어 부시행정부의 단일 통치권이라는 논리의 극악무도함 같은 것을 전달할 수 없다는 절망도 있어요. 내가 아는 한 지금까지 어떤 정부도 그렇게 드러내놓고, 그렇게 뻔뻔스럽게 모든 면에서 헌법을 뒤집어엎으려 한 적이 없기 때문에, 지금 우리가 겪고 있는 상황은 미국 민주주의의 조종(弔鐘)을 예고할지도 모를 위기상황일 수도 있어요. 왜 사람들이 길길이 날뛰지 않는 건가요? 어쨌든 그런 일들이 홍수같이 밀어닥치니까 그냥 압도되는 거죠. 그리고 무지막지한 속도로 움직이고 아주 빨리 개입을 할 수 있는 인터넷까지 가세하면 모든 건 그냥 36/7, 그러니까 일주일에 7일 내내, 하루에 36시간의 속도로 움직이는 거죠.

탐 그건 새로운 용어네요. 내가 아는 건 24/7 뿐인데……

밴든 회블 그냥 인터넷이 너무나 기하급수적인 속도로 팽창하니까 24/7의 케이블 미디어 문화에 한정되지 않는다는 거죠.

탐 매일 절감합니다.

밴든 회블 놀랄 일도 아니죠. 심연의 가장자리에 서 있는 거예요!

탐 그럴지도 몰라요.

밴든 회블 『네이션』은 인터넷의 속도와 힘을 이용하면서 동시에 잡지의 형태를 통해 좀더 생각이 깊고 더 심층적인 보도를 하며 더 호흡이 긴 사고의 형식이 되고자 하는 바람이 있어요.

탐 시간이라는 견지에서 보면 인터넷, 신문, 잡지, 서적, 이런 순서가 되지 않을까 싶네요. 그러니까 인터넷이 바로 이 순간에 가장 가까이에서 가장 세차게 고동친다면 나머지는 거기에서 한걸음씩 뒤에 있는 거죠.

밴든 회블 그렇죠. 그래서 우린 그러한 요소들을 거의 모두 이용하려고 애쓰는 것이고요. 우리의 웹 싸이트에서 네이션북스(Nation Books) 출판사까지요.

탐 (웃음) 작은 제국과도 같군요.

밴든 회블 반(反)제국주의 제국이지요.

위기는 오히려 기회일 수도

탐 멕시코의 한 정치만평 작가가 한번은 제게 이런 말을 했어요. 1당체제 국가 시절이 멕시코인들에게는 무척 부끄러운 일이지만 만평 작가에게는 일종의 천국이었다고요. 그림거리가 여물통에 몰려든 돼지들만큼이나 많았다고요. 그래서 이것이 『네이션』이나, 훨씬 작은 규모이긴 하지만 탐디스패치에 얼마나 들어맞는 얘기일까 생각했어요. 지금이 기억할 수 있는 한 최악의 시기이지만 기이하게도 우리에게는 지옥에서 양식이 나오는 시기이기도 하죠. 이런 점에서 최근 『네이션』의 성공을 어떻게 보십니까?

밴든 회블 지난 6년간 발행부수가 70퍼센트 정도 증가했는데 이런 현상은 분명 지금이 정치적·문화적으로 끔찍한 시대임을 보여주죠. 하지만 그것은 또한 다른 매체들이 겁에 질려 두려움에 떨 때 우리가 그 일을 떠맡고 나아가기로 한 덕분이기도 해요. 어떻게 보면 그렇게 할 수 있었던 이유는 원래 우리의 생리가 그러하기 때문이지요. 요즘이 정말로 나쁜 시기이긴 하지만 나쁜 시기는 전에도 여러번 겪었잖아요. 『네이션』은 141년 동안 존재하면서 그 모두를 지켜봤어요. 그러니까 우리 잡지를 고무하는 핵심적인 원칙이 작동하게 되었다고나 할까요. 아주 강한 독립심과 함께 헌법과 민주주의, 1차수정헌법의 권리들, 법과 국제법이 명시하는 규칙들과 시민권, 시민의 자유, 경제적 정의 등을 지키려는 노력들 말이에요. 이 모든 것들이 함께 작동하여 "이봐, 우리는 그저 실용적이기만 해서는 안 되고 이 원칙들을 지켜야겠어. 특히 두려워해서는 안돼"라고 말할 수 있었던 거죠.

탐　2001년 9월 11일에 여기 계셨죠? 그 순간이 『네이션』에 좋은 기회임을 곧 알아차렸나요?

밴든 회블　일주일도 안되어 알았죠. 물론 우리는 수백만의 미국인들과 마찬가지로 문제를 붙잡고 씨름했어요. 언론인이자 편집인으로서 우리만이 아닌 더 커다란 문제를 얘기해야 했지만 우리 또한 사람이고 뉴욕에 있었으니까요. 겨우 1마일 정도 떨어져 있었죠. 그래서 개인적으로나 정치적으로나 커다란 충격과 정신적 외상이 있었어요. 그러나 그러한 인간적 고통에 대해 얘기해야 하면서도 또한 우리가 본 위험들, 진정한 대화를 차단하려는 거의 즉각적인 시도들을 거론해야 한다는 사실을 바로 알게 되었죠. 이후 시간이 흘러가자 우리가 정말 어려운 문제를 제기하려는 몇 안 되는 매체적 표현수단 중 하나임이 더욱 분명해졌어요. 우리 내부에서 이 잡지에 대한 견해는 가지각색이었지만, 주류에 순응하지 않는 자에게 격렬한 비난이 쏟아질 것임은 바로 알아차릴 수 있었어요. 다행스럽게도 이곳엔 남다른 공동체와 헌신적인 편집인들이 있었어요. 조나선 쉘(Jonathan Schell)이나 리처드 포크(Richard Folk) 데이비드 콜(David Cole)과 그밖에 의지할 사람들이 많았으니 운이 좋았죠.

탐　비판적 대중과 잡지, 그리고 민주당이 삼각형의 세 꼭지점을 형성하다가 야당인 민주당이 사라졌다는 점이 9·11 이후의 기이한 면모 중 하나가 아닌가 싶어요. 어쨌든 야당이었다면 말이죠. 부시라는 재난과 더불어 민주당이 보여준 참담함 때문에라도 사람들이 당신들에게 몰리지 않았을까요? 시대적 추세에 저항하고자 하는 사람들은 어쨌든 어디선가 도움을 찾으려 하게 마련이니까요.

밴든 회블 물론이지요. 무엇보다도 이 잡지는 항상 독립적이었어요. 어떤 식으로도 민주당에 속하지 않죠. 그런데 공허함이나 진공상태 같은 것이 정말 생겨났고 그건 단지 매체의 문제만도 아니었어요. 자기 목소리를 내는 세력이나 대안들은 어디로 갔나? 용기를 내어 말하는 사람들은 어디 있나?

하지만 민주당이 어떤 단일한 세력인 듯이 말하는 데는 좀 생각을 달리해요. 매써추씨츠의 하원의원인 짐 맥거번(Jim McGovern) — 전 상원의원인 조지 맥거번(George McGovern)과는 아무 관계도 없는 — 같은 정말 훌륭한 사람도 있으니까요. 그가 한번은 민주당이 유럽에 있다면 아마 여덟개의 당으로 나뉘었을 거라고 하더군요. 우리가 지닌 씨스템으로는 적어도 뉴딜시대 이래로 본디 연합정당이던 정당 내부에 충분한 논쟁의 요소들이 남아나질 않아요. 용감하게 나서서 얘기를 한 민주당원이 몇 있었고 그들 중 몇몇을 우리 잡지에 싣기도 했다는 사실은 쉽게 잊혀져요. 세 명 정도만 들자면 데니스 쿠씨니치(Denis Kucinich), 존 커니어즈(John Conyers), 바바라 리(Barbara Lee)가 있지요.

사실 우리가 하려는 일도 당내에 여전히 용기있게 목소리를 내는 사람들이 있다는 사실을 독자들에게 알리는 것이에요. 그리고 물론 민주당만이 아니라 미국 안이나 세계 공동체에도 많은 용기있는 목소리들이 있지요. 지금 벌어지는 일이 정확히 어떤 것인지 알려는 목소리들이요. 그런 목소리들을 알리는 것이 매우 중요했어요.

그러나 그렇긴 해도 사람들이 민주당에 실망했고 주류매체들이 너무나 지리멸렬했기 때문에 우리가 성장한 것은 사실입니다. 탐, 내게 정말 절망

스러운 건 말이죠, 또다른 아메리카라고 부를 만한 것을 세계가 잘 모른다
는 점이에요. 미국은 분열된 나라입니다. 9·11 이후 몇년이 지난 이 싯점
에서 『네이션』 같은 곳이 전쟁과 같은 문제에서는 대다수의 견해를 대변
할지도 모릅니다. 그러나 처음부터 여기서 중요했던 것은 미국내에도 단
순한 독백 이상의 것이 존재한다는 사실을 사람들에게 이해시키는 일이
었어요. 텔레비전 뉴스만 보고 주류신문만을 읽는다면 그런 사실을 믿기
어려울 테니까요.

무기력에서 벗어나 꾸준함이 필요한 시대

탐　레이건의 여론조사원이었던 리처드 워슬린(Richard Worthlin)이 한
말을 인용해볼게요. 최근 그는 이라크전에 반대하는 쪽으로 "여론상의 결
정적인 전환"이 생겨나기 시작한 사실을 언급하면서 이렇게 말했습니다.
"어떤 상황에서라도 지금까지 보아온 바 이상으로 대중적 지지를 확대할
수 있을 거라고 상상하기는 힘들다. 아마도 지지가 떨어지게 될 가능성이
높고, 문제는 얼마만큼이나 그리고 얼마나 빨리 떨어질 것인가이다." 그
런데 민주당이 지독한 이기심 때문에 여전히 이라크전에 반대하지 않는
다는 점이 정말 이해하기 어려워요.

밴든 회블　오늘날까지 민주당의 지도자에게는 비겁함과 버무려진 정치
적 계산이 있어요. 그저 뒤로 물러나 앉아서 이 정부가 이라크에서 패주해
스스로 무너져내리기만 기다리는 거죠. 그게 정치적 확신이나 도덕성과
관련이 있다기보다 전략이었다고 믿어요. 내가 이해할 수 없는 것은 단지
반전 정서만이 아니라 상식을 기꺼이 옹호하려는 정당이 없다는 점이에
요. 물론 많은 사람들에게 정치는 투자와 다를 바가 없어요. 전쟁과 평화
의 문제뿐 아니라 기업세계의 끔직한 도덕성과 근시안적인 경제에 대해

단호한 태도를 취하지 못하는 것도 그렇고, 중간이 어디든 간에(대부분의 민주당원이 생각하는 그곳이 맞는지는 의심스럽지만) 중간을 딱 가르려는 충동도 그렇고 모두 정치판의 돈과 꽉 맞물려 있지요. 정말 좋은 기회였잖아요? 그런데 2002년 중간선거에서 뒤로 물러섬으로써 이미 한번 날려버렸죠. 또 그러지 않을 이유가 어디 있겠어요? 그렇게 많은 사람들이 신념에 대한 용기가 없고……

탐 아마 신념은 없을지도 모르지요, 용기는 관두고라도요.

밴든 회블 러스 페인골드(Russ Feingold)같은 사람이 25명당 한사람 정도라는 게 문제죠.

탐 마침 페인골드의 견책 발의에 대한 얘기로 넘어갈까 했는데요……

밴든 회블 그의 당이 어떤 식으로 거기서 황급히 발을 뺐는지 보세요. 재미있는 것은 기간세력—좀 이상한 단어이긴 한데요—을 경멸하거나 무시하는 일이 인터넷시대의 도래와 넷뿌리(net roots)의 성장으로 다소 어려워진다는 사실이지요.

탐 넷뿌리요?

밴든 회블 인터넷상에서 표명되는 풀뿌리요. 완전 신조어지요. 데일리코스 같은 웹 싸이트들과 사회에 활기를 줄 수 있는 그들의 능력 말이에요. 넷뿌리들이 주목을 받는 이유가 그들의 신념이나 생각 때문이면 좋겠지만 실제로 민주당원들이 그들에 주목하는 이유는 돈을 모을 수 있는 능력 때문이라고 봐요. 하지만 어쨌든 그곳은 정치적 지도자들보다 훨씬 앞서 있고 당에 영향력을 행사할 수 있는 기간세력을 만날 수 있는 곳이죠. 내겐 그 면이 희망적이에요. 넷뿌리들이 새로운 권력조직이나 문지기가 되지 않기를 바라기도 하지만요.

탐 미국에서 미래의 야당을 상상할 수 있으신가요?

밴든 회블 표를 다른 방식으로 계산하고 지역도 다른 방식으로 할당했으면 해요. 제3당을 불가능하게 하는 구조적 제한들 때문에 정말 기운이 빠지거든요. 하지만 민주당 내에 좀더 비판적인 조직을 세울 수는 있다고 정말 생각해요. 정말로요. 거기에서 가능성을 볼 수 있는 거죠. 정말 진보적인 민선 관리들로 2진을 구성하려는 좋은 노력들이 전국에서 장기적으로 실행되고 있고, "진보적 연방주의"(progressive federalism)라고 불리는 것에도 또한 희망이 있지요. 진보주의자들은 연방주의란 말에는 식겁하곤 했는데, 그것이 시민권 등의 침해를 의미했으니 그러는 것도 당연하지요. 하지만 지금 워싱턴에서는 교통정체가 심각하지만 각 주에서는 여러 가지가 원활하게 소통이 돼요. 375개가 넘는 지역사회가 애국자법안에 반대하는 결의안을 통과시켰다든가 각 주에서 최저임금을 인상한다든가. 또 시의회에서 "군대의 즉각 철수" 결의안을 통과했다든가 말이에요. 작은 일들이지만, '하룻밤 새에 세계를 바꾸어야 해'의 기준으로 우리의 성취를 측정한다면 차라리 그냥 다시 잠자리에 드는 편이……

탐 웬만큼 일이 빨리 진행되지 않으면 미국인들이 으레 그러듯이……

밴든 회블 맞아요, 무기력증이 정말 심각하죠. 우리에게 필요한 것은 꾸준함이라고 봐요. 사람들이 강 건너편으로 건너가버리기 전에, 가능한 일이 무엇인지 알려줄 필요가 있어요. 일전에 한 충직한 『네이션』 회원이,

그러니까 매년 정기구독비 외에 얼마간 잡지에 기부를 하는 2만 9천명 중의 한 사람이 제게 이런 편지를 썼어요. "우리가 승리한 얘기를 좀 실어보죠 (…) 커다란 장애를 극복한 인간승리에 대해서요." 작년에 웹 싸이트에 '기분 좋은 승리'라는 씨리즈를 시작하게 된 것이 그런 바람 덕분이었죠. 선거에서의 승리나 조직구성의 노력, 시위나 보이콧, 새로운 착상들과 새로운 조직, 새로운 주민발의와 같은, 대개는 작지만 어쨌든 기분 좋은 승리들에 주목함으로써 어두운 시대에 희망과 영감을 불어넣을 수 있기를 희망했어요. 또한 '이봐, 여기에 보통 주류매체의 레이더에는 걸리지 않는 소식이 있어'라고 말해주고도 싶었고요.

탐 그래서 이 잡지가 민주당의 자유주의파와 어떤 관계를 맺고 있다고 보시나요?

밴든 회블 바로 그것을 분명히 보여준 것이 —확실히 별로 도발적이진 않았지만 —우리가 대통령의 국정연설 당시 발행한 잡지입니다. 하원에서 가장 규모가 큰 진보적인 교섭단체의 주도적인 회원 스무명에게 그들 나름의 다른 연두교서를 써달라고 부탁했어요. 풀뿌리에 관심이 있고 민주주의를 걱정하는 하원과 상원의원들 몇사람과 관계를 구축해나갈 수 있겠지요. 그 하원의원들은 경제적·정치적 정의를 옹호하고 전쟁에 반대하거든요. 다수의 민주당 하원의원들이 전쟁결의안에 반대표를 던졌고 백명이상의 하원의원들이 지금 철군을 옹호한다는 사실을 쉽게 잊어버리는 경향이 있는데, 사실 그런 사람들 덕분에 우리가 함께 노력할 일이 있는 거지요. 그래서 난 포기하지 않아요.

탐 무지하게 빈약해진 2008년 대통령선거가 가까워오는데요. 그에 대한 생각은 어떠신가요, 물론 힐러리에 대해서도요.

다음 선거에서 폐허가 될 부시 공화국

밴든 회블 돌아버릴 것 같아요. 우선 난 정말 클린턴 일가가 지겨워요. 1988년부터 2012년, 아님 그 이후까지 부시, 클린턴, 부시, 클린턴, 이렇게 계속된다고 생각하면…… 하지만 인성의 문제를 말하는 게 아니에요. 이와같은 선거에는 중요한 쟁점이 세가지 있어요. 헌법의 문제, 즉 그것을 지킬 것인가, 또한 이라크에서 빠져나올 것인가, 그리고 범국민건강보험 법안을 통과시킬 것인가. 헌법에 대한 힐러리 클린턴의 입장은 그에 못 미치고요, 이라크와 건강보험에 대해서는 한심할 정도죠. 이번 선거가 진행되는 모양새가 어째 미국 정치사의 위대한 순간으로 기록될 것 같지 않아요. 탐, 우리가 경험해본 가장 유동적인 국면임을 고려하면 분명 그래야 하는데 말이에요. 그렇죠? 내가 알기로 현 부통령이나 대통령이 선거에 나서지 않은 것이 1952년 이후로 처음이에요. 누구든 나설 수 있는 거죠. 당신이 빈약한 경쟁이라고 부른 상황에 사람들이 절망하기 때문에 2008년에 후보로 나설 수 있는 새로운 얼굴, 비범한 인물을 구하는 것이겠죠. 새로이 달라진 앨 고어가 힐러리와 접전을 할 수 있을 정치 지도자라고 보는 사람들이 있어요. 어떤 소식통에 따르면 빌 모이어즈(Bill Moyers)에게 출마를 종용하는 일단의 사람들도 있다고 해요. 그렇다면 재미있겠죠.

탐 난 부시행정부가 내파할 가능성이 상당하다고 항상 믿었어요. 미국이 결국 제2차세계대전에 뛰어들었던 당시 "때이른 반(反)파시즘주의자"라는 꼬리표가 붙은 사람들에게 했던 것과 같은 의미에서 내 아내는 나를 때이른 낙관주의자라고 부르는데 사실 내가 그랬거든요. 시간 계산에서 틀렸던 거죠. 하지만 아마도 이번 중간선거에는, 그리고 확실히 2008년의 대통령선거에서는 부시 공화국이 폐허가 되는 것을 보게 되지 않을까요?

밴든 회블 아, 박살이 날 거예요. 산산이 부서지겠죠.

탐 그렇게 본다면 참 야릇한 상황이지요. 상대적으로 일어나는 사건이라곤 너무 없으니 말이에요.

밴든 회블 국내 정치의 차원에서는 그렇죠. 우리가 얼마나 대안이 배제된 왜소한 정치적 삶을 살고 있는지를 잘 보여주는 것이고요. 정말 그렇잖아요. 소수 권력자들의 정치세계만이 아니라 전반적으로 많은 일들이 진행되는데도 말이에요. 그러니까 그것 역시 우리 체제가 진정으로 다양한 미국의 시각들을 모두 표현할 능력이 부족하다는 사실을 보여주는 것이죠. 부시 집단이 내파되면 위험하게 나서지 말고 옆에 물러나 있다가 — 2006년에는 확실히 그렇죠 — 떨어진 콩고물이나 주워보겠다는 냉소적인 계산이 민주당 쪽에 분명 있어요. 역사적 사실에 근거해서 공정하게 과거를 되돌아보자면 뉴트 깅그리치(Newt Gingrich)의 『미국과의 약속』(*Contract with America*, 1994년 하원의원선거운동 기간에 깅그리치를 비롯한 주요 공화국 의원들이 자신들이 여당이 되면 함께 행할 정책들을 수록하여 출간한 책—옮긴이) 운운은 1994년이 될 때까지 사실 등장하지 않았어요. 그러니까 선거 전에 대안적 정책을 드러내 보여줘야 할 필요가 있다는 데는 약간 잘못된 환상이 있지요.

지금 현재 흥미로운 면은 반대편 보수주의자들 사이에 얼마나 동요가 일어나고 있는지예요. 왜냐하면 백악관에 있는 그들은 정말 보수주의자들이 아니거든요. 극단주의자들이죠. '철저한'(radical)이라는 표현은 쓰지 않겠어요. 그건 내가 좋아하는 용어니까요. 당신도 분명 느끼겠지만, 내 맘에 들지 않는 것은 이런 거예요. 윌리엄 버클리(William Buckley)가 드디어 나서서 말을 하고, 그죠? 프랜씨스 후꾸야마(Francis Fukuyama)도

나서서 말을 하자, 갑자기 사람들이 "와, 이건 정말 놀랍군!"이라고 얘기하는 거예요. 우린 4년 동안을 힘겹게 싸워왔는데 그 공을 누구에게 돌리는 거죠? 사람들이 "당신이 옳았어요"라고 말하는 게 아니라 — 일어난 사건이 너무 추악하니까 — "맙소사, 당신은 이것이 이런 식으로 망하게 될 줄을 일찍부터 알았군요"라고 나서서 말할 수 있다고는 생각할 수 없나요? 버클리라든지 조지 윌(George Will), 앤드류 썰리번(Andrew Sullivan) 같은 사람들이 종국에 마음을 바꿨을 때 그들을 더 신뢰하게 되는 무언가가 문화적으로 있어요. 젠장, 『네이션』은 2003년 봄에 도널드 럼즈펠드의 사퇴를 요구했다고요. 하지만 아마도 그건 학자연하는 사람들이 자기네들끼리 주고받는 찬사일지도 모르지요.

탐 지금이 정말 이상한 전향의 시기이긴 하지요, 그렇지 않습니까? 우파에서 계속 전향들을 하고 있죠. 이전에 실제로 일어났던 것에 대한 기억을 지워버린다는 점에서 아주 전형적인 미국적 전향의 순간이지요.

밴든 회블 고어 비달(Gore Vidal)이 "기억상실의 미합중국"(The United States of Amnesia)이라는 훌륭한 시구를 적었는데, 바로 그러한 특성을 지칭한 거죠. 이런 말을 한 사람도 있었어요. 한 국가에서 역사의 의미는 한 개인에게는 기억의 의미와 같다. 그런데 이런, 이 나라는 제대로 되어 있지 않군. 하지만 다른 한편 고무적인 일은 당신이 탐디스패치에서 기록해온 그런 것들이죠. 정부기관 내에서 일하는 사람들이, 그러니까 다른 상황이라면 그냥 가만히 있었을 그 사람들이 일어나는 사건마다 너무 안 좋고 너무 극단적이니까 부글부글 끓다가 더는 못 참고 부시행정부에 대항하여 의견을 내고 받아친다는 사실 말이에요. 그것이 바로 싸이 허시(Sy Hersh)와 같은 이가 항상 말한 것처럼 틈이 생기기 시작하는 때이지요.

미디어를 적극 활용해야

탐 잠깐 매체의 문제로 돌아가보죠. 141년 동안 『네이션』은 돈을 못 벌었고 그래서 누구든 붙들고 도움을 호소해야 했는데요, 그럼에도 불구하고 오늘날 많은 거대 미디어 기관들보다 여러 점에서 더 견실한 것 같아요.

밴든 회블 우선, 그 세월 동안 우리는 권력자에게 진실을 말할 수 있다는 점과 이윤을 내지 못한다는 두가지 점으로 유명했어요. (웃음) 하지만 드디어 수지 균형을 맞췄어요. 겨우 맞춘 거죠. 올해는 사실상 5천달러 정도의 이윤을 낸 것 같아요. 아마 그건 우리가 지키고자 하는 바를 알고 우리의 신념을 믿은 덕분이겠죠. 말하자면 지금이 그런 때라는 거예요. 반면 현재 아주 많은 언론매체들이 존재하는 상황이라 좀더 유순한 미디어 기관들은 정말 사정이 좋지 않지요. 진정으로 이의를 제기할 수 있고 아주 다양한 스펙트럼에서 논쟁이 벌어지는 많은 다른 나라의 미디어와 비교해보면 미국에서는 엄청 협소한 대역폭에서 논쟁이 벌어지고 있는 거예요.

탐 대부분의 정규 언론매체의 경우 인쇄물 쪽에서 독자들이 많이 빠져나가고 있는데요. 당신네 경우는 반대이죠? 판매부수가 어떻게 되나요?

밴든 회블 20만부쯤 되요. 물론 우리에게도 인터넷이 매개 역할을 해요. 작년에 인터넷으로 잡지 정기구독을 신청한 사람이 3만명이었다니까요! 인터넷이 아니었다면 『네이션』의 견해를 알지 못했을 독자들에게 다가갈 수 있는 거죠. 전국에 걸쳐 많은 도시에 독자들이 있지만 네바다 주 중부에는 그리 많지 않아요. 그러니까 그런 곳의 사람들에게는 인터넷을 통해 다가갈 수 있어요. 『네이션』을 여러 다른 방식으로 제공해야 한다는 생각을 갈수록 많이 하게 돼요. 물론 인쇄물이 여전히 중심이 되겠지만요. 진짜로 인쇄물에 대한 깊은 관심이 계속 지속될 것이라고 믿어요. 처음 보급용 책이 나왔을 때 사람들은 양장본이 없어질 거라고 예측했었잖아요. 결국에는 그것들이 상호 보충적인 형식이 될 거라고 봐요.

탐 그건 시기의 문제이기도 하고 언론매체 중에서도 텔레비전의 형식을 빌려 이름을 각인해야 할 필요성에 대한 얘기이기도 한데요. 사실 지금 바깥 세계에서는 당신의 얼굴이 『네이션』 그 자체와도 같습니다만.

밴든 회블 내가 왜 텔레비전에 나가는지 알아요? 좌파나 급진주의자들이 광범위한 청중들을 상대로 의견을 말할 기회가 너무나 드물고 아직까지 우리 국민의 80퍼센트가 텔레비전에서 정보를 얻기 때문이에요. 물론 텔레비전에서 뭐든 말할 수 있는 시간이 너무 없다는 게 맥 빠지는 일이죠. 하지만 실제로 일하면서 견지하는 견해들을 그대로 표현하려 하거나 혹은 드나들 때마다 자신의 고결함을 확인하려 들지만 않는다면, 주류미디어의 황무지에서는 듣지 못할 내용을 조금이라도 말할 수 있는 기회가 돼요. 이제는 고함을 지르는 그런 쇼는 좀 덜 하고 있고요,—그런 쇼들은 미국에 해를 끼치는 것 같아요—앤 쿨터(Ann Coulter) 같은 몇사람은 나 스스로가 천박해지기 때문에 더이상 텔레비전에 함께 나오지 말아야겠다고 생각하죠. 그러나 내게 온 이메일을 보면 저 바깥에는 내 얘기와 자신들이 느끼는 바가 같다고 생각하는 사람들이 있어요. 그런데 그들이 속한 사회에서는 워낙 그런 얘기를 들을 수가 없으니까 자신들을 무슨 괴짜나 이상한 사람처럼 생각한다는 거예요. 그리고 작년에는 시청자들에게서 나를 보수주의자라고 말하는 이메일을 점점 더 많이 받게 되었는데, 어떤 면에서 고무적이었어요. 이 편협한 텔레비전 세계에 희한한 면이 있다면—대체로 우리 정치문화에 도움이 되지 않았는데—편협한 목소리인

순한 목소리들만 텔레비전 매체에 넘쳐나니까 사람들이 『네이션』을 찾게 된다는 거예요.

존 에드워즈(John Edwards)는 두개의 미국을 이런 식으로 얘기하죠. 내 생각에는 세개, 네개, 다섯개의 미디어 미국과 수많은 차원의 뉴스가 있고, 인터넷에서건 아니건 찾으려고만 한다면 원하는 것은 확실히 찾을 수 있을 거라고 봐요. 하지만 정말로, 라디오 토크쇼만 듣고 하루에 5분 정도 CNN 뉴스를 보고 지역 신문을 몇분 정도에 걸쳐 읽는 사람과 당신이 다루는 이슈에 대해 이야기를 나눠보면 우리 미디어가 그 많은 사람들에게 얼마나 해야 할 도리를 제대로 못하는지 알게 될 거예요.

탐 『네이션』의 독자에 한도가 있을 거라고 보시나요?

밴든 회블 25만명에는 쉽게 도달할 거라고 보는데, 이 숫자는 몇년 전 만해도 몽상에 불과했죠. 전 출판인이자 이곳의 공동 경영자인 아서 카터(Arthur Carter)가 한번은 "백만이야 쉽지" 이런 소리를 한 적이 있는데 그땐 무심코 한 말이었죠. 그런데 지금은 그 숫자가 절대 불가능하다고 생각하지 않아요.

미국은 생각보다 진보적인 나라

탐 블로그에 올린 글에서 "역사는 끝나지 않았지만 미국의 세기는 끝났을 수도 있다"라고 적으셨는데요, 정말 그렇게 생각하나요?

밴든 회블 정말 그렇다고 생각해요. 엘리뜨들뿐 아니라 보통 사람들 사이에서 미국 시대의 종말에 대한 두려움과 불안이 다른 방식으로 바뀌어 나타나는데, 우리 정치문화가 위험스러운 외국인 혐오 정치나 메시아적 기독교로 변화되는 방식 등으로 표출되죠. 일반적으로 종교성이 강해지는 추세는 말할 것도 없고요. 경제적 힘의 기본적인 사실 통계만 보아도 미국은 이제 과거의 초강대국이 아닌데, 그것은 심지어 이라크에서의 참패가 미국의 힘에 있어서만이 아니라 미국의 정신구조에 있어서도 정말 어떤 의미가 있을지를 깨닫기 전부터 그러했어요. 베트남전 이후에 미국이 어떻게 되었는지를 따져보는 데 25년에서 30년이 걸렸다는 사실을 생각해보세요. 이라크전 이후에도 그러한 일이 생길 거라고 봐요. 언제 끝나든 끝난다면 말이죠.

인도와 중국의 성장은 분명 매우 다른 전지구적 지구정치 질서를 가져올 거예요. 미국이 그 속에서 강력한 위치를 차지하긴 하겠지만 미국의 세기가 되지는 않겠죠. 이런 점에서 내가 정말 기대하고 우리 잡지에서도 좀 더 다루었으면 하는 쟁점은 이거예요. 진보주의자들이 여기서 용기를 얻을 수도 있을걸요. 미국의 노동자들이며 세계의 빈민층들이 신자유주의를 광범위하게 받아들였음은 이제는 너무나 잘 알려진 사실이죠. 그런 점에서 최근 라틴아메리카에서 전개되는 상황을 보고 어떻게 고무되지 않을 수 있겠어요. 그곳에서는 미국의 지배에 대한 진정한 도전이 행해지고 있고 모든 나라들이 기업 주도의 경제발전 틀을 고수하는 IMF로부터 빠져나오고 있거든요.

탐 마지막으로 하실 말씀은?

밴든 회블 단지 지금이 중요한 시대라는 말을 하고 싶어요. 각자가 조금씩 할 일을 하면 달라질 수 있을 거라고, 아니 달라지기를 바랍니다. 마지막으로 주류미디어들이 우리 모두에게 정말 몹쓸 짓을 하고 있다고 봐요. 왜냐하면 미국은 일반적으로 생각되는 것보다는 더 진보적인 나라거든요. 어떤 근본적인 핵심 문제에 있어서 사람들은 군사주의적인 메시아주의정책을 원하지 않아요. 단지 그들은 안전을 원하고 어떤 원칙있는 대외정책을 원할 뿐이죠. 범국민건강보험과 종전을 원하고요. 사실상 정치적 지도자라고는 없는 상황에서 사람들은 우리가 뽑은 의회의원들이 원하고 주류미디어가 그려내는 것보다는 좀더 상식적이고 점잖은 나라를 추구한다고 생각해요. 그들이 항상 붙들고 늘어지는 민주당 주와 공화당 주의 분리(blue·red divide, 한국의 지역구도나 지역감정과 유사한 표현법으로 선거에서 공화당 지지가 우세한 주와 민주당 지지가 우세한 주를 각각 '빨간 주'red states와 '파란 주'blue states로 나누어 지칭하는 경향으로 '빨간 주'는 주로 중남부 주들이, '파란 주'에는 주로 서부와 동북부 주들이 속한다 ― 옮긴이)는 맘에 안 들어요. 미국은 그들이 생각하는 것보다 더 복잡한 나라거든요. 예를 들어 우리 잡지의 열성적인 독자 중에는 쏠트레이크씨티(Salt Lake City, '빨간 주'에 속하는 유타 주의 주도(州都)―옮긴이)의 시장도 있어요. 우리가 몸담고 있는 36/7의 미디어 문화에서 일반적으로 허용되는 것보다 더 많은 복잡성과 점잖음과 너그러움이 여기에는 있는 거죠.

• 그녀는 나를 사무실 바깥, 토끼 사육장과도 같은 『네이션』으로 배웅한다. 기도라도 하듯이 손을 마주잡은 채 고개를 끄덕이는 듯도 하고 허리를 굽히는 듯도 한 인사와 함께 "조심히 가세요"라고 말하며 사랑스러운 미소를 보내고는 사라진다. 잠시 후 내가 뒤돌아보았을 때 그녀는 이미 쌓여 있는 서류더미에 반쯤은 가린 책상에 자리를 잡고는 헤드셋을 낀 채 이야기에 푹 빠져 있었다.

10장

인류의 그라운드 제로

마이크 데이비스 Mike Davis

짧은 머리와 콧수염은 무척 희끗희끗하지만, 그는 아직도 푸줏간 집 아들의 단단하고 강인한 몸을 지니고 있다. 오래전 일이지만 한때 그는 쌘디에고 근교 엘 케이전(El Cajon)에서 아버지를 도와 죽은 동물을 운반하는 일을 했었다. 눈 깜짝할 새에 그는 당신을 자동차에 태우고 쌘디에고 외곽 맥맨션(McMansion, 1980년대부터 유행한 주택양식. 특별한 스타일이나 지역성 없이 여기저기 마구잡이로 순식간에 짓는다는 점에서 패스트푸드 브랜드 맥도날드의 맥Mac을 붙여 부정적으로 부르는 이름—옮긴이) 전원주택단지로 가거나 멕시코 국경 부근의 세워진 지 얼마 안된, 논란이 분분한 세 겹의 울타리까지 가서 국경 수비대와 잠깐 언쟁을 벌일 수도 있다. 그는 당신 꿈의 안내자이자 남부 캘리포니아에서 신기하고 눈길을 잡아끄는 것은 무엇이든 설명해줄 걸어다니는 백과사전이다. 간단한 논평이든 짧은 묘사든 분석이든, 그는

240

지나가다 눈에 띄는 것이면 무엇이든 그냥 지나치는 법이 없다. 도심에서 한참 벗어나 주간(州間) 고속도로를 달리다가 황량한 땅 어디쯤에서 건너가게 되는 다리는 미국에서 콘크리트를 가장 많이 쏟아부은 곳이라고 한다. 그는 미 해군 육해공 특수부대의 스텔스 상륙 모험을 비롯하여 쌘디에고의 푸른 항구를 종횡하는 모든 종류의 병기들을 식별하고 그에 대해 설명한다. "해군이 여기에 장난감들을 많이 두고 있죠!"

"요즘 쌘디에고의 사람들이 하나같이 얘기하는 것이 부동산 가치"라고 불평한 뒤 그 지역의 부동산시장에 대한 짧은 강연이 뒤따른다. 지나쳐가는 모든 군사기지와 군용지를 일일이 지적하면서 그는 말한다. "이곳 사람들은 어디에서나 보이는 군대를 알아채지 못합니다. 주변이 온통 죽음이고 살육장이라는 사실을 몰라요. 그냥 그걸 다 편집해서 잘라버리니까요." 그리고 이따금씩 오래된 기억을 떠올린다. "쌘디에고에서 자라면서 좋은 면이라고는 해군 주둔 도시라는 점과 값싼 영화관뿐이었어요. 십대들의 천국이었죠." 그의 차 조수석에 앉아 있으면 무엇 하나 잊는 법이 없을 듯한 한 박식가의 일상적이지만 눈이 휘둥그레질 만한 솜씨를 보고 있다는 사실을 의식하지 않을 수 없다.

그의 소박한 집은 쌘디에고의 가난한 동네 언저리에 있다. 그 동네 역시 간단하게 한바퀴 돌면서 덤으로 지방의 낙서에 대해 잠깐의 토론도 한다. 녹음기를 설치한 그의 작은 거실은 두살배기 쌍둥이인 제임스와 케이씨라고도 부르는 커쌘드라를 위한 커다랗고 알록달록한 플라스틱 장난감집으로 뒤덮여 있다. 이 집에서 그와 인터뷰를 한다는 것은 혁명적 역사의 세계와 만나는 일이기도 하다. 벽은 물론이고 어느 구석이나 틈에도, 심지어 화장실까지도 혁명적 포스터가 없는 곳이 없다. "동지여! 혁명을 위해 일하고 투쟁합시다!"처럼. 집안 어디서나 러시아 부호들이 발에 밟히고 거대한 손이 독일의 착취계급을 박살내며, 1919년으로 돌아가 "스파르타쿠스를 뽑아달라!"(Vote Spartacus!)는 선동을 듣게 된다.

로스앤젤레스에 관한 첫 책인 『수정의 도시』(*City of Quartz*)는 폭발적 인기를 얻어 베스트셀러가 되었고 그를 미국에서 가장 혁신적인 도시연구가의 반열에 올려놓았다. 이후 그는 로스앤젤레스에서 나타난 문학파괴에서부터 19세기의 빅토리안 홀로코스트와 우리 시대의 잠재된 조류독감의 유행에 이르기까지 온갖 것을 글로 써왔다. 아주 최근에는 지칠 줄 모르고 탐색하는 그 두뇌를 전지구적 도시로 돌려서 새로운 책인 『슬럼 행성』(Planet of Slums, 한국에서는 『슬럼, 지구를 뒤덮다』라는 제목으로 출간됨─옮긴이)을 출판했는데, 그 결론이 너무나 놀랍기 때문에 그것을 우리 대화의 기초로 삼기로 했다.

거실에 대충 임시로 앉을 자리를 마련하여 녹음기를 사이에 놓고 인터뷰를 시작했다. 그에게는 거의 사라져버린 오래전 미국의 독학자 전통 같은 면이 있다. 부족사회에 살았다면 그는 분명 부족 최고의 이야기꾼이 되었을 것이다. 주로 영감을 받아 나오는 독백과도 같은 인터뷰를 하던 중에 집안 어디선가 울음소리가 들리는 바람에 인터뷰가 갑자기 중단되었다. 케이씨가 낮잠을 자다가 깨어 짜증이 난 것이다. 그는 재빨리 자리를 뜨더니 몇분 후에 아직도 훌쩍거리는 맥없는 어린 여자애를 어깨에 태우고 나타난다. 검은 머리를 가진 그 애는 분홍색 바지와 셔츠를 입고 있다. 그의 도움으로 그 애는 기운을 차려 혼자 앉더니 얘기를 하기 시작하는데, 좀 이해하기가 어렵긴 해도 아빠 못지않게 말을 잘한다. 곧 커다란 플라스틱 장난감집 옆에 자리를 잡자 '커다란 나쁜 늑대' 게임에 우리를 끌어들였다. 이십분쯤 후에 그 애가 다른 곳으로 가자 그는 내 쪽으로 몸을 돌리더니, 내가 다시 시작하자는 신호를 보내기도 전에─난 그의 마지막 말을 확인하고 있었다─정확하게 아까 하던 말에서 시작해서 청산유수처럼 말을 이어나갔다.

캘리포니아 대학 역사학 교수인
마이크 데이비스

도시는 진보 정치의 잠재력이 풍부한 장소

탐디스패치 어떻게 해서 도시라는 주제를 다루게 되었는지로 인터뷰를 시작했으면 했는데요.

마이크 데이비스 로스앤젤레스라는 특정한 지역을 연구하다가 도시라는 주제로 넘어가게 되었죠. 로스앤젤레스로 간 이유는 60년대 신좌파주의자이자 그 많은 시간을 들여 맑시즘을 공부한 사람으로서, 급진적인 사회이론이라면 모든 것을 다 설명할 수 있어야 한다고 생각했기 때문입니다. 하지만 로스앤젤레스를 이해하는 것이 최고의 시험이 되겠다는 생각은 우연히 떠올랐죠.

이런 얘기는 하면 안될 것 같긴 하지만, 다른 도시에 대해 쓴 것들은 거의 다 부분적으로라도 나의 로스앤젤레스 기획에서 나온 것입니다. 예를 들어 로스앤젤레스의 도시공간의 군사화 경향이나 공적 공간의 파괴를 연구하다가 유사한 현상들이 전지구적으로 나타나는 점을 연구하게 된 것이죠. 로스앤젤레스의 교외에 관심을 가지다 보니 전국의 더 오래된 교외지역들의 운명과 새로 생겨나는 언저리 도시들의 정치학을 생각하게 되고요. 그래서 이렇게 줄곧 특정 지방에 기초한 방식으로 로스앤젤레스로부터의 세계가 생겨난 것입니다. 원래 기획에서 그것은 약 450개의 조각들이 모인 모자이크와도 같았어요.

좀더 설명해보죠. 1950년대로 거슬러 올라가면, 그때 지역의 복지 담당자들은 새로운 교외로 이주해 들어온 참전용사들이 도대체 소속감이 없다고 걱정하면서 주변부까지 포함한 로스앤젤레스지역에 실제로 얼마만큼의 생활 세계가 있는지에 대한 거창한 연구를 했는데, 작은 읍이나 동네, 교외 등을 포함하여 350여 공동체에서 사람들이 살고 있다는 결론에 도달했어요. 지금은 아마 500개쯤 되겠지요. 로스앤젤레스를 연구해보겠다는 내 전략의 배경에는, 로스앤젤레스를 구성하는 그 조각들이 각각 완전히 지역적이자 아주 특이한 그곳만의 이야기를 가지고 있지만 또한 그보다 큰 전체의 어떤 중요한 면을 굴절하여 표상하고 있으리란 생각이 놓여 있어요. 로스앤젤레스에 대한 이들 장소들의 얘기들을 모두 들려주려면 말 그대로 몇 생애를 살아도 부족할걸요. 그래서 그런 식의 방법론을 취했죠. 그 과정에서 사람들이 나를 도시연구가라고 부르기 시작했기 때문에 도시연구가가 되었을 뿐이에요. 내가 스스로를 역사가나 사회학자, 정치경제학자나 도시이론가 등으로 생각해본 적은 없어요.

탐 그럼 스스로 부르는 명칭이 있나요?

데이비스 신좌파 중에서 아직 남아 있는 다른 사람들과 마찬가지로 권력구조나 정치적 분석을 하는 조직책으로 생각했어요. 내가 저술하거나 생각한 거의 모든 것은, 상식적으로 이해할 수 있는 방식은 아니지만 내 생각에 특정한 싯점에서의 전략적이거나 전술적인 관점에서 나온 임무에 부응하는 거예요. 마치 아직도 민주사회를 위한 학생연합(SDS) 전국협의회나 세계산업노동자동맹(IWW)의 시카고 지부에 어떤 임무가 있는 것처럼 말이죠.

그리고 이 모두가 『수정의 도시』에서 거론한 전략적 퍼즐의 일부입니다. 로스앤젤레스는 그 역사상 결정적으로 중대한 싯점에 있었어요. 전지구화가 극적 방식으로 그 배선을 바꾸어 경제를 재조직했고 많은 사람들이 뒤처지게 되었죠. 하지만 이 도시는 더 나은 것을 향한, 진보적인 정치와 놀랄 만한 행동주의를 향한 믿을 수 없을 만큼 변화무쌍한 잠재력이 있었고 지금도 역시 그러합니다. 당시 나는 후대의 운동가들이 활용할 만한 책을 쓰고 싶었고, 동시에 환상적 자아가 실질적으로 그 구조에 구현된 로스앤젤레스와 같은 장소를 어떻게 바라볼 것인지 알아내려고 애를 썼던 거죠. 로스앤젤레스는 이미지로 살아가는 도시예요.

탐 그러고서 1992년의 폭동이 터졌지요, 아닌가요?

데이비스 그래서 폭동을 전지구화 과정의 직접적 결과로 이해하려고 했지요. 승자도 있고 패자도 있었습니다. 남중부 로스앤젤레스에는 전지구화가 다국적 마약산업의 형태로 나타난 것 또한 사실이었습니다. 그 지역이 돈을 벌게 해준 유일한 전지구화 방식이었죠. 『수정의 도시』의 다음 편은 로드니 킹(Rodney King) 폭동의 역사인데, 인근지역을 기초로 한 그 지역에 대한 이야기입니다. 그것이 그 사건의 복잡성을 파악할 수 있는 유일한 서사전략이죠. 아주 우연찮게 핵심 주동자 중 몇 사람을 만날 수 있었어요. 예를 들면 트럭 운전사를 거의 죽이다시피 한 죄로 감옥에 갔던 사람의 어머니를 알게 되었죠. 또한 와츠(Watts)지역에서 갱들간의 휴전을 주도했던 주요 인물인 드웨인 홈즈(Dewayne Holmes) 집안과 친했어요.

이 이야기를 인근지역의 역사와 잘 엮어서, 경찰에 대한 정당한 분노의 폭발이자 포스트모던한 생계형 폭동, 아시아계 가게주인에 대한 인종적 공격이기도 한 그 폭동을 설명할 수 있기를 바랐어요. 그러나 나의 야심은 두가지 점에서 위기를 맞았죠. 우선 나의 글쓰기를 위해 민중들의 삶을 부정하게 취하거나 내가 그들의 얘기를 대신 말할 권리에 대한 충분한 도덕적 근거를 찾을 수가 없었어요. 동시에 그 기획은 정서적으로 너무 고통스러운 일이었죠. 내 친구와 지인들의 삶은 너무 많은 어려움과 고통으로, 너무 엄청난 슬픔과 좌절로 가득했던 거예요. 그들과 함께 그 고통스러움을 살아낸다는 것은, 게다가 그때는 여러 일을 하면서 혼자 십대 아이를 키워야 할 상황이었으니까, 그것은 도대체 내가 할 수 있는 일이 아니라고 결정을 내렸죠. 내 생각으로는 책을 쓸 만한 대단한 방안이 있었지만, 그것을 쓰기 위해 필요한 깨끗한 양심도 정서적 에너지도 찾을 수가 없었던 겁니다.

다행히 자연재해가 내 기획에 덧붙여져서 폭동에 대한 책은 『두려움의 생태학』(*Ecology of Fear*)이라는, 남부 캘리포니아의 자연재해에 대한 물신주의의 연구로 변형되었습니다. 그곳에서는 코요테와 밀림의 사자가 거리의 갱들에 비교되는 것처럼 자연적인 것이 사회적 용어로 이해되는 반면, 거리의 갱과 같은 사회적 문제는 "야성적이고 난폭한 젊은이"처럼 자연적 사건으로 이해되거든요. 『두려움의 생태학』은 앵글로 아메리칸 문명이 자신들이 살고 있는 실제 지중해적 세계의 물질대사를 완전히 이해하지 못한다는 사실을 다룹니다. 그에서 생겨나는 오해가 남부 캘리포니아의 핵심을 이루지요.

본질적으로 미세 규모의 전기(傳記)들에서 대규모의 지층지질학과 엘니뇨로 옮겨감으로써 과학으로 돌아간 겁니다. 과학은 내가 처음 좋아했던 것이었고, 결국 대부분의 책을 쓴 것도 남부와 중부 로스앤젤레스에서

246

내가 알던 사람들의 거실이 아니라 칼텍(Cal Tech)의 지질학 도서관에서 였죠.

새로운 전지구적 '슬럼 계급'의 등장

탐 15년을 건너뛰어서 최근 저서인 『슬럼 행성』으로 가보죠. 그 책이 다루는 거대한 도시의 규모를 보건대 이젠 어떤 전지구적 중앙위원회로 부터 행군 지시를 받고 있다고 상상해볼 수 있을까요? 오늘날 슬럼화하는 우리의 행성이라는 주제를 소개해주시겠습니까?

데이비스 놀랍게도, 맑스든 베버든, 심지어 냉전기간의 근대화이론이 든 고전적인 사회이론에서든 그 누구도 지난 3~40년간 도시에 생겨난 일 을 예상하지 못했습니다. 도시에 살면서 세계 경제와 어떤 공식적인 관계 도 없는, 심지어 그런 관계를 가질 기회조차 없는, 대부분 젊은이들로 구 성된 거대한 계급의 출현을 아무도 예상하지 못한 거죠. 이 비공식적 노동 계급은 칼 맑스가 말한 룸펜 프롤레타리아도 아니고, 2, 30년 전에 짐작했 던 것처럼 결국에는 공식적 경제로 진입할 사람들로 가득한 "희망의 슬 럼"도 아닌 거죠. 도시의 주변부에 내팽개쳐진 채 보통 그 도시의 전통적 문화에 거의 다가갈 수도 없는 이 비공식의 전지구적 노동계급은 이론이 예상하지 못한 전례없는 발전을 대표합니다.

탐 행성의 슬럼화에 대한 수치를 조금 펼쳐봐주시죠.

데이비스 도시화를 전지구적 범위에서 분명하게 볼 수 있게 된 것은 거 우 지난 몇년 동안입니다. 이전에는 자료가 믿을 만한 것이 못 되었지만, 유엔인간거주위원회가 새로운 데이터 기준과 가구조사, 사례연구 등을

브라질의 어느 슬럼가

포함하여 우리의 도시 미래를 논의하기 위한 믿을 만한 기준선을 마련하기 위해 굉장한 노력을 했거든요. 그렇게 해서 3년 전에 내놓은 보고서인 「슬럼의 도전」(The Challanges of Slums)은, 엥겔스(Engels)나 메이휴(Mayhew) 혹은 찰스 부스(Charles Booth)나 미국의 경우 제이콥 리스(Jacob Riis) 등이 한 19세기 도시빈곤에 대한 위대한 탐구만큼이나 신기원을 여는 것이었어요.

어림잡아도 현재 10억의 인구가 슬럼에서 살고 있고, 10억 이상의 인구가 생존을 위해 바동거리는 비공식적 노동자들입니다. 행상인에서 일용노동자인 유모와 창녀, 이식용 장기를 떼어 파는 사람들까지 다 포함하죠. 이것은 정말 엄청난 수치입니다. 우리의 아이들과 손주들 시대에는 인류의 마지막 미개지까지 개발될 것이라는 점을 생각하면 더욱 그래요. 2050년과 60년 사이쯤에 인류는 아마도 100억에서 105억 정도의 인구 최대치

248

에 도달하게 될 겁니다. 예전의 지구멸망 예언만큼 심각한 것은 아니지만 이 증가의 90퍼센트가 남쪽의 도시들에서 일어나겠죠.

탐 본질적으로 슬럼에서는……

데이비스 앞으로 인구 증가는 모두 도시에서 일어날 텐데, 압도적인 비율로 가난한 도시에서 일어날 것이고 대부분이 슬럼에서 일어날 겁니다.

중국과 몇몇 다른 곳에서는 아직도 맨체스터·시카고·베를린·뻬쩨르스부르그 모델을 따르는 고전적인 도시화가 벌어지고 있어요. 하지만 중국의 도시 산업혁명이 다른 장소에서 유사한 산업혁명이 일어날 가능성을 차단한다는 점에 주목하는 것이 중요해요. 그것이 경공업 제품생산의 모든 역량을 다 빨아들이고 갈수록 다른 모든 역량까지도 흡수하고 있거든요. 중국과 인접한 몇몇 나라에서는 여전히 산업의 동력으로 성장하는 도시를 볼 수 있습니다. 그외의 다른 곳에서는 대개 산업화를 동반하지 않고 생겨나지요. 더 놀라운 것은 어떤 의미의 성장도 없는 경우가 종종 있다는 겁니다. 더구나 요하네스버그나 쌍 빠울로, 뭄버이, 벨로 호리손떼, 부에노스 아이레스 등 역사적으로 커다란 산업도시였던 남부 도시들은 지난 이십년 동안 제조업의 고용이 20퍼센트에서 40퍼센트까지 감소되는 등 대규모의 탈산업화를 겪고 있어요.

오늘날의 거대 슬럼들은 주로 1970년대와 80년대에 만들어졌습니다. 1960년 이전에는 '제3세계의 도시들은 왜 그렇게 성장이 더딘가?'라는 질문을 했어요. 사실 그때에는 빠른 도시화를 가로막는 거대한 제도적 장벽들이 있었지요. 식민지 제국들이 여전히 도시로의 진입을 제한했고, 중국과 다른 스딸린주의 국가들에서는 내국인 여권제도가 사회적 권리와 국내에서의 이주를 통제했으니까요. 커다란 도시화의 붐은 1960년대 탈식민화와 함께 시작되어요. 그러나 그때는 적어도 혁명적 민족주의국가들은 거주와 기본적 설비에 국가가 꼭 필요한 역할을 할 수 있다고 주장했어요. 70년대에 국가가 떨어져나가기 시작하고, 구조조정의 시대인 80년대에 라틴아메리카는 퇴보의 시대를 맞게 됩니다. 아프리카는 더했어요. 그때쯤 사하라 이남의 도시들은 산업화의 절정기인 빅토리아 시대 산업도시들이 자라난 것보다 더 빠른 속도로 성장을 했지만 동시에 공식적인 직업은 줄어들었어요.

교과서적인 의미의 경제 발전이 없이 어떻게 도시들이 인구증가를 감당할 수 있었을까요? 다시 말하자면 제3세계의 도시들이 발전없는 인구증가라는 모순에 직면해서도 폭발하지 않은 것은 왜일까요? 글쎄요, 어느 정도는 폭발을 했죠. 80년대 말과 90년대 초에 전세계에서 채무반대 폭동과 IMF 폭동들이 있었으니까요.

탐 92년의 로스앤젤레스 폭동도 그중 하나인가요?

데이비스 로스앤젤레스는 1세계적 도시특성과 3세계적 도시특성들이 결합되어 있기 때문에 사회적 불안의 전지구적 유형과 잘 들어맞습니다. 당시 로스앤젤레스의 정책입안자들과 지도자들은 보지 못했지만 거리에서 분명하게 알 수 있던 것은 1938년 이후 남부 캘리포니아의 가장 심각한 불경기의 여파였습니다. 그 여파로 가장 심각한 피해를 입은 것은 당시 많이 논의되던 항공산업이 아니라 도시의 가난한 이주민 동네였어요. 내가 시내에 살던 1년 사이, 소수의 집 없는 중년 흑인 남성들이 거주하던 빈 언덕배기에 100명, 150명의 라틴계 젊은이들이 임시거처를 마련했어요. 그들은 6개월 전에는 일용노동자이거나 접시닦이였지요.

폭동을 촉발한 사건은 로드니 킹 만행과, 전지구적 고용이라는 것이 고작해야 값싼 농축 코케인을 의미할 뿐인 사회에서 점점 쌓여가는 젊은 흑인들의 불만이었지만, 거의 집도 없다시피한 사람들이 굶주리며 살던 라

티노 동네에서 확산된 약탈 때문에 그것은 좀더 복잡한 대규모의 사건이
되었죠.

탐　정책입안자들과 지도자들은 도시에서 벌어진 일을 어떻게 전지구
적으로 해석했나요?

데이비스　세계은행(World Bank)과 발전주의 경제주의자들 그리고
1980년대의 커다란 비정부조직들은, 가난한 도시거주자들을 위한 주거의
계획과 공급에서 국가가 그 역할을 거의 방치하더라도 사람들은 어찌어
찌해서 살 곳을 찾거나 무단으로 정착을 해서라도 살아간다는 사실을 발
견했고 이로 인해 자력도시화 학파가 생겨났죠. 가난한 사람들에게 살아
갈 수단을 주면 그들은 알아서 집도 짓고 동네도 조직할 것이다. 이는 부
분적으로는 서민 대중의 도시화에 대한 매우 정당한 찬미였어요. 하지만
세계은행의 수중에서 그것은 완전히 새로운 패러다임이 되었죠. 국가는
끝났다. 국가는 신경 쓸 것 없다. 가난한 사람들은 알아서 도시를 세울 것
이다. 단지 소액융자만 있으면 된다……

탐　그것도 아주 이자율 높은 소액융자이죠.

슬럼의 사유화 현상과 비극

데이비스　예, 맞아요. 그러면 가난한 사람들은 기적같이 자신들의 도시
세계와 일을 만들어내기 시작할 것이다.
　『슬럼 행성』은 유엔의 '도전' 보고서의 연구를 계속해서 이어가려는 의
도로 썼어요. 그 보고서는 전지구적인 도시실업의 위기가 우리의 집단적
미래를 위협한다는 점에서 기후변화에 버금간다고 경고했지요. 확실히

가난한 사람들의 도시를 간접경험한 것으로, 도시의 가난과 비공식적 정착에 대한 거대한 전문적 문헌을 종합하려는 시도라고 할 수 있어요. 거기서 두가지 근본적인 결론을 끌어냈지요.

첫째는 무단으로 정착할 만한 노는 땅이 더이상 공급될 수 없다는 겁니다. 어떤 경우에는 아주 오래전에 끝났다고 봐야죠. 지금 노는 땅에 판잣집이라도 지을라 치면, 너무나 위험해서 시장가치라고는 전혀 없는 그런 곳을 고르는 수밖에는 없습니다. 무단정착은 이렇게 갈수록 목숨을 건 재난과의 내기가 되고 있는 거죠. 그래서 예를 들어 남쪽으로 몇 마일을 내려가서 국경 너머의 띠후아나(Tijuana)에 가보면 한때는 불법정착민들의 동네로 이루어졌던 땅이 이젠 팔렸거나 때로는 구획되고 개발되었다는 사실을 바로 알게 될 겁니다. 띠후아나의 극빈층들이 예전 같은 방식으로 불법정착을 할 수 있는 곳이라고는 집이 한두해 만에 무너져내릴지도 모르는 협곡의 가장자리나 강바닥뿐이죠. 제3세계 나라들 어디나 마찬가지 상황이에요.

불법정착이 사유화되고 있어요. 라틴아메리카에서는 그것을 "약탈적 도시화"라고 부르지요. 이십년 전에는 비어 있는 땅을 차지한 후 추방에 맞서서 결국에는 국가로부터 인정을 받아냈다면, 이제는 작은 땅뙈기에 비싼 값을 치러야 하거나 그럴 여유가 없으면 다른 가난한 사람들에게 세를 들어야 합니다. 어떤 슬럼가에서는 대부분의 거주민들이 불법정착민이 아니라 세입자들이에요. 남아프리카 요하네스버그의 쏘웨토(Soweto)에 가면 뒤뜰마다 세입자들이 사는 판잣집으로 꽉 찬 것을 볼 수 있을 겁니다. 도시에 오랫동안 살아서 약간의 땅이라도 갖게 된 수백만의 가난한 도시거주자들이 주로 택하는 생존전략이 그 땅을 나누어서 더 가난한 사람들에게 세를 주는 거거든요. 때로는 그 세입자가 또다시 땅을 나누어 다시 세를 주기도 하지요. 그렇게 해서 근본적인 안전 배출구였던 도시의 빈 땅이라는 아주 낭만화된 변경지대는 대부분 종말을 맞았다고 봐야죠.

둘째 중요한 결론은 비공식적 경제와 관련이 있어요. 행상이나 일용노동 가사노동 심지어는 생계형 범죄까지 포함한 기록 안된 경제 활동을 통해 하루하루 생계를 꾸려가는 가난한 사람들의 능력 말입니다. 굳이 말하자면 비공식적 경제는 사람들을 가난에서 끄집어낼 수 있는 소규모 기업의 능력이라는 식의 과장된 주장과 함께 불법정착보다 더욱 낭만화돼온 면이 있어요. 하지만 전세계에 걸친 수십 건의 사례연구를 보면 점점 더 많은 사람들이 제한된 생존의 틈새시장으로 쑤셔넣어지고 있음을 알 수 있죠. 인력거꾼도 너무 많고, 노점상들도 너무 많으며, 판잣집을 싸구려 선술집으로 바꾸어 술을 파는 아프리카 여성이나 세탁일을 하는 사람도 너무 많고, 공사장에서 일을 하려고 줄을 늘어서는 사람들도 너무 많은 거지요.

탐 어떤 면에서 예전의 제3세계가 일종의 제300번째 세계로 변하고 있다고 하시지 않았나요?

데이비스 내 말은 국가가 이미 오래전에 투자를 중단한 도시들에 빈곤층을 정착시킨 두가지 주요한 기제가, 가난한 도시의 고속성장이 두세대쯤 계속된 바로 이 싯점에서 그 한계에 이르렀다는 것이에요. 따라서 불길하지만 분명히 떠올리지 않을 수 없는 질문이 바로 "저 변경지대 너머에 무엇이 있는가"이죠.

탐 『슬럼 행성』에서 한 문장을 인용해볼게요. "부자 나라로의 대규모 이주를 막는 말 그대로 첨단기술 장벽의 집행으로, 슬럼만이 현세기의 잉여적 인류 수용이라는 문제에 관해 완전히 특허받은 해결방법이 되었다."

데이비스 현재 우리의 모델에 적합한 19세기 유럽의 가난한 도시 두곳

은 더블린과 나뽈리였는데, 그 도시들을 미래로 여긴 사람은 아무도 없었
어요. 그리고 더이상의 더블린과 나뽈리가 생겨나지 않은 이유는 무엇보
다도 대서양 너머로의 이주라는 안전한 배출구가 있었기 때문이죠. 오늘
날 남반구 대부분은 사실상 이주가 막혀 있어요. 예를 들면 호주와 서구
유럽이 만든, 본질적으로 고도의 기술을 가진 제한된 노동력의 이주 이외
의 모든 이주를 완전히 차단하려고 고안된 그런 국경들은 정말 전례가 없
어요. 멕시코와 마주한 미국의 국경은 역사적으로 다른 종류의 것이었어
요. 그건 노동력의 공급을 조절하는 댐 같은 것이지 그 유입을 완전히 막
으려는 것이 아니니까요. 하지만 전반적으로 보아 현재 가난한 나라의 사
람들은 과거에 가난한 유럽인에게 주어졌던 선택권이 없습니다.

냉혹한 힘이 사람들을 시골에서 몰아내고 전지구화된 경제가 양산한
잉여 인구들은 도시의 외곽에 형성된 슬럼에 쌓여갑니다. 그것은 시골도
아니고 그렇다고 도시도 아니며, 도시이론가들이 제대로 파악하거나 이
해하기 어려운 것이죠.

미국에서는 그곳을 준교외지역(exurbia)이라고 부르지만, 그건 아주 다
른 현상이에요. 그 준교외지역이야말로 미국 도시를 볼 때 가장 눈에 띄는
곳인데, 예전 같으면 시골마을이었을 곳에서 외곽도시로 출퇴근하는 사
람들이 이제 집 앞에 SUV가 여러대 주차되어 있는 훨씬 넓은 땅의 맥맨션
에 살고 있지요. 그들은 각각이 작은 소비의 단위를 이루는 획일적인 집들
로 이루어진 전통적인 50년대 레빗타운(Levittown, 1947~51년에 뉴욕 교외에
건설된 마을로 처음으로 대량생산된 집을 빠른 시간에 지어 전후 교외마을의 전형을 이
룸―옮긴이)이 환경적인 측면에서 효율적으로 보이도록 합니다. 다시 말
하면 중산층 사람들이 더 외곽으로 나가면 나갈수록 환경에 영향을 미치
는 그 규모도 더 커진다는 거지요.

이 현상의 또다른 면이라면 극빈층이 굴러 떨어질 듯한 언덕배기나 유
독성 쓰레기처리장 같은 위험하기 짝이 없는 곳에 살도록 밀어넣어지거

나 홍수 때면 물에 잠기는 범람원에서 살 수밖에 없게 되어 매년 자연재해로 인한 인명피해 수치가 올라간다는 거예요. 따라서 그 수치는 자연의 변화보다는 가난한 사람들이 갈수록 절박하게 목숨을 건 내기를 할 수밖에 없는 상황을 보여주는 척도이지요. 제3세계의 대도시에서는 일부 부유층이 도시에서 멀찌감치 떨어진 교외의 차단된 공동체에서 사는 것도 사실이지만, 전세계 슬럼 거주민의 3분의 2가 주로 교외지역의 일종의 버려진 땅에서 겹겹이 쌓여 살고 있는 겁니다.

탐 그것을 "생존의 그라운드 제로"라고 칭하셨죠.

데이비스 정말 그렇거든요. 도시적 성격은 없는 도시화이니까요. 그 한 예로 몇년 전 카사블랑카를 공격한 급진적 이슬람 단체를 들 수 있어요. 도시에서 자랐지만 어떤 점에서도 도시의 일부라고 할 수 없는 열댓에서 스무명쯤 되는 가난한 아이들이었지요. 그들이 태어난 곳은 근본주의 이슬람을 지지하지만 허무주의적 이슬람과는 다른 전통적인 가난한 노동계급이 사는 동네가 아니라 그 외곽 지역이었어요. 시골에서 추방당했지만 도시에는 편입되지 못한 상태의 아이들이었지요. 그들의 슬럼세계에서 유일한 사회나 질서라고는 이슬람 사원이나 이슬람 조직에 의해 주어지는 것이 전부였죠.

한 설명에 따르면 이 애들이 도시를 공격한 그때가 그중 몇몇에게는 처음으로 도시 중심가에 들어가본 때였다고 하는데, 내가 볼 때 이 사실은 전세계적으로 벌어지는 사태의 은유가 될 수 있어요. 도시 쓰레기처리장에 버려진 세대. 게다가 가장 가난하거나 야만적인 도시에만 해당되는 일도 아닌 것이죠.

인도의 첨단 기술전시장과도 같은 하이데라바드(Hyderabad)를 예로 들어보죠. 그곳은 6만 정도의 쏘프트웨어 노동자들과 기술자들이 사는 도시로, 사람들은 싼타 클라라 밸리(Santa Clara Valley, 북캘리포니아의 쌘프란 씨스코 만 남쪽에 있는 골짜기로 보통 썰리콘밸리라고 부르는 지역을 말함—옮긴이)와 유사한 교외에서 캘리포니아식 생활 방식을 모방하며 스타벅스에도 갈 수가 있죠. 그런데 하이데라바드는 몇백만의 사람들이 사는 끝없이 펼쳐진 슬럼들로 둘러싸여 있어요. 쏘프트웨어 노동자들보다 더 많은 넝마주이들이 있는 거죠. 첨단 기술경제의 떡고물을 주워먹으며 살 수밖에 없는 이들 도시 거주자들 중 일부는 도심 가까운 쪽에 자리 잡은 슬럼에 살다가 새로운 중산층의 연구개발 공업단지의 부지를 마련하는 와중에 거기서 쫓겨난 사람들입니다.

〈2부〉 '제국주의적 도시와 슬럼들의 도시'

탐 부시행정부가 바그다드에 만들고 있는 것이 당신이 『슬럼 행성』에서 묘사한 도시 세계의 기괴한 형태가 아닌가 하는 생각이 드는데요. 벽으로 둘러싸인 제국주의의 녹색지대(Green Zone)가 있고 그 도시 중심부에는 스타벅스도 있지만, 그 바깥으로는 해체되어가는 수도와 더불어 싸드르(Sadr) 시의 거대한 슬럼이 있지요. 그리고 둘 사이에서 주고받는 것이라고는 미사일로 무장한 헬리콥터가 저쪽으로 가고 자동차 폭탄테러가 이쪽으로 오는 일이 전부이고요.

데이비스 바로 그래요. 바그다드는 공적 공간이 붕괴하고 두 극단 사이의 중간지대가 갈수록 줄어드는 현상을 보여주는 전형적인 예이지요. 수니파와 시아파가 함께 존재하는 통합된 동네가 빠른 속도로 사라지고 있어요. 이제는 미국의 군사행동에 의해서만이 아니라 종파간 테러에 의해서이기도 하지요.

언젠가 싸담 도시라고도 불리던, 바그다드의 동쪽 사분원 모양의 싸드르 시는 괴상할 정도로 성장했어요. 200만의 빈민층이 있는데 대부분 시아파입니다. 그 수는 여전히 증가하고 있고 그런 중에 수니 슬럼 역시 증가하죠. 그것은 싸담 때문이라기보다는 대실패작인 미국의 농업정책 때문인데, 미국이 재건 비용을 농업 쪽에 거의 배당하지 않았거든요. 모든 것이 석유산업 재건에—그것 역시 성공적이지 않았지만—집중되는 동안 커다란 농장들이 황폐화되었죠. 시골과 도시의 균형을 어느정도 유지하는 일이 핵심적인 일이었을 테지만, 미국의 정책은 그저 토지로부터의 이탈만 가속화했을 따름이지요.

물론 녹색지대는 일종의 차단된 공동체, 커다란 요새 안의 성벽과도 같아요. 이러한 것이 또한 전세계적으로 생겨나는 것을 보게 되지요. 내 책에서는 이것을 주변부 슬럼의 증가와 대비시켰어요. 중산층이 도시 중심부와 전통적인 문화를 모두 버리고 지구밖 세계로 피난하여 놀이공원과도 같은 캘리포니아 생활방식의 삶을 사는 거지요. 이중 일부는 믿을 수 없을 만큼 안전에 민감하여 정말 요새 같아요. 나머지는 좀더 전형적인 미국식의 교외이지만 모두가 미국이라는 환상, 특히 텔레비전을 통해 널리 독점판매되는 캘리포니아의 환상에 대한 강박관념을 중심으로 조직되어 있다고 할 수 있죠.

그래서 뻬이징의 신흥부자들은 고속도로를 타고 오렌지 카운티(Orange County)나 비버리 힐즈(Beverly Hills) 같은 이름을 지닌 둘러막힌 지역에 출퇴근을 합니다. 카이로에도 비버리 힐즈가 있어요. 그 동네 전체가 월트 디즈니 동산 같아요. 마찬가지로 자카르타에도 상상적인 미국에서 사는 사람들의 주택단지가 있어요. 이러한 것들이 번성하면서 전세계적으로 나타나는 새로운 도시 중산층의 뿌리 뽑힌 상태를 부각시키지요. 이와 함께 텔레비전 이미지에 나온 것을 그대로 갖겠다는 강박적 욕구가 생겨납니다. 그래서 실제 오렌지 카운티의 건축가들이 뻬이징 외곽에 "오렌지 카운티"를 기획하게 되는 거지요. 전지구적으로 중산층들이 텔레비전이나 영화에서 보는 사물을 맹목적으로 좇는 거예요.

도시 공간의 양극화

탐 부시의 또다른 도시기획으로 건너뛰었으면 합니다. 뉴올리언즈에서도 이와 비슷한 일이 벌어지는 듯한데, 아닌가요?

데이비스 물론이죠. 불행하게도 뉴올리언즈의 상층 백인계급 대부분은 도시를 재건하거나 대다수의 아프리카계 미국인들과 함께 살아가는 중요한 임무와 대면하기보다는 역사적인 뉴올리언즈를 완전히 놀이공원식으로 바꾼 위조품에서 살기를 원해요. 진정성에 대한 사람들의 기대가 현실 적합성을 상실한 지 오래되었어요. 유니버설 스튜디오사가 어떻게 로스앤젤레스에서 추출한 아이콘을 축소모형으로 바꾸었으며, 그것을 씨티워크(City Walk)라고 불리는 둘러막힌 안전한 장소에 설치했는지를 『두려움의 생태학』에서 설명한 바 있어요. 그렇게 되자 실제 도시를 방문하는 대신 그곳엘 가든지 라스베이거스에 있는 그와 비슷한 곳에 가게 된 거죠. 도시의 놀이공원을 찾아간다고 생각하지만, 사실 그건 쇼핑몰에 불과해요. 거기에 카지노라도 있으면 할 수 있는 경험은 다한 셈이지요. 이러한 과정에서 가난한 계층은 갈수록 도시의 문화와 공적 장소에서 떨어져나가는 반면, 부유층은 자발적으로 그것을 반납하고 이제는 나라마다 다를 바 없는 보편적인 일반적 공간으로 물러나는 겁니다. 중간지대가 떨어져나가는 거지요.

그러나 아직 각 문화지대들과 대륙들 간에 큰 차이가 존재해요. 라틴아메리카에서 가장 끔직스러운 것은 지금 벌어지는 정치적 양극화의 정도예요. 빈곤층의 요구에 대한 중산층의 저항이 아주 무시무시하죠. 의사라고 할 만한 사람들이 슬럼에서 일하는 한줌의 베네주엘라 의사밖에 없기 때문에 차베즈(Chavez)는 꾸바 의사를 찾아야 합니다. 중동지역은 또 그와 많이 다르죠. 예를 들어 카이로에서는 국가가 뒤로 물러나 있거나 아님 너무 부패해서 꼭 필요한 써비스를 제공할 수가 없기 때문에 이슬람 전문직 사람들이 그 요구들을 충족시켜요. "무슬림 형제애"가 의사협회와 기술자협회를 인수했거든요. 그저 자신들의 특권을 지키기 위해 뭉치는 라틴아메리카의 중산층과 달리 그것은 시민사회와 유사하게도 빈곤층에게 써비스를 제공하기 위해 조직된 것이죠. 그것이 부분적으로 코란이 정한 십일조의 의무에서 나온 것이긴 하지만, 도시 생활에 중대한 영향을 끼치는 두드러진 차이라고 할 수 있겠죠.

슬럼과 제국주의 도시 간의 잠재적 교환: 질병

탐 잠깐 옆길로 새겠습니다. 『슬럼 행성』 전에 쓰신 조류독감에 관한 책이 『우리 문앞의 괴물』(*The Monster at Our Door*)인데요, 이렇게 얘기를 나누다보니 그 책 역시 농업 분야에서 벌어지는 일종의 전행성적인 슬럼화에 관한 것이라는 점에서 『슬럼 행성』과 주제상 연결된다는 생각이 드네요.

데이비스 디킨즈(C. Dickens)가 그린 빅토리아 시기 가난의 세계가 다시 생겨난다고도 할 수 있는데, 그 규모로 치자면 빅토리아인들을 경악하게 할 정도이지요. 그러니까 빅토리아 중산층이 빈곤층 질병에 보인 지대한 관심이 되돌아온 게 아닌가 의심하는 것도 당연하죠. 전염병에 대한 그들의 맨 처음 반응은 햄프스테드(Hampstead)로 이주하거나 도시를 탈출하거나, 아님 빈곤층으로부터 분리되려는 것이었어요. 그럼에도 불구하고 콜레라가 슬럼가에서 중산층지역으로까지 확산되는 것이 분명해진 다음에야 최소한의 위생시설과 공적 건강의 기반시설에 투자를 하게 되지요. 19세기와 마찬가지로 어찌어찌해서든 빈곤층의 질병과 멀찌감치 떨어지든지 그것을 차단하거나 그것에서 도망칠 수 있다는 환상이 오늘날에도 여전하죠. 우리 대부분은 현존하는 잠재적 질병의 엄청난, 말 그대로 폭발적인 창궐을 깨닫지 못하는 거예요.

이십년 전에 대표적 전염성 질병 연구자들은 다시 생겨나는 새로운 질병에 대한 경고를 여러권의 책으로 묶어냈죠. 그에 따르면 전지구화는 인류와 미생물 간의 균형을 흔들어놓을 수 있는 행성 전반에 걸친 환경 불안정과 생태의 변화를 야기하고, 그 때문에 새로운 역병이 생겨날 수 있다고 해요. 또한 전지구화 과정에 상응하는 질병 탐지와 공적 건강을 위한 기반시설을 만들어내지 못하는 상황에 대해서도 경고했죠.

내가 책에서 다룬 것은 한편으로 어디서나 참담한 위생상태와 결부된, 전지구적으로 퍼져가는 슬럼과, 다른 한편으로 사람을 매개한 질병의 빠른 확산을 촉진하는 고전적인 조건 간의 관계입니다. 그리고 또다른 한편으로 가축 생산방식의 변화가 동물들 사이에서 질병을 어떻게 발생시키고 그것이 인간에게 옮겨질 수 있는 완전히 새로운 조건이 어떤 방식으로 창출되는지에 촛점을 두었죠.

인플루엔자는 전염성 질병의 중요한 범례이지요. 예전에 야생 조류와 가금류, 돼지와 인간들이 생태적으로 친밀한 관계를 오래도록 지속해온, 독특한 생산방식의 농업체계를 지닌 중국 남부에 인플루엔자는 모여 있었어요. 조류독감의 경우 한편으로 현대 세계는 그것이 확산될 최적의 조건을 만들어놓았어요. 다른 한편 가난한 도시들의 증가와 함께 식생활에서 단백질 섭취 요구 역시 증가해왔는데, 이러한 요구는 전통적인 단백질 공급원으로는 충족될 수가 없어요. 공업화된 가축생산으로만 가능하다고 봐야죠.

그것이 한마디로 가축의 도시화인 거예요. 누구네 집 앞뜰에 닭 열댓마리나 스무마리가 있거나 농장에서 돼지 한쌍을 키우거나 하는 것이 아니라, 예를 들면 방콕 주변을 양계장이 빙 둘러싸고 있는데 이는 아칸쏘나 조지아 북서부에 있는 것과 비슷해요. 그러니까 수백만 닭들을 창고나 공장 같은 농장에서 기르는 것이죠. 자연 상태에서 이처럼 조류들이 밀집한 적은 한번도 없었고, 유행병 학자와 얘기해본 바에 따르면 아마도 그런 상태가 최대치의 공격성과 질병 진화의 가속화를 촉진하게 될 겁니다.

동시에 전세계의 습지들이 저평가되고 대개 관개농업을 위해 물길을 바꾸면서 야생 철새들이 관개된 밭이나 논, 농장 등으로 자리를 옮겼죠. 게다가 가축 혁명, 특히 도시에서 증가하는 닭에 대한 수요 — 현재 지구상에서 두번째로 주요한 육류 단백질 공급원 — 와 슬럼의 증가, 그리고 습지의 감소라는 이 모든 것이 지난 십년에서 십오년 사이에 특히 빠르게 생겨난 거죠. 이 모든 것이 전염병 전문가들이 한 세대 전에 이미 경고했던 것이지만요. 이는 매우 근본적인 생태적 혼란이고, 인플루엔자의 생태학과 동물의 질병이 인간에게 옮겨지는 조건을 바꾸어놓았어요. 더구나 많은 제3세계 도시에서 공공 건강관리가 쇠퇴해가던 때에 일어난 일이죠. 1980년대 구조조정의 결과로 수십만의 의사와 간호사, 공공 건강분야 종사자들이 케냐나 필리핀을 떠나 영국이나 이딸리아로 이주하게 되었거든요.

이 모든 것이 생물학적 재난에 딱 들어맞는 공식이고 조류독감은 두번째로 생겨난 전지구적 전염병이에요. 에이즈 바이러스가 부분적으로 육류용 야생조류의 무역으로 생겨났다는 사실은 이제 아주 명백하죠. 서아프리카 도시에서 전통적으로 단백질의 주요 공급원이던 생선을 서구 식품산업용 배들이 기니 만에서 싹쓸이하다시피 하자 서아프리카인들이 야생조류로 눈을 돌리게 되었거든요. 또한 에이즈 바이러스가 아마도 콩고의 킨샤샤(Kinshasha)에서 위험한 수치에 도달했다는 가정에는 상당히 튼실한 증거가 있는데, 국가가 붕괴하거나 후퇴하게 되면 어떤 일이 벌어지게 될지를 알려주는 현재의 궁극적인 실례를 그곳에서 볼 수 있죠.

이렇게 에이즈 바이러스와 조류독감, 싸스(SARS)가 있는데, 싸스는 야생조류 무역으로 생겨난 또다른 질병으로 이번에는 중국 남부에서 발생해서 놀라운 속도로 전세계로 퍼져나가고 있어요. 이것이 미래의 질병……

탐 미래의 슬럼화이기도 하고요.

데이비스 네, 미래 슬럼세계에서의 질병이지요. 전지구적 슬럼과, 인간과 동물이 겪는 생태상의 대규모 변화를 고려하면, 조류독감과 같은 것이 인류 전체에 퍼져나가는 것은 거의 불가피해요. 하지만 조류독감과 같은 질병의 단순한 위협보다 더 문제인 것은 그에 대한 반응이겠죠. 백신과 항바이러스 물질의 즉각적인 매점이나, 몇 안되는 부자나라들이 자국민들의 건강을 보호하는 데에만 전적으로 주력하는 것이 문제예요. 게다가 그 한줌의 부자나라들이 생사를 좌우하는 약 생산을 또한 독점하고 있지요. 다시 말하면 한치의 망설임도 없이 거의 반사적으로 빈곤층을 내던져버리는 거예요. 만약 조류독감이 올해가 아니라 앞으로 5년 후에 발생한다면, 그것을 어느정도 막을 것인가의 차이는 미국과 독일, 영국 등에서 나타날 겁니다. 빈곤층은 그저 마찬가지겠죠. 특히 에이즈 바이러스의 재앙으로 다른 전염병에 극도로 취약한 인구들이 많이 생겨난 아프리카인들이 가장 위험하고요.

슬럼과 도시 간의 폭력적 교환: 새로운 사회운동의 모색

탐 그래서 그것이 제국주의 도시와 슬럼 도시 간의 잠재적 교환이군요. 또다른 전염성 강한 치명적 교환이라면 폭력과 테러와의 전쟁, 마약

등등이 있겠죠. 그러니까 이전의 베트남과 그다음 이라크를 생각해보면 정글이 정말 말 그대로 현대 전쟁의 연보에서 슬럼 도시가 되니까요.

데이비스 시골에 여전히 축적되어 있는 폭발적인 사회적 모순을 최소화하지 않는다면 미래의 게릴라전과 세계체제에 대한 저항이 도시로 옮겨갈 것이 분명하겠죠. 미 국방부는 그 누구보다 분명하게 이 사실을 깨닫고 그 누구보다 열심히 그 경험적 결과를 해결하려고 씨름해왔어요. 슬럼 세계의 중요성을 인식하는 면에서 보자면 그 전략은 지구정치학자들과 전통적인 외교관계의 유형을 훨씬 앞서 있어요.

탐 지구온난화에 대한 인식에서도요……

데이비스 그래요. 왜냐하면 그들은 그로 인해 생겨날 잠재적 불안을 인식하고 있고 그후 권력의 균형에서 벌어질 유리한 변화 또한 예견하고 있는지도 모르니까요.

최근 미국이 분명히 보여준 것은 현대 도시의 위계적 조직을 깨부수고 그 기반시설과 중심점들을 공격하며, 텔레비전 방송국을 날려버리고 상하수도 시설과 다리의 기능을 마비시키는 놀라운 능력이에요. 첨단의 폭탄들이 그런 일을 수행할 수 있죠. 그러나 동시에 미 국방부는 주변부 슬럼, 그러니까 어떤 위계조직이나 중앙집중된 기반시설 그리고 높은 건물조차 없는 미로같이 어지럽고 지도에도 안 나오며 거의 알려지지 않은 도시지역들에서는 이 기술을 쓸 수 없음을 알게 되었죠. 국방부가 보기에 이 세기의 가장 새롭고 놀라운 지역, 카라치(Karachi)나 뽀또 쁘린스(Port au Prince), 바그다드의 슬럼을 그 모델로 하는 지역을 해명하고자 한 정말로 훌륭한 군사문헌이 있어요. 이 대부분이 1993년 모가디슈(Mogadishu)의 경험으로 거슬러 올라가는데, 미국에 엄청난 충격을 준 그 경험은 전통적인 도시 전투방식이 슬럼 도시에서는 먹히지 않음을 보여주었죠.

탐 모가디슈의 거리에서 얼마간의 미군이 전사하여 우리가 충격에 휩싸인 동안 정확히 알 수도 없는 엄청난 수의 소말리아인들 역시 사망했다는 사실은 아무도 거론하지 않았지만 말이죠. 적어도 수백만은 되었을 텐데요.

데이비스 대규모의 학살을 자행하는 건 가능하죠. 수천 사람이라도 죽일 수 있어요. 그 능력이 못 미치는 부분이라면 수술을 하듯이 핵심적 지점을 무력화하는 일이죠. 그런 핵심적 지점이라는 게 거의 없거든요. 처리해야 하는 것이 어떤 공간적인 위계체계도 아니고 일반적인 위계적 조직도 아니니까요. 국가안보위원회가 그 사실을 이해했는지는 모르겠지만 많은 군사전문가들은 확실히 알고 있었어요. 예를 들어 육군대학(Army War College)의 연구들을 읽어보면 부시행정부가 채택한 것과는 다른 지구정치학을 볼 수 있을 거예요. 전쟁 기획가들은 악의 축이라거나 지배적인 공모 따위를 강조하지 않아요. 대신 그들이 강조하는 것은 마구 뻗어 있는 주변의 슬럼과 같은 어떤 지역적 특성과, 그것을 통해 거대 마약조직이나 알카에다, 혁명조직, 종교집단과 같은 잡다한 적들이 자신들이 지배할 수 있는 영역을 새로이 만들어낼 기회를 갖게 된다는 사실이죠. 결과적으로 미 국방부의 이론가들이 건축과 도시계획 이론을 연구한다고도 할 수 있겠죠. 국가는 보통 자신의 주변부 슬럼에 대해 거의 아는 바가 없기 때문에 지정학정보씨스템(GIS) 기술과 위성을 이용해서 빠진 부분을 채웁니다.

슬럼의 도시와 제국주의적 도시 간의 폭력의 교환이라는 문제는 주체(agency)라는 더 심원한 문제와 관련이 있지요. 현재 도시에 살면서도 공식적인 세계경제에서 추방된 이 거대한 소수자 집단이 어떻게 그 미래를 찾을 것인가? 역사적 주체가 될 수 있는 가능성은 무엇인가? 맑스가 '공산당선언'에서 지적한 전통적 노동계급은 두가지 이유에서 혁명계급이었죠. 기존 질서에서 어떤 몫도 차지하고 있지 못했지만 동시에 근대 산업생산의 과정에 의해 집결되어 있다는 점에서요. 파업을 하거나 그냥 생산을 마비시켜버리거나 공장을 접수할 수 있는 엄청난 사회적 힘이 잠재되어 있는 거죠.

그런데 현재는 생산에서든 경제에서든 아무런 전략적 지위도 차지하지 못하는 비공식적 노동계급이 있어요. 그러나 어쨌든 그들에게 도시를 마비시키거나 공격하는 새로운 사회적 힘이 발견되긴 했죠. 그 양상은 엘알또(El Alto)나 볼리비아 라빠즈(La Paz)와 같은 거대한 쌍둥이 슬럼 거주민의 창조적 비폭력 — 이곳 거주민들은 자신들의 주장을 관철시키기 위해 정기적으로 공항로에 바리케이드를 치거나 대중교통을 차단합니다 — 에서부터 중산층지역과 경제구역 심지어 안전지대를 공격하기 위한, 이제는 민족주의자들과 종파주의자 종교집단들이 흔히 사용하는 차량 폭탄테러에 이르기까지 다양합니다. 붕괴의 힘을 어떻게 사용할 것인지를 알아내고자 하는 실험이 전지구적으로 많이 행해지죠.

탐 제 생각에 가장 파괴적인 힘은 전지구적 에너지 흐름을 파괴하는 것이 아닐까 하는데요. 빈곤층은 별 기술 없이도 수천마일에 이르는 지구상의 무방비 상태의 석유파이프를 파괴할 수 있을 테니까요.

데이비스 그렇다면 당신은 새로이 생겨나는 군사작전의 특성을 알아차린 거예요. 지난 한달 동안 만해도 싸우디아라비아의 주요 석유시설을 파괴하려는 차량 폭탄테러가 있었으나 실패했고, 나이지리아의 나이저 델타(Niger Delta)에서 첫 차량 폭탄테러가 있었어요. 인명피해는 없었지만 위험성은 높아졌어요.

탐 "제국이 오웰식의 억압기술을 전개할 수 있다면, 쫓겨난 자들의 편에는 혼돈의 신이 있다"는 말로 『슬럼 행성』을 끝내셨는데요.

데이비스 또한 혼돈이라는 게 항상 나쁜 방향의 힘은 아니에요. 최악의 씨나리오는 한마디로 사람들이 침묵을 강요당하는 것입니다. 그러면 추방은 끝없이 계속될 테고, 암묵적으로 인류의 선별적 분배가 생겨나겠죠. 어떤 사람들은 죽음에 내던져진 채 잊히고요. 우리가 에이즈라는 대재난을 잊어버리거나 가뭄에 시달리는 사람들에게 무감한 것과 마찬가지로 말이죠.

나머지 다른 세계가 깨어나야 해요. 근대성 자체에 대한 거의 종말론적 공격에서부터 새로운 근대성과 새로운 종류의 사회운동을 만들어내려는 전위적 움직임에 이르기까지 슬럼의 빈곤층은 엄청나게 다양한 이데올로기와 강령들, 무질서를 활용할 수단들을 시험하고 있거든요. 그러나 근본적인 문제는, 너무나 많은 사람들이 일자리와 살 공간을 구하기 위해 싸우게 되면, 이를 통제하려는 두드러진 해결책으로 종족적·종교적·인종적 배제의 원칙에 따라 움직이는 종교적 대부나 부족의 족장, 종족의 지도자 등이 출현하게 된다는 겁니다. 이는 빈곤층 내부에 자기영속적인, 거의 영원한 전쟁을 야기하게 되지요. 그래서 하나의 가난한 도시에서, 성령을 믿는 사람이나 거리 폭력배에 가담하는 사람, 급진적인 사회조직에 참여하는 사람과 종파주의나 인민주의 정치가의 부하가 되는 사람 등 복잡다단한 모순적 경향들을 발견하게 됩니다.

도시의 공공성 강화가 대안

탐 마지막으로 하나만 더 묻겠습니다. 당신은 종말론자라거나 희망없는 종말론적 미래의 예언자 등으로 자주 얘기되지만, 사실 당신이 쓰는 거의 대부분이 인류가 우리 세계의 현실을 제대로 이해하려 하지 않음으로써 어떻게 대재난에 기여하는지에 관한 것이죠. 그래서 제 생각에 당신의 작업은 항상 효용과 희망의 요소를 포함하고 있는 듯합니다. 결국 이 모든 것이 인간이 만들어낸 것이라면 그것은 또한 우리 인류의 힘으로 피하거나 다른 방식으로 대처할 수 있는 것임이 분명하거든요.

데이비스 그동안의 연구와 관찰 그리고 내 한정된 삶의 경험에서 끌어낼 수밖에 없었던 생각들이나 믿음에 대해 스스로 가능한 한 명료하고 솔직해지는 것이 내가 할 일입니다. 이것을 이른바 낙관주의의 양념으로 달콤하게 만들어야 할 의무는 없다고 봐요. 한번은 『두려움의 생태학』이 거의 성애적인 종말론의 향유라고 비판받은 적이 있었는데, 내가 책을 잘못 썼든지 책이 잘못 읽혔든지 둘 중 하나라는 생각이 들었어요. 왜냐하면 예컨대 로스앤젤레스의 종말론에 관한 문헌들을 다루는 장에서 종말론을 즐기는 것은 대개 일종의 인종주의적 관음증의 경향을 띤다고 분명히 적었으니까요.

그러나 결정적으로는 아브라함의 종교에서 종말론의 진정한 의미를 기억하는 일이 중요합니다. 그것은 궁극적으로 마지막 순간인 역사의 끝에서, 지배계급과 권력에 의해 작성된 것이 아닌, 역사의 진정한 텍스트나 진정한 서사가 현현하게 될 것임을 의미하거든요. 아래로부터 쓰인 역사 말이에요. 그래서 내가 항상 억압받은 자들의 종교에 지대한 관심을 보이고, 성령강림운동과 같은 현상에 대해 ─ 때로 무비판적으로 보이기도 하지만 ─ 관심을 기울이는 겁니다.

탐 그러면 우리의 집단적 미래는 그저 파멸을 향한 내리막길이 되는 걸까요?

데이비스 도시는 우리가 다가올 세기의 환경 혼란 속에서 살아남을 수 있는 노아의 방주입니다. 원래 도시는 개인적이거나 가구 중심적 소비를 공적 사치로 대신할 수 있기 때문에 우리가 가진 형식 중에서 자연과 공존할 수 있는 환경적으로 가장 효율적인 형식이에요. 환경적 지속 가능성과 품위있는 생활기준을 양립시킨다는, 거의 불가능한 일을 할 수 있지요. 무슨 말인가 하면, 당신의 서재가 아무리 크고 수영장이 아무리 넓어도 뉴욕 공립도서관이나 커다란 공공 수영장만큼은 될 수 없다는 겁니다. 어떤 고급주택이나 쌘씨미언(San Simeon, 캘리포니아의 주택단지로 '허스트 캐슬'이라 불리는 고급맨션으로 유명함—옮긴이)도 쎈트럴 파크나 브로드웨이에 당할 수는 없고요.

하지만 중대한 문제가 하나 있는데 바로 도시적 특성이 없는 도시를 짓고 있다는 것이에요. 특히 가난한 도시들은 환경씨스템으로서의 기능과 생태적 지속 가능성에 없어서는 안될 자연공간과 유역(流域)을 다 없애버리고 있어요. 파괴적인 사적 투기에 의해서이기도 하고 그저 있는 공간이라면 모두 빈곤층이 흘러 들어가기 때문이기도 하죠. 도시가 생태적으로 기능하고 진정으로 도시적이기 위해 필요한 중요한 유역들과 녹색지역이 전세계에 걸쳐 가난과 투기적인 사적 개발에 의해 도시화되고 있어요. 결과적으로 가난한 도시들은 갈수록 재해와 전염병, 재난에 가까운 자원의 부족, 특히 물의 부족에 취약해지는 거지요.

뒤집어 말하면 전지구적 환경 변화에 대처해나가는 가장 중요한 발판은 도시의 사회적·물리적 기반시설에 다시금 대규모 투자를 하고 그럼으로써 수천만의 가난한 젊은이들을 재고용하는 것입니다. 국가의 부는 국가가 아니라 도시에 의해 창출된다는 사실을 분명히 알았던 제인 제이콥스(Jane Jacobs)가 다가오는 암흑시대의 유령들을 다루는 예언에 찬 마지막 저서를 썼어야 했다는 생각이 머릿속을 맴도네요.

11장

전지구적 헤게모니라는 미망

앤드류 배써비치 Andrew Bacevich

가로수와 등나무가 줄지어 있고 붉은 벽돌의 건물들이 늘어선 조용한 거리에서 그를 기다린다. 학생들이 물밀 듯이 지나가는데 개중에는 아직은 차가운 공기의 봄날 아침인데도 반팔 차림을 한 이들도 있다. 난 보스턴 대학의 국제관계학과라고 쓰인 표지판 옆 차가운 돌계단에 앉아 있다. 모퉁이를 돌아 내게 다가오는 그는 푸른 셔츠에 넥타이를 매고 푸른 블레이저코트와 카키색 바지를 입고서 검은색 컴퓨터 가방을 들고 있다. 흰 머리와 얼굴에는 세월의 흔적이 곱게 나타나 있다. 일리노이 주 노멀(Normal)에서 태어나 육군사관학교를 졸업했고 베트남전에 참전했으며 그후 이십년의 군 생활을 하다가 1992년에 퇴역한 사람에 걸맞는 떡 벌어진 어깨와 곧은 자세를 지녔다.

현재 보스턴 대학 역사 교수인 그는, 벽의 한 면이 전부 유리라서 아름

270

다운 거리가 내려다보이는 넓고 바람 잘 통하는 연구실로 나를 안내한다. 문 뒤의 걸쇠에 술이 달린 모자와 가운이 걸려 있는데, 아마도 또하나의 졸업식이 멀지 않았기 때문이리라. 그가 걱정이 가득한 학생과 그 학기 학점을 얘기하느라 난 잠깐 기다려야 했다. 하지만 곧 한잔의 커피와 함께 커다란 책상 앞에 자리를 잡고 자신이 선택한 주제인 미국 군사주의와 제국주의적 임무에 대해 토론할 태세를 갖췄다.

그 누구보다 스스로가 기꺼이 인정하듯이 그는 변화하는 여정중에 있다. 문화적 보수주의자이자 예전에는 『위클리 스탠더드』(*Weekly Standard*)나 『내셔널 리뷰』(*National Review*)와 같은 잡지에 기고했고 베를린에 있는 아메리칸 아카데미(American Academy)에서 조지 허버트 부시 특별연구교수였는데, 1990년대의 어느 싯점엔가 대외정책 부문의 유망한 보수주의적 동맹자들이 미국 군사주의 이념에 홀딱 빠져서 그것이 세상을 변화시킬 수 있는 놀라운 힘이 될 수 있다고 상상했다. 그들은 경주에서 멀찌감치 앞서 갔고 그는 뒤처졌다. 스스로 냉혈적 전사라 공언하던 그는 그 와중에 미국의 과거를 새롭게 보게 되었으며, 그후로도 줄곧 살펴보고 새로이 고찰하기를 멈추지 않았다.

그가 찾아낸 것은 미 제국이었고 그것이 2002년에 그가 출판한 책의 제목이 된다. 2005년 발간된 『새로운 미국의 군사주의, 미국인들은 어떻게 전쟁에 매혹되는가』(*The New American Militarism, How Americans Are Seduced by War*)에는 전지구적인 군사 우월주의라는 미국의 꿈에 대한 맹렬한 비판과 통찰력이 가득하다. 책의 내용은 누가 썼든 눈이 휘둥그레질 만한 것이지만 저자인 그의 배경을 고려하면 정말 더 놀랍다.

강렬하면서도 열정적으로 (또한 사람을 휘어잡으며) 배써비치는 우리의 주제로 바로 뛰어든다. 그에게는 바로 표면 아래에 있어 언제라도 튀어나올 연극적 성향과 스스로를 맘껏 비웃을 수 있는 기꺼움이 있다. 그러나 가장 놀라운 것은 질문들이 그를 멈춰세우는 방식이다. 모름지기 학자라

보스턴 대학 역사학 교수인 앤드류 배써비치

면 그래야 하듯이 그는 질문을 받으면 거기에서 무엇이 새로운 부분인가를 생각하며 마음속에서 그 질문을 이리저리 굴려보는 것이 눈에 보일 정도다.

그는 커피를 한모금 마시더니, 진지한 태도로 시작하자고 말했다.

군 장성들이 반발하는 진짜 이유

탐디스패치 『로스앤젤레스 타임즈』(*Los Angeles Times*)의 특별기고란에 쓰신 글에서, 럼즈펠드 국방장관에 대항한 퇴역장군들의 반란은 이라크전의 희생양을 찾으려는 움직임이 시작되었음을 나타낸다고 하셨는데요. 이는 또한 부시행정부의 이후 이라크정책에 대항하는 선제공격이라고 보지는 않으시는지요.

앤드류 배써비치 그에 대한 대답은 예입니다. 양쪽이 다 맞는 얘기죠.

확실히 이라크전이 모양 좋게 끝나지 못하리라는 사실은 논의의 여지가
없어요. 어찌어찌해서 우리가 그곳에서 빠져나오고 이라크가 지금의 혼
돈상태보다는 좀더 안정된 모습을 찾는다고 해도 이 전쟁이 부시행정부
의 기대에 부응한다고 주장하기는 매우 어려울 겁니다. 내 느낌으로는 장
성들—그리고 이는 아마도 내 개인적인 경험을 상당히 반영하는 것일 텐
데—은 베트남전의 경험에서 벗어나지 못하고 군대가 그곳에서 묶인 채
고사했다고 여전히 믿고 있어요. 장성들은 베트남전에서 빠져나오면서
그러한 경험을 다시는 되풀이하지 않겠다고 결심했는데, 지금 군대가 또
다시 구렁텅이에 빠진 것을 보고는 몇몇 장교들이 분개하지 않을 수 없었
던 거죠. 그래서 지금 이라크와 관련한 참패를 누가 책임져야 할 것인가에
대한 긴 논쟁이 막 시작된 셈이에요. 내가 보기에 장군들의 반란은 이 일
에 끼어들어 군의 입장을 펼쳐 보이려는 원로장교들 쪽의 노력을 어느정
도 반영하고 있어요. 군의 입장은 이렇습니다. 잘못은 우리에게 있는 것
이 아니라 그들에게 있다. 럼즈펠드가 베트남전 당시 국방장관이던 로버
트 맥너마러(Robert McNamara)의 역할을 하고 있음을 고려한다면 특히
그에게 잘못이 있다.

그러고 보면 전지구적 테러와의 전쟁을 이란에까지 확장하려는 부시행
정부의 이해관계까지 따져보았을 때, 군부에 심하게 과부하가 걸리는 것
을 지켜본 장성들이 그런 전쟁에 더이상 관여하기를 원치 않는 것이 아닌
가라는 의심도 들어요. 공개적으로 럼즈펠드를 공격하는 것은 이란과의
전쟁으로 치닫는 여세를 늦추는 한 방법이지요.

우리가 이른 시일에 이란과의 전쟁에 들어서리라고는 정말 생각하지
않지만, 너무 낙관적인 얘기일지도 모르겠네요(웃음). 민간의 강경론자들
조차 미국이 이미 전쟁에서 너무 무리를 하고 있고 테러와의 전쟁을 이란
이라는 새로운 판으로까지 확대한다면 전지구적으로나 이라크에서나 십
중팔구 가장 끔직한 결과를 초래할 것임을 알고 있지 않나 싶어요.

탐 사실은 10월에 이란을 기습공격할 가능성에 대해 어떻게 생각하시는지 물어보려 했는데요.

배써비치 다가오는 가을선거 이전에 이란을 공격할 계획 말인가요? 10월 기습공격은 정치적 흥정이 될 텐데 칼 로브가 그것을 승인하리라고는 보지 않아요. 그가 약삭빠르고 타산적이고 교활하긴 하지만 바보는 아니거든요. 계속되는 전쟁의 불운으로 대통령의 인기가 곤두박질치는 마당에 또다른 전쟁을 일으켜서 그것을 반전시킨다거나 상·하원에서 공화당의 지배력을 계속해서 확보할 수 있으리라고 생각한다는 건 말이 안되죠.

탐 제가 보기에는 유가가 1배럴당 120달러나 그 정도로 치솟는다고 치면 그렇게 될 수도 있을 듯한데요.

배써비치 어이구 맙소사, 맙소사, 그렇죠……

탐 다음 문제를 함께 얘기해볼까요? 아무도 언급을 안하는 문제라서. 럼즈펠드에 반기를 든 퇴역한 사령관들의 명단을 보면 모두 육군이나 해병대 출신이에요. 군이 너무 많이 진출해 있다는 말은 항상 있지만 사실은 일부의 경우이지요. 해군 장성이나 공군과 관련된 사람은 없던데요.

배써비치 좋은 지적이에요. 장성들의 반란에 사실 제3의 근원이 있다는 주장도 가능하죠. 이라크전을 누가 책임질 것인가가 첫째라면 둘째는 이란과의 전쟁에 제동을 걸고자 하는 것이고, 셋째가 럼즈펠드의 군 전환계획입니다. 아주 단순화하자면, 전환계획은 냉전 종식 이후 군이 정보화시대의 기회와 요구에 제대로 적응하는 데 실패했다는 확신에서 시작돼요. 9·11사태 훨씬 이전부터 럼즈펠드가 생각한 법안의 핵심은 정보기술과 정밀조준 병기를 강조함으로써 군을 좀더 민첩하고 재빠르게 '전환' ─ 럼즈펠드 자신의 표현입니다 ─ 하는 것이었거든요.

공군에 속해 있거나 해군 장성, 특히 항공계 쪽 장성이라면 그 계획은 아주 훌륭한 것이겠지요. 자금지원을 받는 기획일 테니 돈이 생길 것이고요. 그러나 육군이나 해병대 부대의 일원이라면 민첩하고 재빨라진다는 것은 사단규모를 축소하고 탱크와 병기를 없앤다는 얘기가 됩니다. 축소된 해병대가 되는 거지요.

아프가니스탄전의 초기 단계와 이라크 침공은 모두 전환된 군이 어떤 일을 할 수 있는지를 시범삼아 보여줄 요량으로 특별히 럼즈펠드가 고안한 것입니다. 주병력을 늘리지 않고 이라크전을 시작하고 상대적으로 작은 군대 규모로 침공해야 한다고 주장한 것이나, 1차걸프전 때 그랬듯이 지속적인 공습을 앞세우기보다는 지상군 투입과 공군의 군사작전을 함께해야 한다고 주장한 것이 그 때문이지요. 전쟁을 계획한 과정에서 민간부문과 군부의 긴장이 엄청났다는 사실은 아프가니스탄과 이라크전에 관련된 모든 문헌들에서 찾아볼 수 있어요. 장군들이 "장관님, 계획은 이러합니다. 이라크에 2차사막폭풍작전을 하겠습니다"라고 주장하면 럼즈펠드는 계속해서 "그것보단 좀 작은 규모가 좋겠는데요. 다시 생각해보고 다시 찾아오세요"라고 답하는 겁니다. 미국이 앞으로 해나갈 전쟁 방식에 대한 그의 생각을 보여주겠다는 의도가 잘 나타나지요.

그래서 이제 그 결과가 나왔는데 잘 봐줘도 애매모호한 정도이죠. 그러니까 아프간전과 이라크전의 초기는 놀랄 만한 성공이었어요. 규모가 작고 민첩한 병력은 탈리반과 바스당정권을 깨부수는 일을 아주 훌륭하게 해냈거든요. 하지만 두 전쟁 모두에서 진정한 승리를 얻어내기는 무척 힘들었어요. 여기서 장군들 불만의 세번째 근원을 찾아볼 수 있겠죠. 럼즈펠드의 무능함과 자잘한 관리방식에 대한 그들의 불평은, 사실 대부분의 비용을 부담한 분야를 대표해서 전환계획에 반대하는 것이라고도 할 수 있어요.

한계를 드러낸 미 군사력

탐 다른 문제로 또 이어가보죠. 이란에 대한 군사작전이 있을 것이라면 그건 해군과 공군에 의한 것이겠죠.

배써비치 해군과 공군의 군사작전으로 시작은 하겠지만 그렇게 끝나지는 않을 거예요. 만약 이란의 핵무기 프로그램이 정확히 어디에 있는지 알고 그것을 제거하기 위한 표적화 데이터와 군수품을 갖췄다고 군 장성들이 확신할 수만 있다면…… 글쎄요, 그렇다면 문제는 달라지겠지만 그런 확신이 없는 거죠. 육군과 해병대의 시각에서 보자면 공습으로 이란과의 전쟁을 시작할 수는 있겠지만 전쟁이 거기서 끝나지는 않을 거거든요. 아프간과 이라크에서 그랬듯이 일종의 추악한 여파가 따라올 것이고 해군과 공군은 그땐 그 자리에 없을 거란 거죠. 적어도 대규모로 있지는 않겠지요.

탐 현재의 이라크전쟁은 어떻습니까?

배써비치 아직도 우리가 대면해야 할 한두가지 중요한 암시들이 있어요. 전쟁으로 인해 미국 군사력의 한계가 드러났죠. 그러니까 냉전이 끝난 이래 미국인들은 세계에서 유례없이 강대한 미국의 군사력에 대해 떵떵거려 왔거든요. (목소리가 커진다) 독일 제3제국의 군사력을 압도하라! 로마제국을 압도하라!

그런데 잠깐. 2억 9천만 인구의 나라가 만명에서 2만명 정도의 반란군과 싸우기 위해 약 13만 병력을 이라크에 투입했는데, 첫째 이길 수 없는 전쟁에 빠져 있고 둘째 4년째 전쟁을 하고 있으므로 아마도 더이상은 계속할 수 없을 거예요. 미국의 제국주의적 기획을 믿고 군의 우월성을 제국의 토대로 보는 사람들에게 이는 심각하게 걱정스러운 일이 아닐 수 없죠. 결국 우리가 과시하던 군의 우월성이 그 자자하던 평판과는 다르다는 것이 밝혀진 마당에, 미국 군사력의 힘줄을 강하게 만들기 위해서 무엇을 해야 하는가? 나처럼 이러한 제국주의적 기획에 회의적인 사람이라면, 군에 가해진 과도한 부담과 우리 힘의 명백한 한계에 대한 인식을 계기삼아 세계 속에서의 미국의 역할을 다시 고찰하여 전지구적 헤게모니라는 지속할 수 없는 개념에서 물러나야 한다는 절박한 요구를 강조할 수 있을 거예요.

그렇다면 능력의 문제가 있겠죠. 나는 이라크의 모든 문제가 럼즈펠드의 자잘한 관리방식과 무능에서 비롯한다고 주장하는 장성들과는 생각이 다릅니다. 물론 그의 관리방식이 자잘한 것이 사실이고 실패자로서 한참 전에 이미 그 자리에서 잘렸어야 하는 건 맞지만요. 왜냐하면 럼즈펠드에게 모든 책임을 돌리면 이라크의 폭동을 실제로 요절낸 상급 군지도자들의 형편없고 한심스러운 행위에 주의를 기울이지 못하거든요. 특히 스왜넉(Swannack) 장군이 아부그라이브를 두고 럼즈펠드를 비난한 기억이 나는데, 내가 볼 때는 럼즈펠드는 아부그라이브에 10퍼센트의 책임이 있고 나머지 90퍼센트는 바그다드의 상급 군지도자들에게 있어요.

탐 리카르도 싼체즈(Ricardo Sanchez) 장군이 그것을 승인했었죠.

배써비치 싼체즈가 첫번째죠. 그래서 미군의 우월함에 열광하려면 우리의 상급 지도자의 자질을 다시 한번 심각하게 생각해보지 않을 수가 없는 거예요. 우리가 지금 2성이나 3성, 4성 사령관들이 되기에 적합한 사람들을 뽑고 있는 건가. 그들이 감당해야 할 책임들에 걸맞게 그들을 훈련하고 교육하고는 있는 건가. 이라크전은 그런 면에서 심각한 약점을 드러냈지요.

탐 네오콘들과 그들의 지도자인 럼즈펠드와 부통령이 미국의 거대권력의 거대함을 너무 철석같이 믿고 있다고 보시나요? 지도자 집단은 다른 사람들을 조종하는 도중에 거의 최면처럼 자신들 스스로도 그것을 믿게 되는 경우가 종종 있잖아요.

배써비치 바로 그 때문에 나는 부시와 다른 이들이 뻔뻔한 거짓말로 우리를 이 전쟁에 끌어들였다는 비난은 별로 받아들이고 싶지 않은 겁니다. 그들은 자신들의 주장 대부분을 믿는다고 봐요. 믿는다는 게 거의 자신을 설득한다는 것에 가까우니까 그 말에 인용부호를 붙여야 할지도 모르겠지만요. 그들은 미국의 전지전능함과 실질적 지식과 결단력으로 이라크 땅에 민주주의를 뿌리박을 수 있을 거라고 믿었어요. 일단 이라크에서 성공하기만 하면 그 뒤를 따라 수많은 부수적인 이득이 줄줄이 생겨나 중동의 정치적 지형을 바꿔놓을 수 있을 거라고 정말로 믿었던 거죠. 그 모든 기대가 기괴한 망상이었고 우린 지금 그 결과에 대한 댓가를 치르고 있는 거예요.

그런데요, 문제가 되는 신보주주의자들은 더글라스 피스(Douglas Feith)처럼 정부에 있는 사람이나 국가안보위원회에 속한 사람들이 아니라 정부 밖에 있는 작가들이나 지식인들이에요. 그들은 70년대 후반부터 90년대에 이르기까지 권력과 역사의 방향에 대한 통찰력을 지녔다고 자처하면서 이러한 필승론식 서사를 끊임없이 지어냈지요. 지식인들은 공적담론에 영향을 줄 수 있잖아요. 특정한 주변 상황이나 분위기를 형성할 수도 있고요. 2001년 9·11사태로 미국인들이 충격과 두려움에 휩싸여 사태에 대한 설명과 그에 대응할 방법을 찾아 여기저기 헤맬 때 신보수주의 시각이 전면에 나섰고 특별한 호소력도 있었어요. 그래서 작가들과 지식인들이 적어도 잠시 동안 정책에 영향을 끼쳤죠.

탐　저로서는 이해가 안되는 것이 있어요. 행정부의 조치들을 보면 중동지방의 재난과 그 와중에 이란 관련 상황이 점차 강화되는 걸 알 수 있잖아요. 그리고 한때 신보수주의자들과 럼즈펠드가 선택한 적국으로 중국이 있어요. 그래서 이번 여름에 중국 해안 근처에서는 항공모함 네 척의 특수 기동부대가 참여한, 베트남전 이래로 가장 규모가 큰 해상 기동훈련이 있었죠. 그다음에는 체니의 최근 연설에서 알 수 있듯이 소련의 잔여세력이 반격을 시도했고 그것이 여전히 계속되고 있다고 합니다. 그에 덧붙여 국방부는 라틴아메리카의 기지들을 파라과이에까지 확장해나가고 있지요. 그 많은 전선들에, 그렇게 무리한 군사력 확장에, 그러면서도 물러나는 법은 없고. 이 사실을 어떻게 이해하십니까?

배써비치　내 느낌은 현 행정부가 지닌 지적 재원을 대체로 다 써버린 게 아닌가 싶어요. 그들 대부분은 이라크 문제를 처리하느라고 여념이 없죠. 더 나아가서 중동지방이든 어디든 도통 일관된 전략이라고는 찾아볼 수가 없어요. 그런 의미에서 이라크는 베트남과 마찬가지죠. 보유한 재원을 그냥 전부 빨아들이는 거예요. 그러고 보면 9·11사태와 그 여파에 의해 가려지기 전에 중국은 매파들이 지명한 적국이었고, 매파들의 핵심그룹이 여전히 워싱턴에서 활동하고 있어요. 대규모의 해상 훈련이 그들의 작품이 아닌가 하는 추측도 가능하죠. 하지만 핵심적인 정치 인사들이 우리가 정확히 어떤 식으로 중국을 바라보아야 하고 중국과 어떤 관계를 맺게 될지를 결정한 것 같지는 않아요.

도대체 왜 기지를 라틴아메리카까지 확장하는지는 이해할 수가 없어요. 럼즈펠드는 해군 장성 하나를 미국의 남부 사령부의 최고 지휘관으로 임명했다고 막 발표했지요. 자, 이것은 거의 항상 육군의 자리였고, 한두 번 해병대의 자리였을 뿐, 해군의 자리인 적은 없었어요. 이것이 럼즈펠드의 '대담함'을 보여주는 또다른 예가 아니겠냐는 이메일을 오늘 받았는데, 난 '글쎄, 그가 대담했다면 그냥 남부 사령부를 닫아버렸겠지'라고 대답했어요. 그렇게 하면 미국과 라틴아메리카의 관계가 이제 충분히 성숙했으므로 더이상 안전과 관련된 우려가 중요한 사안이 아님을 멋지게 보여줄 수 있지 않을까요? 이 세계에 미국의 군사적 감시를 필요로 하지 않는 곳이 한 곳은 있다는 신호를 워싱턴이 보낸다면 흥미롭지 않을까요? 무슨 식민지 총독이 미 제국을 위해 자신이 맡은 책임구역을 감시라도 하듯이 4성 장군들이 이 나라 저 나라를 돌아다닐 필요는 정말 없다는 말입니다.

내 친구들 중에는 베네주엘라의 우고 차베스(Hugo Chavez)대통령이 미국에 위협이 된다고 생각하는 이들이 있어요. 정말로 터무니없는 생각이라고 보지만, 그것이야말로 조금이라도 의견충돌이나 불일치가 생기는 관계는 모두 안보적 대응, 즉 군사적 대응이 필요하다고 여기는 경향을 반영하는 겁니다.

국방부 강화의 속내

탐 요즘 강화되는 경향 중 하나는 국방부가 정책의 많은 측면을 떠맡으면서 외교의 대부분을 군사력 대 군사력의 관계로 바꾸는 것이죠.

배쎠비치 초기 냉전시대로 거슬러 올라가서 장기적 경향으로 보자면 국방부가 국무부를 제치고 갈수록 영향력과 권한을 쌓아왔어요. 하지만 여기에는 국방부 내적으로 다른 면도 있는데, 장성들과 민간 출신 상관들이 정치적 영향력을 두고 서로 경쟁을 해왔다는 것이죠. 럼즈펠드와 폴 월포위츠(Paul Wolfowitz)가 직무를 맡게 되자 이들은 국방부 내의 군인 출신 대 민간인 출신의 균형을 바꾸겠다고 결심했어요. 장성들의 활동범위를 줄이려는 의도였죠. 온갖 것들에서 이런 경향을 찾아볼 수 있어요. 어떤 것은 상징적 조치죠. 예전에 지역 사령관들은 최고 사령관의 약자인 씨아이엔씨(CINC)로 불렸어요. 그런데 럼즈펠드 왈, 가만있자, 최고 사령관은 단 한명뿐이고 그건 나의 상관인 대통령이시잖아. 그러니까 나를 보좌하는 당신들 장성들은 더이상 최고 사령관이 될 수 없어. 그래서 이제 미국의 남부 사령부를 책임지는 사람은 그저 '전투 사령관'이죠.

역시 민간 쪽으로 권력을 옮기려는 이러한 노력의 하나로 합동 사령부의 역할을 들 수 있는데, 그것은 실질적으로는 존재하지 않다시피 했습니다. 아프가니스탄과 이라크전의 계획과 지휘에 대한 설명을 봐도 그들은 사실상 거의 영향력이 없었음을 분명히 알 수 있어요. 그들과 협의를 한 일은 아주, 아주 드물었죠. 콜린 파월이 합동 사령부의 의장이 되어 준독립적인 권력의 중개인 역할을 한 이후로 대통령은 힘없는 사람을 그 의장으로 뽑았어요. 대통령이 바라는 최고 관리들이란 독립적인 견해를 개진할 수 있는 강한 인성을 지진 사람이기보다는 말을 잘 듣는 사람인 거죠. 공군의 마이어즈(Myers) 장군은 분명 훌륭한 사람이고 애국자인데 9·11 사태 이후 4년 동안 의장을 하면서 어떤 눈에 띌 만한 영향도 정책결정에 끼치지 못했지요. 그런데 그것은 우연이 아니라 국방장관의 직무 쪽으로 권한을 빼앗아오려는 럼즈펠드의 노력을 반영하는 거예요.

탐 이것이 사실 모든 영역에서 권한을 빼앗아 최고 사령관인 대통령에게 몰아주려는 좀더 큰 패턴의 일부 아닐까요?

배써비치 바로 그렇습니다. 마이클 고든(Michael Gordon)과 버나드 트레이너(Bernard Trainor)가 새로 쓴 책 『코브라 II』(*Cobra II*)에 대한 서평을 막 끝냈는데요, 그 책의 주요 주제가 체니나 럼즈펠드, 월포위츠 같은 사람들이 9·11사태를 굉장한 기회로 삼았다는 것입니다. 맞아, 대재난이었어. 맞아, 정말 끔찍했지. 하지만 와우, 이건 엄청난 이득이 될 수 있는 재난이었군. 미국의 군사력을 행사하는 데 장애가 되는 것을 제거해서 부시행정부가 미국의 전지구적 헤게모니를 강화, 확장하고 영속화하는 것을 가능하게 할 기회가 거기에 있었던 거죠. 그 목적을 위해 상급 관리들이 전지구적인 테러와의 전쟁이라는 개념을 주조해냈고, 더 광범위한 중동지방을 변화시키고 평화를 되찾아주기 위한 노력 운운하는 표지기사를 만들어낸 겁니다. 실패할 수밖에 없는 거대한 기획이죠. 미국이 그 기획에 전념하기 위해서는 우선 정부내의 권력을 근본적으로 재분배할 필요가 있었어요. 매파들은 미국 권력의 무제한적 행사를 불편해하는 기관이나 사람들을 불구로 만들어야 했죠. 그것이 누구였나요? 우선 미국중앙정보국(CIA)이었고요. 또 국무부, 특히 콜린 파월이 장관을 맡고 있는 국무부였죠. 다음이 의회 — 의회가 어떤 측면에서 대통령의 특권을 제한한다는 그 괴상한 주장을 보세요 — 그리고 매파들에겐 '위험을 싫어하고' 정보화시대의 현대 전쟁을 이해하지 못한다고 여겨지는 단합된 군대 또한 걱정스러웠지요.

탐 사법부도 포함될 수 있겠죠. 어쨌든 대법원에 지명된 두사람이 무엇보다도 대통령직의 단일 통치권 이론을 믿는 사람들이니까요.

배써비치 네, 그것도 그렇죠. 체니나 럼즈펠드, 월포위츠 등이 악행을 저지르는 데 여념이 없는 악마적인 인물이기 때문이 아니라는 점을 강조하고 싶어요. 그들은 그것이 미국, 그리고 세계의 이해관계를 위한 것이고 무제한적인 미국의 권력이 국제질서의 형태를 결정해야 한다고 진짜로 믿고 있으니까요. 그들이 미국의 능력을 심하게 과장하는 것은 아닌가 싶어요. 아무리 세상사에 능하고 약삭빠른 듯이 보이지만 그들이 세계를 이해하는 것 같지는 않거든요. 그들의 노력은 미국 민주주의를 침해하면서 더 큰 해악으로 귀결되리라는 확신이 들어요. 하지만 육감적으로 그들이 당신과 나를 위해 행동한다고 생각한다는 데에는 의심의 여지가 없어요. 그래서 훨씬 더 위험한 것이지요.

〈2부〉 지옥에 이르는 길로 떠내려가며

탐 오일전쟁, 에너지전쟁이라는 문제로 옮겨가보죠. 그것이 이 모순된 것들을 하나로 모으는 것 같거든요. 에너지 공급의 세계에 쏠린 마음들 말이죠. 지미 카터대통령의 1979년 에너지 연설을 다시 읽어보았어요. 그는 스웨터를 입은 데다가 미래의 대안연료의 필요성을 촉구했다는 이유로 비웃음을 받으며 방을 나갔지만, 우리가 여전히 페르시아 만을 겨냥한 그의 신속배치전력에 매달려 있다는 사실이 아이러니하지 않습니까? '새로운 군사주의'라는 최근의 저서에서도 주장하셨다시피 이것이 본질적으로는 당신이 '제4차세계대전'이라고 지칭한 것의 시작이 아닌가 합니다.

진정한 자유는 일상의 변화에서

배써비치 카터의 연설이 기억나요. 좀 어렸을 때였죠. 대개 난 공화당에 표를 던졌어요. 그땐 2004년의 이런 공화당은 아니었지만요. 리처드 닉슨대통령과 그의 안보보좌관인 헨리 키씬저(Henry Kissinger)에게 너무나 실망했기 때문에 카터에게 투표했었죠. 제럴드 포드(Gerald Ford) 대통령은 나약하고 무능력해 보였거든요. 카터 연설이 미국의 정신과 너무나 맞지 않았기 때문에 당황스러웠던 것으로 기억해요. 낙관적이지 않았

소비 천국인 미국의 대표 할인점 월마트

거든요. 그러니까 우리가 오늘보다 내일 더 많은 것을 가질 수 있고 더욱 장대하고 나은 미래가 있을 것이라고 약속하지 않았죠. 카터 연설의 핵심은 이것이었어요. 자유를 정말 진지하게 생각한다면 자유가 무엇을 의미하는지 진정으로 생각해야 한다. 즉 그것이 소유와 눈에 띄는 소비가 아닌 다른 것이어야 한다는 것을. 그리고 우리의 자유를 지속하고자 한다면 우리의 자력이 허용하는 한에서 삶을 꾸리기 시작해야 한다.

당시에는 그것이 내게 잘 와닿지 않았어요. 군사주의에 관한 책을 쓰면서야 비로소 그 연설을 다시 보게 되었고 정말 감탄을 금할 수가 없었죠. '이 사람은 정말 알았구나. 어떻게 그럴 수 있었는지 모르겠지만 어쨌든 두가지 측면에서는 핵심을 짚었어'라고 혼잣말을 했죠. 그것은 첫째 잘못되었을 뿐 아니라 천박하기까지 한 자유의 정의에 유혹되고 있다는 현실이 미국의 국가적 곤경의 본질임을 파악했고, 둘째로는 값싼 석유가 우리에게 싫든 좋든 이 길을 밟게 만드는 마약이었다는 점을 이해했다는 것입니다. 이 두가지는 직접적이고 밀접하게 연결되어 있어요. 값싸 보이는 외국의 석유에 갈수록 의존한다는 점과 우리 시대에 지속되고 있는 문화적 위기라고 할 만한 것을 인식하지 못한다는 사실로요.

카터는 1979년 7월인가 이른바 불안감 연설이라는 것을 했죠. 1979년 12월에 러시아가 아프가니스탄을 침공했고요. 그러고는 1980년 1월에 국정연설이 있었는데, 그때 어떤 점에서 보자면 7월의 주장을 던져버리면서, '이런, 페르시아 만이 미국에 절대적으로 중요하니까 무슨 수를 써서라도 다른 사람이 그곳을 지배하는 일을 막을 필요가 있겠는걸'이라고 말을 바꾸었죠. 이 협박을 좀더 강화하기 위해 신속배치 합동기동부대를 창설했고, 그것은 미국정책의 군사화가 시작된 이래 지금까지 계속되고 있어요. 그래서 1979년 7월부터 80년 1월까지의 기간이 미국을 지금의 자리에 있게 하는 데 아주 중요한 역할을 한 중추적 순간입니다. 물론 그때는 그런 사실을 이해하지 못했죠. 나는 분명 못했어요. 1979년 7월에 카터는 미래를 내다보는 경고를 던졌는데 우리는 들으려 하지 않았고, 그 기회를 날려버린 거지요.

빠르게 2006년으로 나아가는 이 싯점에 부시대통령은 정말 고맙게도 미국이 석유에 중독되었다고 말하고 있습니다. 하원의 야당 원내총무인 낸씨 펠로씨(Nancy Pelosi)가 주말에 라디오 방송에 나와서는 2020년경에는 독자적 에너지를 가질 수 있는 계획이 민주당에 있다고 말하는 것을 들었어요. 새빨간 거짓말이죠. 그때쯤에 미국이 독자적 에너지를 가질 수 있는 방법은 누구에게도 없어요. 적어도 1979년으로 돌아가서 다시 시작해야 하거든요. 페르시아 만의 석유로부터 독립하는 것만도 어마어마하게 비싸고 고통스런 과정이 될 것이기 때문에 양당의 어떤 정치가도 그런 일을 기꺼이 떠맡으려 하지 않겠죠. 석유값이 지금 대충 1갤론에 3달러예요. 전날에 누가 토크쇼에 나와서 이렇게 얘기하더군요. "어떻게 해야 할까요? 우리 모두 차를 주간 고속도로에 세워놓고 정부가 무슨 조치를 취할 때까지 교통을 차단해야 한다고 봐요." 도대체 그는 정부가 뭘 어떻게 하기를 바라는 겁니까? 다른 나라를 정복이라도 하라는 건가요?

미국인들은 자신을 위해서라도 삶의 방식을 바꿔야 한다는 사실을 받아들이려 하지 않은 채 고집스럽게 거부하고 있어요. 제국의 건설은 우리의 자유를 지킬 수 있는 묘안이 되지 못해요. 우리가 가진 한도 내에서 살아나가는 법을 배우는 것이 유일한 방법이죠. 지미 카터는 유일하게 예전 79년 7월에 그렇게 말할 수 있는 용기를 지녔던 사람입니다. 불행하게도 그것을 고수할 만큼 담대하지는 못했지만요.

탐 그 당시에 대안연료 개발을 위한 연구에 돈을 쏟아부었다면 어떻게 되었을까 항상 궁금했어요.

배써비치 이라크전에 들어간 돈이 이제 수천억달러예요. 경제학자인 조지프 스티글리츠(Joseph Stiglitz)는 총액이 2조달러에 달할 것이라고 추정하더군요. 그 돈을 대안연료 개발 연구비로 썼다면 어떻게 되었을까요? 모르겠어요, 하지만 다른 뭔가…… 다른 뭔가 있었겠죠! 1조달러를 들여서 이라크에서 뭘 얻겠어요? 아무것도 없어요. 그저 바보짓이죠.

제국의 비판가가 되기까지

탐 참, 그런데 당신이 일리노이 주 노멀에서 태어났다는 사실이 흥미로웠는데요.

배써비치 사범대학인 노멀 일리노이 주립학교가 그곳에 있어서겠죠.

탐 그리고 군인 출신의 정해진 유형을 생각했어요. 생각이 아주 완고한 그런 성향 말이죠. 당신의 글을 읽다가 주변의 어떤 학자보다도 자신의 세계관을 재고하는 데 훨씬 열려 있다는 사실에 놀랐어요. 그래서 당신의 생각이 어떻게 변해왔는지 궁금하기도 했고요.

배써비치 두번의 결정적인 순간이 있었는데 냉전종식과 이라크전이었어요. 간단하게 얘기하자면, 성인이 된 후 약 스무해 동안 현역장교였어요. 그때가 냉전의 후반기였죠. 제복 차림을 한 냉정한 전사였고, 따라서 냉전과 더 크게는 전후시기에 대한 정설들을 받아들였어요. 미국이 저지른 정책적 실수와 잘못들을 모르지 않았지만, 내가 제복을 입고 있는 한은 그것들이 큰 서사에 비하면 주변적이라고 기꺼이 인정했던 거죠. 냉전이 일종의 비상사태, 그것도 한 국가로서 미국이 규범에서 벗어나지 않을 수 없었던 아주 길고도 심각한 비상사태라는 생각을 계속하고 있었어요. 하지만 상황이 그렇게 되어 있진 않았죠. 전지구적으로 배치된 군사병력을 보면 특히 그렇고요.

탐 잠깐 베트남 얘기로 돌아가봤으면 하는데요. 거기 참전하신 것이……

배써비치 1970년에서 71년.

탐 베트남에서는 어떻게 나오셨나요?

배써비치 여러가지 개인적 사정이 있었어요. 나와 내 부인은 군사 직무가 끝난 후에도 군에 남기로 결정했죠…… (망설인다) 군 업무에 익숙하지 않은 사람들은 그 생활이 얼마나 꽉 짜인 것인지 이해하기 힘들 겁니다.

마치 수도승과도 같아요. 일종의 천직이죠. 군인들은 정말 열심히 일합니다. 그리고 많은 일들이 독특한 만족을 주지요. 내가 군에 있을 동안은 여성들은 거의 없었고 주변적이었어요. 그래서 매우 남성적인 환경이었죠. 고리타분해 보일지 모르지만 남자들끼리 지내고 남자들의 일을 하고(웃음), 거기에 독특한 풍미가 있어요. 어쨌든 난 베트남에 대한 관변적 견해에 매수되었고 우리는 사기당했던 거예요. 정치가들이 사기를 친 거죠. 미디어도 그랬고 미국 국민들도 그랬고. 그들이 우리를 저버렸기 때문에 난 베트남 이후 스스로를 재건하고 회복하기 위해 그리고 미국사회에서의 지위를 되찾기 위해 광범위하게 노력한 기관에 헌신했던 거예요.

그런 맥락에서 보자면 내가 베트남과 더 나아가 미국의 대외정책에 대해 품은 의문은 아주 협소한 것이었어요. 군에서 나온 이후로, 그러니까 다른 시각에서 냉전과 미국의 대외정책을 이해하려고 노력하게 된 이후로, 베트남전 역시 달리 보였죠. '그곳에 붙들려 고사하게 된 군대' 같은 시각에서 베트남전의 의미를 찾겠다는 주장을 어느정도는 받아들일 수 있지만 그것으로는 충분치 않아요. 그 전쟁이 완전히 불필요하고 오도된, 잘못된 것이라고 생각하게 되었거든요. 미국이 스스로와 세계를 바라보는 방식에 깊이 뿌리박은 결함으로 일어나게 된, 절대 있어서는 안되었던 너무나 어처구니없는 계산착오였죠.

여하튼, 베를린장벽이 무너진 1989년 냉전은 실질적으로 끝이 나죠. 91년에는 소련도 무너지고요. 난 1992년 제대하여 냉전종식이 미국정책 특히 군사정책에 어떤 영향을 줄지 숨을 죽인 채 지켜봤어요. 대답은, 본질상 아무 영향도 없다는 것이었죠. 오히려 미국의 전지구적인 군사적 패권이라는 관념에 훨씬 더 굳은 신념을 보이게 되었어요. 적이 있어서 — 1992년과 93, 94년에는 적이라고는 없으니까요 — 가 아니라 군사대국과 전지구적 헤게모니를 그 자체로 좋은 것으로 여기게 되었기 때문이죠.

냉전의 종식과 함께 미국이 군사력을 행사하는 일도 더 잦아졌고, 또한 미국의 야망과 세계에서의 역할에 대한 생각도 더 장대해져갔어요. 정치인이니 학자니 하는 이들은 인류의 운명에 대해 뭐라도 안다는 듯이 '역사의 종말'이라든가 '역사의 올바른 측면' '없어서는 안될 민족' 등 온갖 부풀려진 말들을 쏟아냈고요. 그래서 지금까지 내가 이해했던 바, 냉전기간 동안 미국의 행동을 결정짓던 것에 의심이 가기 시작했어요. 정설에 따르면 미국은 그들 때문에, 외부로부터의 위협 때문에 그렇게 행동했다고 하죠. 그 설명이 완전히 틀린 것은 아니지만 한정된 것이라고 믿게 되었어요. 미국이 그런 식으로 행동한 것이 어떤 내적인 특성 때문임을 인식하게 되면 진실에 한발짝 다가갈 수 있죠. 대외정책이 국내정책에서 나온 결과물 특히 미국 정치·경제구조의 부산물임을 강조한 찰스 비어드(Charles Beard)와 윌리엄 애플튼 윌리엄즈(William Appleton Williams) 같은 역사가들의 견해를 받아들이게 되었어요.

그래서 1990년대에는 미국 대외정책에 대한 비판가, 그것도 꽤 거리낌 없는 비판가가 된 거죠.

탐 그때 제목에 '제국'이 들어간 책을 쓰셨지요……

딜레마와 마주하는 용기가 필요한 싯점

배써비치 그랬어요. 왜냐하면 90년대에 민주당원이든 공화당원이든 그들에게서 공인되지 않은 미 제국을 확장하려는 노력을 찾아볼 수 있다고 믿었거든요. 9·11사태와 그 여파, 이라크에서 실행된 예방전쟁이라는 부시의 독트린을 빠르게 거치면서 미국의 제국주의적 야심의 진면목이 분명하게 우리 앞에 나타나게 된 거예요.

다시 말해두지만 난 분명 아프간전을 지지했어요. 미국을 공격하는 테러리스트들을 용납하거나 받아들이거나 지지하는 민족은 어떤 민족이든지 어떤 결과를 낳을지를 똑똑히 보여주기 위해서는 탈리반정권을 박살내는 길 외에 다른 방법이 없다고 굳게 믿었거든요. 그러나 이라크전은 너무나 불필요하고 무모하고 정당화될 수 없다는 느낌이 들었고…… 그로 인해 미국의 힘을 답이 아니라 문제로 여기게 된 사람들 무리에 나 역시 확고하게 속하게 되었다는 말 말고는 어떤 다른 방식으로 그 영향을 얘기해야 할지 모르겠군요. 그리고 내부의 반대 반응, 더 나아가 미국 국민들의 반응이 너무나 보잘것없고 무력하다는 사실에 거의 절망했어요. 미국이 아주 아주 깊은 수렁에 빠져 있다는 결론에 도달했죠.

그 수렁을 보여주는 중요한 사실이 군사력에 대한 근시안적인 심취예요. 내가 최근작에서 분석한 정도를 넘어서고 있죠. 역시 그것은 에너지와 석유라는 문제를 축으로 해요. 매우 골치덩어리인 국민의 한명으로서 우리는 우리에게 주어진 딜레마를 정면으로 마주하기를 너무나 꺼립니다. 미국이 민주주의 국가이고 선거도 하지만, 모두가 절차적 민주주의가 되었어요. 정치가 별 의미가 없는 거지요. 정말 의미있는 정치라면 상대방과 내가 중대한 차이점에 대해 논쟁할 수 있어야 하고, 그러한 논쟁에서 해결이나 화합은 아닐지라도 적어도 내게 맞서서 네 멋대로 한다면 그 결과가 어떨지 정도는 인식할 수 있어야 하거든요. 그런데 그런 논쟁조차 없는 거예요. 정말 당혹스러운 일이지요.

탐 '십자군'이라는 용어를 쓰셨고, 이 행정부가 '구세주의 임무에 취해 있다'고도 하셨는데요, 요즘 우리는 어떤 종류의 '주의'(ism)를 살아간다고 생각하시는지요.

배써비치 심오한 문제네요. 민주주의적 자본주의라고 대답해서는 충분치 않겠지요. 확실히 우리의 '주의'는 종교적 차원을 통합하고 있어요. 신이 보편적 가치와 관련된 어떤 목적으로 이 나라를 창조했다고 믿는다는 점에서 말이죠.

미국은 군사력과의 관계 그리고 미국이 관여해온 전쟁들이나 그 전쟁들을 행해온 방식들에 국민적 차원에서 대처해오지 못했어요. 제임스 캐럴은 새로 쓴 『전쟁의 집』(House of War)에서 2차세계대전 이후 우리의 전략적 폭탄 투하, 특히 핵무기 사용과 그에 대한 미국의 태도를 매우 집중적으로 다루고 있어요. 그가 그 문제에 그렇게 집중하는 것도 이해할 만한데, 왜냐하면 그것이 우리가 제대로 이해할 수도 없고 솔직히 털어놓을 수도 없는 문제이기 때문이지요. 종국에는 임무를 부여받은 나라인 미국이, 스스로의 정당성을 확신하는 십자군 나라인 미국이 분노에 휩싸여 핵무기를 사용한, 정말 공포의 무기로 핵을 사용한 유일한 국가가 될 겁니다.

탐 이라크내의 미국 미디어가 거의 다루지 않는 부분이긴 하지만, 공군력이 2차세계대전 이후로 미국적 전쟁방식이 되어왔죠, 그렇지 않습니까?

배써비치 분명 미국을 규정하는 '주의'는 거대한 기술적 요소를 지닙니다. 그렇죠? 제 말은 미국이 기술의 국가라는 거죠. 우리는 미래를 기술적 미래로 여기고 따라서 기술적으로 해결할 수 없는 문제는 상상할 수가 없는 거죠……

탐 석유 문제만 빼고요.

배써비치 바로 그렇죠. 여러 면에서 지난 세기를 규정하는 기술적 인공물은 비행기입니다. 비행기로 인해 그만의 독특한 전쟁 방식이 생겨났어요. 이딸리아는 북아프리카에 처음 폭탄을 투하했고, 독일이 그랬듯이 일본도 폭탄 투하로 자신들이 담당한 만큼의 민간인들을 죽이긴 했지만,

미국과 우리 사촌인 영국은 단연 두드러졌어요. 전략적 폭탄 투하의 기록이 그저 역사적 관심사여서는 안되지 않나 하는 생각을 갈수록 많이 하게 되요.

미국이 스스로 믿는 바가 실제 모습은 아니고, 어떤 점에서는 우리보다 다른 사람들이 미국을 더 정확하게 인식할 수 있어요. 대통령은 2차세계대전에서 시작하는 한편의 역사를 서술—참, 클린턴도 했었죠—했는데, 그에 따르면 미국은 해방자이고 미국 국민은 자유를 가져다주는 존재이죠. 그 이야기에 진실이 없는 것은 아니지만 그것만이 진실은 아닙니다. 그리고 솔직히 예컨대 이슬람세계에서 보자면 거의 중요할 것도 없는 진실이지요. 미국이 히틀러와 독일의 제3제국(히틀러가 집권한 시기의 독일제국을 뜻함—옮긴이)을 무릎 꿇렸거나 말거나 무슬림은 전혀 신경 쓰지 않습니다. 그들이 의식하는 것은, 특히 자신들의 지역에서 벌어지는 모든 다른 종류의 행동들 즉 민주주의와 자유를 퍼뜨리는 것과는 아무 상관없이 미국과 미국인이 자신의 이득을 최대화하기 위한 관계를 확립하려는 노력과 권력들뿐입니다. 그런 것으로 너무 가슴 아파할 필요는 없습니다. 그것이 정치니까요. 하지만 그에 대해 착각하지는 말자는 겁니다. 조지 W. 부시대통령이 "미국은 자유와 해방을 대표하므로 미국이 당신들을 해방시키겠다"라고 할 때 그 지역 사람들이 우리말을 진지하게 받아들일 것으로 기대한다는 건 말이 안되죠. 미국과 관계를 맺으면서 그들이 보고 인식하고 경험한 것들은 그게 아니니까요.

'전지구적 테러와 전쟁'이라는 패러다임을 벗어나야

탐 그리고 물론 이슬람세계에서의 미국정책의 기록을 좀 아는 사람은 이 정부의 위원회에서 쫓겨나게 되지요.

배써비치 그런 전문가들은 이 정부가 21세기까지 지니려고 하는, 이데올로기에 찌든 역사서술에 도전할 테니까요. 우리 자신을 좀더 분명히 볼 수 있게 된다면, 다른 세계에서 우리를 어떻게 바라보는지도 알게 될 겁니다. 미국의 세기라는 서사를 다시 쓰고, 거기에 해방보다 훨씬 더 문제있는 수많은 다른 요소들이 관련된 사실을 인정해야 합니다. 히로시마(廣島)와 나가사끼(長崎), 드레스덴, 하노이, 하이뽕 등의 현실을 인정하지 않고서는 미국의 세기의 진정한 본질을 이해할 수가 없지요.

탐 그런데 현실에 기반한 공동체가 부시행정부를 따라잡고 있다고 보시나요?

배써비치 따라잡고는 있지요. 그런데 정치적 영향력을 보이냐고요? 만약 부시를 내쫓고…… 누가 좋을까요, 힐러리 클린턴 상원의원이나 존 매케인을 들여놓는다면 상황이 달라질까요? 그렇지 않을걸요. 물론 나쁜 정책을 이행하는 데 있어서도 능력 문제를 거론할 수 있어요. 지금은 나쁜 정책 이행에도 무능한 정부를 가진 거고요. 그러나 문제의 본질은 정책 자체입니다. 단지 이라크전쟁이 아니라 전지구적 테러와의 전쟁이라는 패러다임과 무제한적인 미국의 힘이라는 관념 말입니다. 그것을 다시 생각해야 하는 거지요.

탐 세가지 군사적 문제에 대한 견해를 듣고 싶습니다. 첫째는 군대의 종교화라고 부를 만한 현상이고요, 둘째는 부시정부가 이른바 본국을 지킨다고 2002년에 세운 게 북부 사령부인데 제게는 걱정스러워요. 마지막으로 이젠 정상적인 일이 되다시피 했는데, 전쟁을 치르는 비용을 국방부 외의 예산에서 추가항목으로 제시하는 것은 어떻게 보십니까?

배써비치 마지막 것은 괴상하기 짝이 없을뿐더러 무책임한 일입니다. 그건 마치 똑같은 책을 두 쎄트나 가진 것과도 같아요. 그러나 역시 의회에 선동된 정부가 이런 게임을 하고 있는데도 아무도 신경을 쓰지 않는 듯해요. 그렇다고 해도 미국이 전세계 나머지 나라들의 비용을 다 합한 것보다 더 많은 비용을 국방에 들이고 있다는 사실은 변함이 없습니다. 전례가 없는 일이죠. 그래서 미국이 더 안전해지고 안정되고 풍요로워졌나요? 그래도 안전하지 않다면, 지금보다 두배의 돈을 더 퍼부어야 할까요? 내 친구 중엔 그렇게 생각하는 사람도 있어요. 아니면 적어도 국방예산이 적당치 않다고 생각하는 사람들이죠. 국방부에 돈을 더 퍼부으면, 오히려 국민들은 우리 문제를 해결하는 길을 군사력에서 찾을 수 있다는 생각을 재고하지 않을까 하는 것이 제 생각이에요.

복음이라는 문제에는 적어도 세가지가 반영되어 있어요. 첫째 베트남전 이후 엘리뜨들이 군에서 이탈한 사실. 미국성공회 신도들은 이제 군에 입대하지 않고 장로교도 그렇죠. 둘째는 기독교 복음주의자들의 정치적 참여가 강화된 것으로, 그들은 1960년대쯤에 미국을 구원하기 위한 성군(聖軍)에 나섰습니다. 오랫동안 복음주의자들은 군이 이 대의명분에 함께하는 동맹자라고 생각해왔어요. 미국사회가 난잡스러움과 포르노, 이혼율, 낙태, 여성의 권리 등으로 타락 일로를 걸을 거라면서 복음주의자들은 이 모든 것을 한탄하는데, 그에 비해 군대는 전통적 미덕의 보루인 것이죠. 그 점에서 그들은 군인들을 잘못 보고 있지만, 어쨌든 그 때문에 복음주의 기독교인에게 군대가 특히 호소력을 가진다고 봐요.

셋째가 군의 정치화인데요, 내가 처음 장교가 되었을 때는 비정치적인 전통이 여전히 뿌리 깊었어요. 베트남전의 결과로 그 전통이 사라졌죠. 군의 이해관계가 정치적 권한에 놓여 있다고 장성들이 생각하게 된 거지요. 복음주의 기독교는 더 큰 덩어리의 일부일 뿐이에요.

탐 그래서 군은 징병을 하던 시기나 세계대전 때와는 달리 갈수록 정치화되고 쇠락해가면서도, 새로운 피는 거의 수혈되지 않는 총체적 세계가 된 거죠. 이렇게 군대가 갈수록 미국사회와 거리가 생기면 그 결과는 어떻게 될까요?

배써비치 안 좋은 소식이지요. 유일하게 좋은 소식—이것도 증거는 전혀 없으니 순전히 추측일 뿐이지만—이라면, 이라크전이 보수적이면서 복음주의적인 공화당 대통령의 작품이기 때문에, 아마도 군 장성의 구성원들이 자신들의 충성심을 어디에 바쳐야 할지 다시 생각하게 되고 공화당에 깃발을 잡아매는 일이 군 조직의 이해관계에 꼭 좋은 것은 아니라는 인식에 다다를지도 모른다는 것입니다. 군 장성들은 레이건대통령을 좋아했어요. 그가 군을 살렸거든요. 그런데 보세요. 다른 사람이 보기에 레이건대통령 이래 가장 레이건과 닮은 대통령이 군을 말살하기 위해 전력을 다하는 듯이 보이는 겁니다. 그것이 어떤 영향을 끼칠 수 있겠죠.

탐 1년 전쯤에 "내가 원하는 방향의 의미있는 정치적 변화를 상상할 수 있는 유일한 길은 끔직한 재난에 대한 대응을 통해서"라고 말씀하셨는데, 보충설명을 좀 해주시겠습니까?

배써비치 그런 재난은 어느 쪽으로도 갈 수 있어요. 이런 추측을 하기는 싫지만, 만약 9·11사태와 같은 사건이 또 생긴다면 정당한 분노로 가득 찬 미국인들이 들고 일어나 '모두 죽여버리자'고 하는 일도 있을 법합니다. 그러나 오히려 재난이 대안적인 견해를 개진해온 사람들이 목소리를 낼 수 있는 기회를 줄 수도 있죠.

이라크전과 9·11사태 이후의 다른 정책들과 관련해 이상한 것이, 석유값이 1갤런에 3달러라는 사실 말고 도대체 누가 신경이나 쓰냐는 겁니다.

그런 식으로 국민들을 그 정책의 결과로부터 절연시킨 것은 부시행정부가 아주 머리를 잘 굴린 거지요. 9·11사태가 일어나자 그들은 그 기회를 잡아 전지구적인 테러와의 전쟁을 선포했어요. 처음부터 대통령은 이 전쟁이 오래갈 것이라서 몇십년이 걸릴지도 모르고 세계전쟁에 비견될 만하다고 말했어요. 그러나 국민 전체를 동원하지는 않았어요. 국내의 우선적인 문제들에서 달라진 것도 없었고 눈에 띌 만한 무장 군대의 증강도 없었죠.

글쎄요, 왜 그랬을까요? 미국 군사력의 강대함을 확신하고는 그때 있는 것으로도 충분하다고 계산했던 거예요. 중대한 계산착오였지요. 그러나 다른 한편 그들은 부시대통령이 잘하는 것처럼, 국민들에게 디즈니 월드에 가서 위대한 조국을 즐기라고 하면 자신들이 정치적으로 안전할 거라고 계산했던 거죠. 여론조사에 따르면 대통령에 대한 대중적 지지도가 급격하게 떨어진 것을 알 수 있지만 어떤 의미에서는 그들이 옳았다고도 할 수 있어요. 당신과 나 같은 보통의 시민들은 어떤 식으로든 직접적으로 고통을 느끼지 않기 때문에 그들의 터무니없는 실수에 책임지라고 하지 않으니까요.

대통령이 "앞으로 국내의 계획들에 대한 지원을 줄여야겠습니다. 이것은 중요한 전쟁이고 그 비용을 지불해야 하므로 세금을 올려야겠습니다. 군대를 증강해야 하니 징병이 필요합니다"라고 했다면 국민들은 아마 지난 4년 동안 벌어진 일에 좀더 주의를 기울였을 거예요. 안됐지만 국민들은 그러지 않았고, 대신 우린 지옥으로 가는 길을 따라 떠내려가고 있지요.

12장

미국의 계급을 둘러보는 길잡이 여행

바바라 에런라이히 Barbara Ehrenreich

버지니아 샬롯빌(Charlottesville) 언저리의 중산층 교외주택단지 쪽으로 들어선 다음, 줄줄이 붙어 있는 집들 중에서 조그만 잔디밭에 '팔 집'이라고 적힌 노란색 팻말이 세워진 집앞에 차를 세운다. 안내를 받아 안으로 들어가니 페인트 통과 대걸레, 양동이, 청소 세제 등이 늘어서 있는 집 안이 보인다. 공동으로 쓰는 뒷마당이 내려다보이는 현관에서는 일꾼들이 색 바랜 나무 난간을 말쑥하고 깨끗한 흰색으로 칠하고 있다. 나중에 그들이 가고 난 후, 향기로운 늦봄 오후에 잠깐 밖으로 나서며 그녀가 말한다. "여기 바깥에 내가 필요한 게 뭔지 알아요? 꽃이에요!" 하기는 가까운 이웃의 작은 현관은 빨강과 오렌지, 보라색 꽃들이 만발한데, 그녀 난간에 걸린 세 화분에는 그저 흙과 죽은 식물의 부스러기뿐이다.

사실 놀랄 일도 아니다. 계급을 해부하는 일에 으뜸가는 언론인인 바바라 에런라이히는 여기 주로 살지는 않기 때문이다. 이미 고전적인 저서가 된 『푼돈으로 생활하기』(*Nickel and Dimed*, 한국에서는 『빈곤의 경제』라는 제목으로 출간됨—옮긴이)는 그녀가 스스로 노동계급으로 변신하여 저임금 노동계급의 세계에 들어간 이후 너무나 잘 알려져 일반화된 용어가 되었을 정도인데, 거기에서 그녀는 수많은 근면한 미국인들이 살아가기가 얼마나 어려운지를 기록했다. 그리고 몇년 후에는 중산계급에 들어가 그 과정을 반복했는데 이번에는 갈수록 인색해지는 기업세계에서 떨려난 절박한 실업자 신세가 되었다. 최근 저서인 『유인 상술, (헛되이) 미국의 꿈을 좇아』(*Bait and Switch, The (Futile) Pursuit of the American Dream*)가 그 결과물이다. 지금은 전국을 돌아다니며 청중들에게 그녀 자신 그리고 그들의 경험을 얘기하며 대부분의 시간을 보낸다. 그녀는 블로그를 개설하여 중산계급 실업자들을 조직하는 일에 도움을 줄 새로운 단체를 만드는 데 관여하면서, 남는 시간을 쪼개 새로 책을 낸 것이다.

4년 동안(적어도 그중 얼마간은) 버지니아에 살았는데 이제 북쪽으로 옮겨가려는 참이다. 그녀가 책장을 가리킨다. "지난주엔 이번주보다 훨씬 책이 많았어요. 버지니아 조직만들기 기획(Virginia Organizing Project)에 기증하고 있는 중이거든요." 정말로 집 안은 분명 팔려고 내놓은 집답게 비워지고 있다. 하지만 집 안을 돌아보면, 짧은 머리에 청바지와 티셔츠를 입고 스니커즈를 신은 에런라이히 자신이 아무 장식도 없는 모습을 하고 있는 것처럼, 집 안 역시 처음부터 불필요한 장식 없이 간명했으리라는 느낌이 든다. (그녀가 기업에 어울리는 고용 적합자의 완벽한 모습을 갖추려고 애쓰면서 '유인 상술'의 이미지 변신 조언자와 함께 있는 재밌는 상상이 문득 떠오른다.)

그녀의 정신은 정말 광범위하면서 대담하다. 몇년 전, 『피의 예식』(*Blood Rites*)이라는 책에서 그녀는 전쟁의 기원에 대한 전통적인 생각들을 뒤집어놓기까지 했다. 그녀는 철두철미 허튼 구석이 없는 국가의 자원

저널리스트이자 문화비평가인 바바라 에런라이히

이다.

그녀는 그 지역 체육관에 가서 두 손녀들—법학 교수이자 『로스앤젤레스 타임즈』의 기고가인 그녀의 딸 로자 브룩스(Rosa Brooks)의 딸들—과 얘기를 나누며 시간을 보낼 예정이다. 시계를 보니 어영부영할 시간이 없으므로 오랫동안 식사를 차린 적이 없는 것이 분명한, 종이와 책 등이 잔뜩 쌓인 식탁에 앉아서 인터뷰를 시작한다.

탐디스패치 당신이 최근 참석한 졸업식에서는 학생들이 자리에 앉아 비치볼을 가지고 놀았는데요. 대학 학장이 얼굴을 가까이하고는 "졸업식을 오후에 하면 이게 문제예요. 몇시간 동안 계속 파티를 한 학생들도 있을걸요"라고 말했다지요. 이에 당신은 "졸업생들이 아는지 어쩐지는 모르겠지만 그들이 버드와이저를 진탕 마시면서 직업세계로 들어가는 것을 격려해주고 싶은 이유가 있어요"라고 대답했다고 쓰셨습니다. 왜 오늘날 대학을 떠날 때 버드와이저를 진탕 마시는 게 적합한 일인지 설명해주시

300

는 것으로 시작하면 어떨까요?

바바라 에런라이히 글쎄요. 많은 졸업생들이 자신들의 자격증에 적합한 직업을 구하지 못할 거예요. 식당 종업원이 되거나 전화 교환원이 되겠지요. 그렇게 이십대를 보낼 수도 있어요. 최근에 경제정책원(Economy Policy Institute)의 제어드 번스타인(Jared Bernstein)한테 이를 좀 조사하도록 했어요. 아직 잠정적이긴 하지만 그에 따르면 대학 학위를 요구하지 않는 직장에서 직원의 17퍼센트가 대학 졸업자예요. 그들은 보통 전문직이라 할 자리를 얻지 못한 20대 젊은이들이거나, 구조조정으로 여러번 직장을 잃은 후 '너무 나이가 많아서' 더이상 고용될 수가 없는 50대의 사람들입니다. 그래서 그 문제를 생각하다가, 그다음엔 직장을 잡은 많은 사람들 생각을 하게 되었어요. 알다시피 그들에게 재미는 이제 끝이잖아요. 앞으로는 칸막이로 둘러싸인 자리에 앉아 있을 것이고, 상사들과 지루한 회의를 할 때 공을 가지고 놀게 되지는 않겠죠.

탐 대학 졸업생들의 실제소득이 2000년에서 2004년 사이에 5퍼센트가 떨어졌으니 그들 역시 그런 일을 예상하고 있겠죠.

에런라이히 대학 졸업자와 비졸업자 간의 소득격차는 여전히 아주 크지만 줄어들기 시작했어요. 제어드가 말하기를 90년대에 소득격차가 급속히 벌어진 것도 대학 졸업생들의 형편이 좋아져서가 아니라 저소득계층인 블루칼라 노동자들의 사정이 아주 안 좋았기 때문이라고 하더라고요. 그들의 임금이 계속 내려갔고 지금도 그래요.

탐 당신이 전문가·경영자 계층이라고 지칭한 중산층에 대해 1989년에 책을 쓰셨죠. 『추락의 두려움』(*Fear of Falling*)이란 제목이었는데, 꽤 시대를 앞서나간 책이었다고 생각됩니다. 그 주제를 다룬 저서의 제목을 지금 다시 붙인다면 그냥 '추락'(Falling)이라고 하실지도 모르겠네요.

무한 경쟁시대의 도래

에런라이히 그때 생각했던 것은 세대간 추락에 대한 두려움이었어요. 많은 상류·중산층 사람들은 아이들이 자신과 같은 계층에 들어오지 못할까봐 두려워하죠. 계급적 지위란 그냥 상속을 하듯이 그들에게 물려줄 수 있는 것은 아니니까요. 교육과 관련된 그 과정을 전부 거쳐야 하는 거지요. 지금이라면 '거칠 것 없는 추락'(Free Fall)이라고 할 수 있겠죠. 그렇게까지 심한 상황은 아니지만요…… 아직까지는요.

탐 『유인 상술』에서 부정폭로 기자로 기업에 들어가려고 했지만 결국 중산층 실업자나 불안한 실업자의 세계에 속하게 된 일을 다루면서 "미국 중산층은 전례 없이 수많은 전선에서 공격을 당하고 있다"라고 쓰셨는데요. 그때부터 지금까지 중산층에 어떤 일이 생겼나요?

에런라이히 『추락의 두려움』에서 난 전문가·경영자계층과 전통적 노동자 사이의 거리를 우려했어요. 새로운 계층이 생겨나는 것을 목격했다고 생각했죠. 엄격한 맑시즘에 따르면, 부르주아가 있고 나머지는 모두 임노동자이므로 그들이 회계사이든 노동자이든 다를 바가 없죠. 그런데 내 얘기는, '그렇지 않아, 그들은 정말 달라'입니다. 책상 앞에 앉아 있는 화이트칼라 노동자는 이런저런 방식으로 다른 사람들에게 업무를 지시해요. 그들은 블루칼라나 핑크칼라(주로 여성의 일이라고 여겨져 대부분 여성들이 종사하는 직업 —옮긴이) 노동자들과 비교할 때 권위있는 자리에 있는 거지요.

그때는 차이를 강조했어요. 지금 『유인 상술』에서 내가 강조하는 것은 차이의 사라짐, 즉 전문가·경영자계층이 지니고 있다고 생각한 안전판이 사라졌다는 거예요. 80년대에 그 책을 쓸 당시 그 계층에서 가장 안전한 쪽은 기업에 자리를 잡은 전문가들과 경영인들이었을 겁니다. 그러다가 90년대에 뭔 일인가가 벌어졌고, 회사는 그들조차 길러야 할 자산이 아니라 없애야 할 비용으로 여기게 된 거지요. 80년대 말에 내가 목격한 것은 이렇게 아주 압축된 중산층, 아이들을 같은 계층에 진입시키는 일 말고는 정말 문제라고는 없는 그런 계층이었어요.

탐 예전에는 아이들 걱정이었다면 이젠 자기 걱정을 해야 한다는 거군요.

에런라이히 물론 아이들 걱정도 같이 해야죠.

탐 『유인 상술』에서 기업세계를 "끊임없이 걸러내는 과정"이라고 표현하셨죠.

에런라이히 수많은 직장에서 매년 혹은 심지어 6개월마다 평가를 요구하는 것에서도 그 과정을 찾아볼 수 있죠. 끊임없이 긴장해야 하고 끊임없이 재평가를 받으면서 잠재적으로는 항상 쫓겨날 수 있는 상태인 거예요.

탐 그러면 기업문화의 변화를 어떻게 설명하시겠습니까?

에런라이히 글쎄요. 저도 전부는 알 수 없는 노릇이지만, 썬빔(Sunbeam)사의 '전기 사슬톱' 알 던랩(Al Dunlap)이나 제너럴 일렉트릭(GE)사의 잭 웰시(Jack Welsh)처럼 화이트칼라든 육체노동이든 가릴 것 없이 가능한 한 많은 사람들을 잘라버리고 난 뒤 주가가 상승하고 CEO들의 연봉이 올라가는 것으로 엄청 보상을 받은 사람들이 선구자 격이라고 봐야죠. 몸통을 줄이는 것이 일종의 추세이자 달성하고자 하는 바가 되었어요. 아직 공부를 덜 해서 자신있게 말할 수는 없지만, 부분적으로 이는 최고경영자들이 갈수록 스톡옵션으로 보상을 받게 되면서 경영과 소유의 거리가 사라지는 일과 관계가 있다고 봐요. CEO라면 인원을 줄여서 분기당 이익을 올릴 수 있다면 자신이 상당한 이득을 보게 될 것임을 아는 거죠. 이윤을 올리는 가장 쉬운 방법이 비용을 줄이는 것이고 가장 큰 비용이 임금이니까요. 물론 이익을 늘리는 더 나은 방법은 더 좋은 상품을 팔거나, 많이 팔거나, 비싸게 파는 것일 테지만요.

계급문제를 천착하게 된 계기

탐 부정폭로 기자로 두 직업세계에 들어간 것으로 유명하신데요, 하나는 『푼돈으로 생활하기』에서의 저임금 노동계급의 세계이고요, 다른 하나는 『유인 상술』의 중산층 실업자이지요. 제가 보기에는 또한 정기적으로 계급의 문제를 파고드는 상대적으로 작은 그룹인 전문적 경영계급의 일원이기도 하고, 그래서 바로 그 문제에서 진정으로 당신의 정치성을 찾는 게 아닌가 싶어요. 다른 많은 사람들은 딴 방향으로 몰려가는데, 당신은 무엇 때문에 계급분석을 하고 거기에서 줄곧 떠나지 않는 건가요?

에런라이히 틀림없이 제 배경과 관련이 있을 거예요. 내가 태어났을 때 아버지는 몬태너(Montana) 주 버트(Butte)의 구리광산에서 일하셨어요. 완전 노가다판이죠. 하지만 우리의 경우는 계급상승에 성공한 놀라운 예이죠. 아버지는 광부 일을 하면서 어떻게든 대학을 마치셨죠…… 음, 버트 광산학교요. 아버지는 당신 말에 따르면 천재였어요.(웃음) 결국 아버지는 광산에서 나와서 기업 경영자가 되셨어요. 야금술(冶金術)과 관련된 연구를 시작했다가 경영자가 되신 거죠. 그래서 내 어린 시절은 말하자면 길잡이도 없이 미국 계급들을 거쳐간 여행이었어요.

탐 내가 아는 사람들을 보면 계급을 뛰어넘는 일은 보통 복잡하고 고통스러운 경험이던데요.

에런라이히 음, 아버지는 항상 술고래였고 직업인생을 끝마칠 즈음에—아니 어쩔 수 없이 끝낼 수밖에 없었을 때라고 해야 할까요—완전히 고주망태 수준이었죠. 아버진 모든 것을 원했어요. 성공도 원했고 돈도 더 벌고 싶었고. 그렇다고 우리가 부자인 적이 있었던 건 아니지만, 중산계급의 상층부까지 올라간 것은 확실하니까요. 하지만 아버지는 광산에 사회적 향수 같은 것 또한 가지고 있어서, 그때 함께 일하던 사람들이나 그때의 일들에 대해 종종 얘기하셨어요. 그곳은 사람들 사이에 훨씬 강한 유대가 존재하는 진정한 세계라는 것이 내겐 분명해 보였죠.

탐 그리고 뭔가를 상실했다는 것은요?

에런라이히 예, 맞아요. 기억에서 지워지지 않는 것이 하나 있어요. 『푼돈으로 생활하기』를 쓸 때 도움이 되기도 했는데…… 70년대에 좌파 청년들이 공장에 들어가 노동계급을 조직한다고 아버지께 말씀드린 적이 있어요. 정말 웃기는 일이라고 하시더니, 아주 흥미로운 말씀을 하셨죠. “그들이 아마 이해 못하는 게 하나 있는데 뭔지 아니? 그런 일을 하고 싶으면 첫번째로 할일은 일을 제대로 하는 거야. 첫째, 일을 하라.” 광부로서 아버지는 광산에서 조직의 일을 하는 공산주의자들을 알고 있었지만 그들이 그다지 일 잘하는 광부가 아니라서 별로 인상적이지 않았던 거예요.

탐 아버지 시대보다 계층간 유동성이나 그에 대한 연구가 줄어들었나요?

에런라이히 줄었죠. 그 점에서는 유럽과 비할 바가 못돼요.

경제적 고통을 알리는 매체가 절실해

탐 지금 블로그를 운영하시죠? 전국 방방곡곡을 돌아다니는데다가 당신의 책 덕분에 여러가지 어려움에 처한 화이트칼라나 블루칼라 노동자들로부터 많은 얘기를 들으실 것 같은데. 요즘은 어떤 얘기들을 하나요? 우리가 모르는 일이라도?

에런라이히 만성적인 장기 가난과 중산층에서 하층계급으로의 전락은 미국인들이 생각하기를 꺼려하는 동일한 범주의 일들이죠. '카트리나 이후'처럼 주기적으로 가난에 잠깐 촛점을 맞추다가는 또 사라지죠. 컴퓨터 관련 벤처기업들의 붕괴 이후 잠깐 동안 아래로 추락하는 쏘프트웨어 관련 종사자들에게 관심을 보였잖아요. 그러고는 곧 잊어버리는 거죠. 하지만 사람들의 삶의 위기란 줄곧 존재해온 거예요.

대중매체에서 경제적 고통은 완전히 빠져 있어요. 왜 항상 하층에만 관심을 두냐는 질문을 가끔 받는데, 도덕적으로 그것이 나의 의무라는 생각이 들어서예요. 고통을 바라보는 일이요. 성공적인 기업인이 나올 때마다 축하하는 것이 아니라 항상 아파하는 사람들을 생각하는 것. 그냥 그것이 모든 사람들에게 주어진 기본적인 도덕적 요구라고 봐요. 그런데 그것이 대중매체에서는 너무 자주 빠져 있는 거죠. 고통 말예요.

고통의 이야기. 내 웹 싸이트의 토론란은 그것들로 가득해요. 사람들이 올린 글들이죠.

"전 기계공학의 석사학위를 가지고 있어요. 근데 포기했죠. 3년 동안 직장
을 못 구했거든요.
전 지금 부모님과 함께 살고 있어요. 제 아파트, 제 집을 포기해야 했죠.
지금은 콜센터에서 일하고 있어요."

계속 이런 얘기를 듣게 돼요. 그다음에는 연금도 잃어버리고 건강보험
도 상실하죠. 전면적으로 벌어지는 일이에요. 중산층 직업을 가진 사람들
에게도요.

정치화한 미국의 복음주의와 군사주의

탐 최근에, "레이건과 클린턴, 부시 덕에 지금 우리 정부의 군대와 감
시기능은 엄청나게 팽창했지만 구제기능은 처참하게 퇴화되어 있다. 좀
이상해도 동물의 비유를 들자면 무지하게 거대해진 발톱과 이빨을 가지
고 있으면서도 젖샘은 없는 암사자를 상상해보라"고 하셨죠.

에런라이히 1997년 『네이션』 기고문에서 처음 쓴 것인데, "정신을 차려
가는 국가통제주의자의 고백"이라고 제목을 붙였더군요. 난 클린턴 시절
말기에 정부가 구제기능에서 멀어져 군사와 교도소, 법 집행 쪽으로 이행
하는 경향에 대해 말했어요. 나는 과연 어떤 지점에서 진보주의자들이
"이 정부의 구제기능을 확대하는 걸 원하지 않아요. 지금 벌어지는 일을
보라고요"라고 말해야 하는지를 물었더랬죠. 공공주택이 좋은 예가 될 거
예요. 좋아요, 공공주택 좋은 일이죠. 하지만 그런 주택에 입주하거나 계
속 살기 위해서 사람들에게 약물 테스트를 하기 시작하면 그건 정부의 법
집행 기능의 확장이 되는 거예요.

여전히 그 질문은 유효합니다. 오늘날 연방정부는 더 거대해지고, 점점 더 전쟁이나 감시와 관련되어 있죠. 황당하던 클린턴 정부의 꿈조차 능가하고 있는 거라고요. 큰 정부가 그렇게 난폭해질 때 진보주의들이 그저 큰 정부를 찬성한다고 생각되어서는 안되잖아요.

탐 또한 시민사회가 그렇게 많은 '시민적' 기능을 박탈당하고 있을 때 말이죠. 카트리나의 경우처럼 재건의 기능을 포함해서요.

에런라이히 카트리나는 정부가 국민들을 도와준다고 할 때조차 그 방식이 얼마나 군사화되어 있는지를 보여주는 완벽한 예입니다. 정부가 처음 보인 대응이 군사적 대응이었어요. 마침내 원조할 사람들을 내려보냈을 때 그 사람들이란 무장 경호병들로, 팬씨 가게를 지키고 사람들을 컨벤션 쎈터에 가두는 일을 했지요. 총을 겨누고 말이에요! 정말 믿을 수가 없어요.

탐 시민사회와 관련된 정부의 역할을 많은 경우 정치화된 종교단체와 자선단체에 떠넘긴 일은 어떻습니까?

에런라이히 얼마간은 복음주의적 교회들이 그런 일에 손을 뻗친 면이 있고, '모든 사회복지 기능을 교회에 떠넘기자'라는 꿈을 가진 부시행정부가 보여준 종교적 믿음에 기초한 접근방식이 있었죠. 많은 거대 교회들이 이제 엄청난 몸집의 사회복지 관료집단으로 기능하고 있어요. 『유인 상술』을 위해 자료조사를 하려고 그 안으로 들어가보지 않았으면 나도 몰랐을 거예요. 직장을 찾아줄 사람들과 연결이 될 수 있는 데가 그곳이거든요. 방과후 교실이나 보육, 매맞는 여성을 위한 지원단체, 여러 질병에 시달리는 사람들을 위한 지원단체 등도 그곳에서 찾을 수 있지요. 그런데 이

교회들 중 많은 경우가, 낙태와 동성애 반대론자이면서 우연이랄 것도 없지만 사회복지사업을 어떤 식으로든 종교단체가 아닌 민간으로 확대하는 일에 반대하는 정치 후보자들을 지지한다는 점이 정말 괴상한 일이죠.

이주노동자의 계급과 외주화 문제

탐 이주라는 중요하면서 민감한 쟁점으로 옮겨가보죠. 『푼돈으로 생활하기』를 위해 아직도 백인들이 저임금 노동을 하는 지역으로 가셨는데요, 미네쏘타나 메인처럼……

에런라이히 키 웨스트(Key West)는 아니에요. 거긴 이주노동자들이 가득하거든요. 하지만 장소를 조심스럽게 고른 것은 맞아요. 인종에 따른 분류가 실제로 이루어지니까요. 예를 들자면 역시 자유기고가인 내 아들 벤 에런라이히(Ben Ehrenreich)가 로스앤젤레스의 고기포장 공장에 취직을 하려고 했었어요. 그 자리에 가보니까 60명이 모였는데 앵글로 쌕슨은 자기 혼자였다는 거예요. 스페인어를 완벽하게 구사하지만 그 애는 취직을 못했어요. 왜냐하면 사람들은 그냥 '저 사람이 여기서 뭐하는 거야?' 이런 생각을 하니까요. 고용자들은 어떤 종류의 일은 어떤 부류의 사람들이 해야 한다는 생각을 하고 있고 그와 다른 사람은 쓰려고 하지 않아요. 이러한 사실을 키 웨스트에서 깨닫고는 생각했죠. 다음엔 메인으로 가야겠다. 거긴 대부분이 백인이니까 인종적 분류를 당하진 않겠지. 로스앤젤레스나 뉴욕에서는 『푼돈으로 생활하기』를 그렇게 쉽게 완성할 수 없었을 거예요. 거기서는 '푸른 눈의 중년 백인 여성이 이 일을 하려고 한다면 분명 심각한 약물복용의 문제가 있을 거야'라고 생각들을 했을 테니까요.(웃음)

탐 계급과 이주라는 쟁점이 그나마 있는 부시행정부 지지자들도 갈라놓고 있지만, 단지 그들만의 문제는 아니죠. 이주의 계급정치를 어떤 식으로 읽어낼 수 있을까요?

에런라이히　아들애가 남서부의 민병(民兵) 모임에 갔었는데, 흥미롭게도 많은 지도자들이 아주 광범위한 반기업 태도를 보였다고 해요. 기업들이 우리를 박살내고 있습니다. 우리야말로 진짜 미국인입니다, 운운하면서요. 그들 생각으로 이주자들 역시 그들을 박살내는 것의 일부이고 따라서 고용자에게 맞서는 것보다는 총을 들고 국경으로 가는 일이 훨씬 더 쉬운 것이죠.

그리고 시사논평가들도 줄곧 미국인은 이주자들이 하는 일을 하지 않을 거라고 말합니다. 문제는 미국 토박이들이 힘들고 어려운 육체노동을 안하려 한다는 것이 아니라 그런 종류의 일이 너무나 저임금이라는 겁니다. 이주노동자들이 그런 저임금으로도 생활할 수 있는 이유는, 수많은 사람을 한 방에 몰아넣는 말도 안되는 상황을 적어도 당분간이라도 기꺼이 참아낼 의사가 있기 때문이지요. 결국 기업과 관련하여 이주자들이 하는 일이 뭔가요? 진짜 진짜 착취해도 되는 일단의 사람들을 제공한다는 것이죠. 그들이 불법체류자인 한 못할 일은 없겠죠. 임금을 안 줄 수도 있고요. 한푼도요. 이주자의 문제를 정말 심각하게 여긴다면 나프타(NAFTA)협정이 멕시코 노동계급을 위해 경제와 농업부문에 어떤 영향을 주었는지를 살펴봐야 합니다. 이주자 문제는 많은 경우 전형적인 희생양이에요. 그러니까 사람들을 수출하는 나라의 경제를 진지하게 살펴보지 않는다면 그 문제를 파악할 수 없으리라는 거예요. 불법 이주자들이 이곳에 오는 이유가 기후 때문이 아니잖아요. 예를 들어 멕시코가 안정된 고용구조와 농업을 갖춘 장소가 되도록 우리가 어떻게 도와줄 것인가를 물어야 하는 거죠. 그건 분명 나프타로 할 수 있는 일이 아니고요.

탐 이주자 문제의 다른 면이 일자리의 외주화 아닌가요?

에런라이히 외주로 일을 하는 사람들에 대한 어떤 안전망도 갖추지 못한 상태에서 외주화 문제를 진지하게 논의하기는 매우 어려워요. 직장을 잃는 것은 몹시 불행한 일이고 그 경험 때문에 뱅갈로어(Bangalore, 인도의 씰리콘밸리라고 불리는 인도 IT산업의 중심지―옮긴이) 지역의 쏘프트웨어 제작자들과 맞서게 되지요. 좀더 장기적인 쟁점은 이거예요. 어떻게 국가적 경계를 넘어서 단합함으로써 애틀랜터의 쏘프트웨어 제작자들이 뱅갈로어의 쏘프트웨어 제작자에게 말을 걸고 '우리가 이 일에 함께하고 있다'고 말할 수 있을 것인가.

저항의 조직과 연대가 해결책

탐 우리 세계에 항의문화가 부족한 것은 어떤가요? 특히 『유인 상술』에서 당신이 머물러본 중산층 세계에서요. 이 문제와 관련하여 새로운 조직을 시작하셨죠?

에런라이히 『푼돈으로 생활하기』를 쓴 이후에 많은 중산층 사람들이 제게 말하더라고요. 아니, 이 사람들은 왜 이러는 거예요? 왜 그냥 참는 거죠? 그들은 그냥 참은 게 아니에요. 그 저항이 등뒤에서 상사를 비웃는다거나 사소한 규칙들을 정기적으로 어기는 것처럼 그리 생산적이지 못한 방식이었긴 하지만요. 그런데 화이트칼라 노동자들에게는 그것이 아주 내면화된 듯해요. 사람들이 얼마나 지쳐 있고 얼마나 복종을 내면화했던지 어떻게 해볼 수가 없더라고요. 어떤 식으로든 괜히 나섰다가는 눈에 띌 거라는 두려움이 그들을 사로잡고 있었죠.

'전문인 연합'(United Professionals)이라는 새 조직은 4월 말에 애틀랜터에서 출범식을 가졌어요. 그 구성은 실업자나 불완전 고용자들, 불안하게 고용된 화이트칼라들이에요. 이건 노조가 아닙니다. 서로 매우 다른 고용주들과 직업군을 지닌 사람들을 위한 노조를 만들 수는 없거든요. 그러나 범국민건강보험과 실업수당의 확대 등을 지지할 겁니다. 그리고 약간의 필요한 써비스도요. 값싼 건강보험을 제공할 방법을 찾고 있고 무엇보다도 제가 네트워킹(Networking)이라고 부르는 — 도구적인 기업의 방식이 아니라 함께 모여서 경험을 공유하고, 지금 문제가 무엇인지, 무엇을 해야 할지 등을 스스로 파악해보는 — 그런 협동방식을 찾고 있어요.

탐 그렇다면 조금은 초기 페미니즘과 비슷한 방식이네요.

에런라이히 둘간의 유사성이 아주 많아요. 실업에도 거대한 오명이 따라붙거든요. 구조조정을 당한 사람들은 매우 수치스러워하고 의기소침해지죠. 함께 모여서 그 굴욕감을 극복할 필요가 있어요. 70년대 페미니즘 운동의 초기 모임에서 사람들은 강간당한 경험을 말하는 걸 수치스러워했어요. 어렸을 때 성추행당한 얘기하기를 꺼렸죠. 그것이 다른 사람들도 당한 일이라고 말할 수 있게 되면 스스로 변화했다는 증거가 돼요. 그러니까 다들 꺼내봅시다, 우리 문제가 뭔지 한번 보자구요.

탐 이것 역시 이름 붙일 수 없는 문제 아닙니까?

에런라이히 맞아요. 그래서 초기 여성운동에서처럼 정서적 참여 차원에서 무언가가 필요한 거죠.

탐 화이트칼라의 고통에 대한 어떤 다른 해결방안을 생각할 수 있을까요?

에런라이히 프랑스에서 지켜내기 위해 싸웠던 것과 같은 고용의 권리를 요구해야 한다는 것은 명백합니다. 마음 내키는 대로 해고할 수 없도록 일종의 절차를 거쳐야 한다는 거죠. 최근에 『유인 상술』을 논의하러 영국에 갔을 때 그쪽 출판사에서 이렇게 말하더라고요. "그런데요, 사람들이 당신 얘기를 잘 이해하지 못해요. 어떻게 아무 절차도 없이 구조조정을 당하거나 해고를 당할 수 있는지요." '임의적 해고'라는 개념 자체를 이해하지 못하는 거예요. 그래서 미국에서는 아무런 권리가 없다, 직업에 대한 권리도 없고 발언기회를 가질 기회도 없다고 설명해야 했어요. 우스꽝스런 표정을 지었다는 이유로 해고될 수도 있다고요.

'전문인 연합'에 관계하는 사람들 가운데에는 일종의 과도기 권리(transition rights)를 위한 집단투쟁을 검토하는 사람들이 있어요. 사람들이 모두 구조조정을 당했다고 칩시다. 인디애나 주 포트 웨인(Fort Wayne)의 융자회사에서 벌어진 일이죠. 수백명의 화이트칼라와 핑크칼라 노동자들이 구조조정을 당했어요. 그들은 "자, 여기 당신의 퇴직금(severance package, 퇴직 때 회사 쪽에서 지불하는 퇴직금을 비롯한 여러 혜택들)이 있네. 딴소리 하지 말게, 그러면 그걸 뺏어버릴 테니까"라는 말을 개별적으로 들었지요. 그들은 이것을 집단적으로 문제삼아서 이렇게 대응했습니다. "아니, 그렇게는 안됩니다. 우리가 살아갈 수 있는, 적어도 몇달이라도 버틸 수 있는 퇴직금을 우리 모두 원해요."

중산층의 양극화와 강화된 순종의 문화

탐 1950년대부터 현재까지 반세기가 좀 넘는 기간 동안 중산층 문화에 어떤 변화가 있었다고 보시나요?

에런라이히 확실히 더욱 견고해졌지요. 상류 중산층에 속해 있으면 집안의 고용인이나 택시운전사, 손톱관리사 등 말고는 다른 계층과 절대 서로 영향을 주고받지 않죠.

탐 물론 기업에서 쫓겨나지 않는 한에서는 말이죠.

에런라이히 네, 그건 예기치 않은 일이죠. 쫓겨날 때까지는 아이들은 공립학교에 가지 않을 것이고 주말에 공립공원을 이용하지 않을 것이며 그 계층에 속한 한에는 대중교통을 이용하지도 않겠죠. 정말로 격리되어 사는 거예요.

탐 1989년에 '중산층이 대본을 쓰고 출연도 하는 문화'에 대해 쓰신 적이 있죠. 어떤 의미였나요? 지금도 사실인가요?

에런라이히 1980년대 이후로 전문가·경영자 계층 내에 양극화가 심해졌어요. 예를 들어 현재 신문기자와 관리직 편집장 사이에는 엄청난 간극이 있지요. 대학 사무장과 사회학과 조교수 간의 임금차이는 1년에 10만 달러는 될 겁니다. 같은 세계 안에서는 그 간격이 줄어들지요. 그래서 그때 그 말은 대본 쓰는 사람의 지위가 더 상승했다고 바꿔야겠네요.

탐 1989년에 하신 전문가·경영자 계층에 대한 분석은 지금 보자면 어떻습니까?

에런라이히 중요한 것은 아랫부분에서 더 많은 유출이 있다는 겁니다. 떨어져나가는 사람들 말이에요. 1989년에 대학교육이 무척 확대되었는데 지금만큼은 아니었죠. 지금은 너무나 많은 직장에서 대학교육을 요구해요. 도무지 이유를 모르겠어요. 제가 보기엔 가만히 앉아 있는 훈련만 오래도록 시키는 것 같거든요. 복종훈련이라는 게 어울리는 건……

탐 개한테나 어울리죠.

에런라이히 그래요! 전형적인 학사 졸업생들이 무슨 제대로 된 기술을 보여주는 적이 있나요? 난 분명 교육에 찬성하지만 거기에는 심각한 엉터리가 있어요.

탐 그런데 1950년대 그 유명한 회색 플란넬 양복을 차려입은 사람은 어떻게 되었나요? 노동계급에 대한 책을 쓰기 위해 그냥 지금처럼 티셔츠에 청바지 차림으로 직장에 가도 되었다는 점이 흥미로웠거든요.

에런라이히 당신은 카키색 바지를 입어야 할 거예요.

탐 그렇죠. 하지만 기업세계에 들어가려고 하면 끊임없이 스타일을 개조할 필요가 있겠죠. 이젠 단 하나의 유니폼으로는 안되니까요.

에런라이히 사회학자인 로버트 재컬(Robert Jackall)과 내 이미지 변신을 맡은 사람이 확인해준 사실에 따르면, 그것은 외양에서 적합한 모습을 보여줌으로써 자신이 다른 면에서도 그들이 원하는 대로 따를 수 있다는 신호를 보내는 것이라고 해요. 얼마만큼 순종할 것인지를 나타내는 신호와도 같은 거죠.

탐 분명 회색 플란넬 양복을 입은 사람이 은퇴할 때 고맙다는 의미로 3억 달러의 퇴직금을 받게 되지는 않겠죠. 블로그에 올리신 글 중에 이런 통계가 있던데요. "2001년과 2004년 사이에 상위 10퍼센트 가구의 순자산은 전체 평균 311만달러 대비 6.4퍼센트가 상승했다." 기본자산을 가진 아주 적은 수의 엘리뜨인 CEO가 받는 어마어마한 연봉을 어떻게 보시는지 궁금했어요. 그들이 또 그 자식들에게 기본자산을 물려주겠지요.

에런라이히 한마디로 도둑질이죠. 그들의 연봉은 보통 자신과 친한 사이이자 역시 CEO들로 구성된 위원회가 결정합니다. 원하는 만큼 받을 수 있는 거죠. 오늘 신문에 뭐가 났는지 아세요? 홈디포(Home Depot) 사와 관련된 거였는데…… (테이블에서 신문을 집어들더니 넘기기 시작한다) "주가는 떨어졌지만 최고 경영자들의 연봉은 계속 올라갔다." 이게 뉴스라도 되나요?(웃음) 버라이즌(Verizon) 사는 어땠나요? 주가가 곤두박질쳤지만 CEO들의 연봉은 올랐죠. 그러면서 할 수 있는 한 직원들의 임금은 내리겠죠. 그것을 막을 노조라도 없으면 계속 그런 식으로 할 것이고 자기들의 연봉은 올릴 거예요. 그들이 받을 연봉은 한도가 없다고요!

탐 빈곤층이나 저임금 노동계급, 그리고 기업세계에서 떨려난 중산층 사람들이 눈에 띄지 않는다는 얘기를 하셨는데, 기이하게도 부자들 역시 눈에 안 띄지 않습니까?

에런라이히 글쎄요, 그 정도로 안 보이는 건 아니지요. 충분히 연구되지는 않지만 항상 대중매체에 스펙터클하게 등장하니까요. 부유층이 빈곤층을 아는 것보다는 빈곤층이 부유층에 대해 더 많이 안다고 봐요. 오락 프로그램에서 어느정도 그들의 삶을 알 수 있고, 그들의 집 청소를 한다거나 가게에서 시중을 들 때 알 수도 있으니까요. 그 역은 해당이 안되지요.

탐 하지만 제가 생각한 것은, 오늘날 『누가 미국을 다스리는가』(*Who*

Rules America?)와 같은 제목의 책을 쓸 사람이 누가 있겠어요?

에런라이히 『유인 상술』 이후에 내가 지녔던 환상은 부유층에 잠입해 들어가는 거였어요. 『하퍼즈』(*Harper's*) 잡지사의 편집장인 루이스 래펌(Lewis Lapham)과 한참 동안 잠입을 논의했었는데, 부유층 관문을 통과할 수 없을 거라는 우울한 결론에 도달했지요. 단지 어떤 손톱을 지녀야 하는가의 문제가 아니라 내 또래의 여성이라면 아주 많은 성형수술을 받았어야 할 거거든요. 그러지 않은 나는 완전히 탄로가 날 거예요. 어떻게 접근할 것인가라는 문제는 말할 필요도 없고요. 아주 재미있을 거라고 생각했는데, 무척 섭섭해요.

의료를 시장에만 맡겨서는 안 된다

탐 중간선거와 대통령선거를 앞두고 어떤 생각을 하시나요?

에런라이히 선거정치에 대해서는 많은 생각을 하지 않아요. 하지만 존 에드워즈(John Edwards)에 좀 관심이 있긴 해요. 그는 2004년에 선거에서 빈곤에 대해 많은 얘기를 했고 시위나 행사에 모습을 보였거든요.

탐 당신이 중요시하는 문제와 관련해서 민주당과 공화당의 차이점을 설명해주실 수 있을까요?

에런라이히 (웃음) 탐, 무슨 그런 질문을!

탐 저는 2003년의 그 악명 높은 '완수된 임무' 표어에 기초해서 부시행정부가 해외에서 완수하지 못한 것이 무엇인지에 대해 많은 글을 써왔거든요. 해외 부분에서 그들은 이미 자신들의 계획의 잔해 속에 있다고 봐요. 그런데 국내에서는 그들의 임무를 좀더 성공적으로 많이 완수했을까요?

에런라이히 아니죠. 복지국가를 완전히 폐지하진 못했으니까요. 그러니까, 복지라는 건 이제 상당부분 그저 알량한 임금 보충 프로그램에 불과해요. 하지만 사회보장을 아주 없애버릴 수는 없는 것이고 실제 메디케어(Medicare, 빈곤층을 위한 의료보장제도—옮긴이)를 확대하기도 했죠. 그들이 선을 넘어갈 수 없게 하는 올가미가 아직 있어요. 레이건 시절 말기에 영국에서 온 새처 총리 사람인 스튜어트 버틀러(Stuart Butler)가 말한 게 기억나네요. 모든 형태의 복지국가 파괴라는 자신의 목표를 미국이 정말 성취했음을 알겠다고 말했었죠. 영국인들은 그것을 성취하지 못했고요.

그런데 『LA 타임즈』 경제부 기자인 피터 거쓸린(Peter Gosselin)이 통렬하게 지적한 바에 따르면, 그들이 가장 성공한 부분은 위험부담을 개인에게 전가한 것이었어요. 보험이라는 개념 전체가 통째로 해체되면서 생겨난 일이죠. 보험사는 이젠 위험군에 있는 사람을 보험에 가입시키지 않아요. 병에 걸릴 수 있는 사람을 분명 건강보험에 가입시키고 싶어하지 않는 거예요. 그런 일에는 아주 도사들이죠. "소유중심사회에서는 자기 자신은 자기가 알아서 지켜야 합니다. 우리를 귀찮게 하지 마세요. 그건 당신 문제니까요."

탐 미래를 바라볼 때 우리가 처한 이 얼토당토않은 길 말고 어떤 다른 가능한 길이 있을까요?

에런라이히 그럼요! 난 일종의 자유론적 사회주의자라고 할 수 있어요. 시장에 던져놓아서는 안되는 것들이 많아요. 의료문제, 그건 제대로 관리를 해야 해요. 시장이 관여하는 부분도 있겠지만 시장과 우리의 상호책임 사이에는 항상 긴장이 있을 거예요.

포획을 벗어나려면 단결뿐

탐 만약 책에서 기술하신 중산층 내 양극화가 빠르게 계속된다면 이런 일이 있을 수도 있을까요? 예전의 중산층에서 떨려나온 사람들과 기업세계가 공동으로……

에런라이히 그것이 바로 내가 전국을 돌아다니면서 『푼돈으로 생활하기』 때의 주된 청중들보다는 좀더 중산층에 가까운 청중들을 대상으로 『유인 상술』에 대해서 강연할 때 누누이 강조했던 주제예요. 우리 사회에는 대학 졸업장을 가지고 사무직에 종사하는 사람들로 하여금 스스로가 특별하고 잘났다고 생각하게 만드는 것이 많아요. 그러나 그 사람이 대빗자루질을 하는 걸 보게 되면, 명심해야 해요, 우리도 그렇게 될 날이 기껏해야 1년, 아니면 6개월도 안 걸릴지 모른답니다. 우리는 특별하지 않거든요. 기업 소유자들이나 CEO들의 눈에는 그렇다고요. 그러니까 우린 힘을 모아서 우리를 갈라놓는 간격을 메우고 속물성을 극복해야 하는 거예요.

탐 간단하게 전쟁 이야기를 해보죠. 우리는 지금 전시에 있는데 당신은 뭐랄까, 전쟁 기원에 대해 정말로 독창적인 설명을 하셨죠…… 그러니까 같은 제목의 책에서 그것을 인류의 '피의 의식'이라고 일컬었는데요. 그것이 사냥감을 쫓던 공격적인 사냥꾼의 선사시대에서 온 것이 아니라, 그러니까 전혀 공격성에서 나온 것이 아니라 더 앞선 시절, 우리가 다른 동물들의 먹이였던 시절의 두려움에서 오는 것이라고요. 물론 최근의 두 저서에서 전시가 아닌 상황에서의 포획을 다루고는 있습니다만, 현대판

'피의 의식'에 대해 논평할 것은 혹시 없으신지요?

에런라이히　경제를 주제로 삼은 내 책에서 다뤄진 포획에 대해 재미있는 말씀을 하시네요. 음, 그래요! 선사시대에 인간이나 원시인들이 먹이에서 포획자로 올라섰던 것은 집단적인 행동을 통해서였어요. 그러니까 그것이 위대한 인간의 비결이었던 거죠. 무기제작도 그렇고요. 그런 면에서 영특했죠. 하지만 충분히 주목받지 못한 인간의 능력이 있는데, 그것이 바로 협력하여 스스로를 집단으로 동원하는 능력이었어요. 궁극적으로 그것이 우리에게 유리하게 균형관계를 바꿔놓았다고 생각해요. 다른 영장류도 포획자를 쫓아버리기 위해 함께 모여 뛰어다니기는 하지만 인간은 훨씬 효과적으로 그런 일을 할 수 있어요. 집단적 행동에 강하니까요. 그와 마찬가지로 이 경제체제에서 내부적으로 포획당하는 상황을 벗어나기 위해서는 단결해야 하는 겁니다. 그것은 지난 노동사 200년에서 배워야 할 교훈일 뿐 아니라 수천년의 인간 경험의 세월에서 배울 수 있는 정말 심오한 교훈이에요.

지금의 전쟁을 어떻게 생각하냐고요? 글쎄요, 현재의 전쟁과 1차걸프전은 어느정도는 '동원행사'였어요. 아주 최근 들어 사회학자들이 쓰기 시작한 용어인데, 지도자들이 대중 정서를—물론 자신들에게 유리한 쪽으로—조종하려는 목적에서 시작하는 어떤 일을 지칭합니다. 걸프전 직전 조지 H. 부시 전 대통령의 상황과 마찬가지로 전 영국총리 마가릿 새처가 포클랜드전쟁(Falklands War)을 시작했을 때는 여론조사에서 지지율이 하락할 때였죠. 이후 부시대통령의 지지율은 걸프전으로 90퍼센트 정도까지 치솟았고요.

탐　그리고 9·11사태 이전의 현 부시대통령도 그렇고요.

에런라이히 맞아요. 말하자면 9·11사태로 딱 기회가 주어진 거죠. 물론 그에 대한 대응으로 아무 나라나 침공한 것은 그의 선택이었지만요. 하지만 동원효과가 지속되지 않았고 그것을 다시 일으켜낼 수 있을 것 같지도 않아요. 테헤란을 폭격한다고 해서 사람들이 성조기를 흔들며 좋아할 것 같지 않다는 거죠. 그보다 무서운 일은 또다른 테러리스트의 공격인데 그때는 광적이면서 비합리적인 반응을 동원해낼 수도 있겠죠. 그러면 다음엔 누구를 칠까요? 노르웨이? 왜냐하면 그들은 테러리즘이 통상적인 군사적 도전이 아니라는 사실을 이해하지 못하니까요. 미국이 이라크에서 벌이는 일은, 영국이 붉은 군복을 입고 좁게 열을 지어 북아메리카의 숲을 행렬하다가 나무 뒤에 숨은 미국인의 총에 한 사람씩 쓰러져간 것만큼 바보 같은 짓입니다. 뭘 어떻게 해야 할지 아무런 실마리도 없는 거지요. 역사적으로 봤을 때 그다음의 위협세력으로 넘어가지 않으면, 그러니까 근본적으로는 여전히 2차세계대전 — 이것이 그들이 나아갈 수 있는 최대한인데 — 과 싸우고 있다면 해결책이 없는 거지요.

탐 마지막으로, 사라졌지만 다시 재고할 가치가 있는 용어로서 계급간 전쟁에 대해서……

에런라이히 사람들에게 얘기를 할 때 이미 그 말을 쓰고 있어요. 이렇게 말하죠. 네, 그래요, 계급간 전쟁이 있어요. 완전히 일방적이었으니까, 이제 우리들이 공격자들에 대항하여 스스로를 동원할 때예요.

13장

제국의 언론을 거슬러 읽기

탐 엥겔하트 Tom Engelhardt

닉 터스(Nick Turse)는 곱슬곱슬하게 말린 검은 머리에 턱수염을 하고 검은 티셔츠와 녹색 카고 바지를 입고 문앞에 서 있다. 어깨 너머로 맨 녹색 배낭엔 옆 주머니로 물병이 삐져나와 있고 짐이 잔뜩 들어서 일주일 동안 어디 훈련에라도 다녀온 듯 보인다. 배낭이 크다고 말하자 그는 "진짜로 군대에서 남겨온 물품"이라고 말하면서 웃음지었고 툭 소리가 나게 마룻바닥에 내려놓는다. 곧바로 배낭 안을 뒤지기 시작하더니 이윽고 미래로봇전사들의 그림과 일본풍 캐릭터들로 뒤덮인 — 영어로 중국제라고 조그맣게 쓰인 — 작은 상자 하나를 꺼낸다. "취향을 아니까"라며 그것을 내게 건넨다. 베트남에서 돌아오는 길에 토오꾜오(東京)의 한 장난감 가게에서 구했다고 한다.

그는 젊은 사람치고는 정부 문서보관소에서 몇년 동안 일한 경력도 있고 베트남에서 자행된 미국의 전쟁범죄에 관한 최고 전문가 중의 한 사람으로 꼽힌다. 사실 역사적 범죄와 장난감의 조합을 인연으로 우리는 약 3년 전쯤 내 아파트에서 한 블록 떨어진 식당에서 같이 만난 적이 있다. 내가 책을 한권 썼는데, 일부는 베트남에 관한 것이고 일부는 미국의 "승리문화"가 어떻게 아동들의 놀이세계에 표현되었는지에 대한 것이었다. 그는 그 책을 읽고 자신의 작업에 약간의 조언을 구하는 중이었다. 그러고 나서 곧 그는 친구들에게 자신이 손수 제작한 탐디스패치 판을 보내기 시작했고 나를 자신의 이메일 목록에 올려놓았다.

그렇게 계속 보내주는 통에 정신을 차리기가 힘들어서 한동안 무시했었는데, 나는 장난감과 오락과 군산복합체가 합쳐지는 지점을 찾는 그의 탁월한 안목에 빠져 마침내 관심을 갖게 되었고 하루는 그에게 전화를 걸어서 그 주제에 대해 탐그램(Tomgram, 탐디스패치 웹 싸이트의 머리칼럼 이름으로 탐Tom으로부터 온 전보telegram라는 의미로 만들어낸 말 — 옮긴이) 하나를 써줄 수 있겠냐고 물었다. 그다음 얘기는 탐디스패치의 역사와 같다. 현재는 책 두권을 집필중이고 두어 일을 맡아 바쁘게 생활하면서 시간을 내어 우리 싸이트의 부편집인이자 연구책임자 — 돈은 많이 못 줄지 몰라도 감투는 얼마든지 있다 — 로 활동하고 있으며 탐디스패치에서 아주 인기있는 필진 중 하나가 되었다.

부엌으로 걸어가는 동안 우리의 지난 일들을 상기하며 그는 생뚱맞게도 "우리가 만난 곳이 배추밭이죠"라고 말한다. 둘다 잠시 동안 식탁에서 (인터뷰를) 준비하느라 정신이 없다. 쎌로판 포장지가 뜯겨진 테이프가 녹음기에 찰칵 들어간다. 각자 자리를 잡고 나서 이 인터뷰 씨리즈를 시작한 후 처음으로 나를 향해 녹음기 두대를 돌려놓는다.

어느 늦봄의 일요일, 바깥에서는 하늘이 어두워지면서 비가 내리기 시작한다. 베트남전쟁 참전 용사들을 여럿 인터뷰해보았기 때문에 닉은 아주 능숙하게 녹음기에 대고 "2006년 5월 21일 터스가 진행하는 탐 엥겔하

탐디스패치 운영자인 탐 엥겔하트

트와의 인터뷰"라고 말했다. 내가 궁금하다는 듯 쳐다보자 그는 "얼마나 많은 녹음을 했는지 모르겠더라고요. 누굴 인터뷰했지? 이 사람은 누구 지?" 그 사람은 누구지라는 질문이 하필 그날 오후의 화두가 되었다.

탐디스패치의 탄생

닉 터스 탐디스패치를 만들 당시에 이거다 싶은 순간이 있었나요?

탐 엥겔하트 오히려 쭉 이어진 시간이었어요. 정치적으로 매우 복합적 으로 사고할 것이라고 다들 기대했던 인물치고는 9·11사태 이후 두어달 동안의 제 반응은 형편없이 순진했어요. 그 사건의 끔찍함 덕분에 미국이 세계를 향해 개방적이 되리라고 생각을 했던 거예요. 오히려 부시행정부 때문에 미국이 세계에 문을 닫았다는 사실을 알고는 참담했습니다. 미국 이 한 일은 미국을 위대한 생존자, 위대한 지배자, 위대한 희생자의 역할로 고무하는 의례에 끊임없이 반복적으로 참여한 것이에요. 가장 사악한 악마의 역할만 빼고 전세계적 드라마의 모든 역할을 한 셈이죠.

저는 평생 신문 중독자이기도 해요. 9·11사태가 충격적일 뿐만 아니라 그 나름의 역사도 지닌 사건이라는 것을 알게 되자 편협하고 고분고분한 취재를 보면 정말 견딜 수가 없었습니다. 어느날 갑자기 생긴 일처럼 보일 뿐이지요. 저는 직업이 책 편집자예요. 2년 전에 찰머스 존슨의 예언적인 책 『반격』(*Blowback*)을 출판하기도 했습니다. 반응들이 매우 제한적이어서 좌절감이 아주 컸지요.

동시에 부시행정부가 작동하는 행태를 보자니 점점 소름이 끼치더군요. (때 맞춰 밖에 천둥소리 들림) 지금 뒷마당에 천둥이 치는 걸 보니 어쩐지 연극에 나오는 장치 같군요.

저는 거의 삼십년 동안 주류 출판계의 언저리에서 일해오면서 쓸모있는 일을 좀 했습니다. 부끄럽게 여길 것이 별로 없어요. 다 큰 애들 둘이 있는데 2001년 11월 초쯤 세상을 둘러보니 이렇게 그냥 지낼 수는 없다는 느낌―슬며시 다가왔지만 이게 아마도 이거다 싶은 순간이었지 싶네요―이 강하게 들었죠. 사람은 자기중심적인 존재예요. 자기로부터 밖으로 움직이는 경향이 있지요. 아이들이 첫째고, 배우자, 친구, 친척, 내가 사는 도시, 국가, 그리고 세계가 그다음이지요. 지금과 같은 세상을 아이들에게 물려줘야 한다는 게 참기 힘들었어요. 제가 할 수 있는 일에 대한 환상은 없어요. 탐디스패치를 만들겠다고 상상한 것도 아니었고요. 어떻게든 움직여야 한다고 생각했을 따름이었습니다.

터스 그 당시 원래 구상은 뭐였죠?

엥겔하트 그런 거 없었어요. 제가 원래 그래요. 저는 쉰일곱살 먹은 늙은 기술혐오자(technophobe)였어요. 컴퓨터만 보면 겁이 났어요. 이메일도 거우 했지요.

오늘 이 인터뷰를 생각하다보니 제가 몇년 전에 쓴 『지구의 종말까지』(To the Ends of the Earth)의 한 구절이 떠올랐습니다. "1818년 그린랜드를 탐험한 영국원정대는 지구의 가장 북쪽에 존재하는 작은 집단을 처음 만나게 되는데……"

터스 이누잇(Inuit, 캐나다와 그린랜드지역에 사는 에스키모 족―옮긴이) 족인가요?

엥겔하트 네 이누잇 족 4명입니다. 영국인들에게 통역이 있었어요. 영국 함선을 보고 "이 거대한 생물이 무엇이죠?"라고 이누잇 족이 물었어요. 통역이 대답하길 "나무로 만들어진 집이오"라고 했어요. 그러자 그들은 "아니에요, 살아 있잖아요. 날개를 움직이는 걸 봤어요"라고 주장했습니다. 나중에 부족민 한 사람을 가까이 다가오게 했어요. 겁도 나고 놀라서 그는 보트에 대고 소리쳤습니다. "넌 누구냐? 넌 뭐냐? 어디서 온 것이냐? 해에서 왔니 달이 보냈니?"

제가 꼭 그 부족민 같았는데 인터넷 세상이 바로 그 놀랍고 무시무시한 함선이었습니다. 그해(2001년―옮긴이) 11월에도 신문을 온라인에서 읽을 수 있다는 사실을 깨닫지 못했어요. 미국이 아프간전쟁을 막 시작했을 무렵 친구 하나가 캘리포니아에 사는 아프간 사람이 쓴 글을 이메일로 보내주었는데, 그는 수년간의 내전 끝에 아프가니스탄은 잿더미에 불과한데 거기에 폭격을 하는 게 무슨 의미일지 모르겠다고 했어요. 그 이미지로 충격을 받았는데 그와 같은 것을 미국 언론에서는 전혀 찾아볼 수 없었기 때문이었습니다. 그래서 저는 약 12명의 친구와 친지들이 포함된 짧은 목록을 만들어서 "이거 꼭 읽어보세요"라는 메모와 함께 보냈습니다. 그게 계기가 되어 우리가 듣지 못하는 다른 목소리들을 찾아 인터넷을 돌아다니기 시작했죠.

"다른 곳으로부터의 목소리들, 그곳이 여기일지라도"가 출판사업에 관해 제가 언급하곤 했던 문구입니다. 아룬다티 로이(Arundhati Roy, 인도의 작가 겸 사회운동가. 대표작으로는 소설 『작은 것들의 신』*The God of Small Things*이 있다—옮긴이)를 알게 되었죠. 영국의 『가디언』(Guardian)과 세계의 다양한 신문들을 읽기 시작했고 기사들을 모아서 점점 더 긴 논평을 담아 보냈습니다. 이름없는 이메일 목록에 불과했습니다. 그러자 라디오에 종사하는 사람들이 "저도 좀 목록에 넣어주실래요?"라고 써오기 시작했어요. 그들 중 몇몇은 언론인이었습니다. 그들이 어떻게 저를 알게 되었는지조차 몰랐어요. 그때쯤엔 그 일에 완전히 몰입해 있었습니다. 멈출 수가 없었어요. 일년쯤 후에 보니 이메일을 받는 사람이 사오백명쯤 되더군요. 2002년이 끝나갈 때쯤 『네이션 인스티튜트』(The Nation Institute)를 운영하는 멋진 친구인 햄 피시(Ham Fish)가 그걸 웹 싸이트로 만드는 일을 후원하겠다고 처음 제안했습니다. 저는 그런 생각을 전혀 하지 못했죠.

탐디스패치라는 이름도 농담처럼 시작했어요. 한 친구의 동료들이 제 이메일을 두고 "오늘자 탐그램이 왔네"라고 말하기 시작했습니다. 듣자니 재밌더군요. 그래서 세상이 아무리 형편없이 암울하더라도 어떻게든 즐겁게 살아야 한다고 생각하게 되었습니다.

터스 그렇게 기사를 오려서 보내다가 광범위한 이메일 목록으로 발전했고 결국 웹 싸이트가 된 거군요.

엥겔하트 그리고 나서 친구들에게 원고를 써달라고 부탁하기 시작했습니다. 첫 탐그램은 부시행정부가 야기한 천연두 히스테리에 대한 것이었는데 당신의 대학원 지도교수인 로즈너(D. Rosner)가 썼습니다. 그때는 웹 싸이트가 보잘것없었습니다. 거의 아무도 보지 않았는데 그 글이 아주 좋았던 터라 슬펐죠. 제가 30년 동안 찰머스 존슨, 마이크 클레어(Mike Klare), 존 다우어(John Dower), 알리와 애덤 혹스차일드(Arlie and Adam Hochschild), 마이크 데이비스, 조너선과 오빌 셸(Jonathan and Orville Schell) 같은 사람들의 편집과 출판을 해왔다는 것을 아시겠죠. 이들 모두의 글을 탐디스패치에서 읽을 수 있습니다.

그런 식으로 전적으로 우연에 의해 지금과 같은 모습을 갖추게 되었는데, 왜냐면 나이가 먹어서 머리가 따라주질 않는데다가 이 세상에는 나이를 먹으면 분명한 단점들도 있지만 어떤 잇점도 있어서 그럭저럭 지내면 되기 때문이었습니다.

터스 그 점이 뭔지 말해주세요.

엥겔하트 저는 구닥다리 물건들을 온라인으로 가져옵니다. 아무리 시간에 쫓기더라도 저는 여전히 잘 쓰고 잘 편집된 에쎄이를 신봉합니다. 길이가 길어도 괘념치 않아요. 온라인에서는 누구나 집중하는 시간이 아주 짧아진다고들 하지만 저는 통념과는 반대로 천 단어가 넘는 글들을 올릴 생각입니다. 때때로 세상 일은 짧게만 파악되지는 않거든요. 그래서 길이가 제 싸이트를 정의하고 또 제한합니다. 이건 탐디스패치가 강박적인 행위의 산물이라는 걸 말하는데, 그걸 읽으려면 중독자가 되어야만 한다는 얘기죠. 반면에 나이를 많이 먹어서 그런지 사람들이 실시간으로 서로 비아냥대는 것을 완전히 이해하기가 힘들더군요. 제 웹 싸이트에는 그런 게 없어요.

친구들을 위해 쓰기 시작했기 때문에 제 논조는 격식이 없고 사적입니다. 공개되었을 때도 그 논조를 유지했어요. 제 자신에 대해 많이 쓰지는 못하지만 사람들은 제가 그들에게 이야기하고 있다고 느끼는 게 아닌가 싶고 또 그러길 바랍니다.

주류언록을 해독하다

터스 싸이트의 표어인 '주류언론에 주는 정기적 해독제'(a regular antidote to the mainstream press)는 어떤 의미인가요? 근데 (해독해야 할) 독이 무엇인지부터 얘기해주시겠어요?

엥겔하트 말씀하신 독 얘기부터 시작하면, 탐디스패치는 일주일에 7일 하루 24시간 돌아가는데 제가 전부 다 관여하지는 못해요. 그러나 저는 매일 『뉴욕타임즈』와 지역신문을 처음부터 끝까지 읽으려고 노력합니다. 시간이 나면 때때로 『월스트리트 저널』과 『워싱턴 포스트』『LA 타임즈』 및 다른 몇몇 온라인 신문들을 읽습니다. 그다음엔 이라크와 중동지역에 대한 정보를 모아놓은 훌륭하고 진지한 후안 콜의 싸이트를 들르고, 안티워닷컴(antiwar.com)이나 흥미로운 안목으로 고른 약 백만개의 헤드라인이 있는 워 인 컨텍스트(War in Context) 같은, 제가 "폭도 싸이트"라고 부르는 곳들을 방문합니다.

제 일관된 주장은 제국의 언론에서 기사를 읽을 때 최선의 방법—반쯤은 농담이지만—은 뒤에서 앞으로 읽어야 한다는 것입니다. 텔레비전 뉴스에 나오는 것과 같은 1면 기사들은 대체로 신문마다 크게 다르지 않습니다. 기사들의 끝머리에 다다를 때쯤 되어야 진짜 흥미로워집니다. 아마도 뉴스 중독자 이외에는 아무도 관심을 두지 않을 거라고 생각하기 때문에 기자들과 편집자들이 훨씬 느슨해지기 때문일 겁니다. 기자가 끼워 넣은 토막기사가 예상 가능한 틀 바깥으로 슬쩍 떨어져나오는 것을 발견하게 됩니다. 그게 제가 찾으려는 것이에요. 때로는 마치 개봉을 앞둔 영화를 엿보는 기분이지요.

최근에 『뉴욕타임즈』의 깊숙한 곳에서 건져올린 토막기사 두어개를 소개해보겠습니다.

싸브리나 태버니즈(Sabrina Tavernise)가 쓴 흥미로운 1면 기사, 「이라크에 죽음 엄습: 중산층 탈출 시작되다」가 있어요. 기사 실린 면이 바뀐 다음에 아주 깊숙한 지점에 이런 대목이 있습니다. "모두 합해서 312명의 청소부들이 지난 6개월 동안 바그다드에서 살해되었다." 바로 이겁니다. 아무도 찾아내 잡아내지 못할 기본적이고 훌륭한 보도. 그렇지만 이거야말로 어쩌면 오늘날 바그다드의 삶에 관해 우리가 알아야 할 거의 모든 것을 말해주고 있어요. 치안병력이 어떻고 최고 관리가 어떻고 떠들어야 다 쓸데없어요. 청소부 312명이 살해되었습니다. 이런 기막힐 노릇이!

그런 식으로 숨겨져 있지만 쉽게 눈에 띄는 보도 덕분에 제가 이라크에 관한 글을 쓸 수 있습니다. 미국 언론의 진실이 여기 있다는 얘기죠. 시간만 낸다면 어딘가에는 꼭 있다는 것이죠. 그런데 저 같은 뉴스 미치광이가 아니고서야 누가 그걸 찾을 시간이 있겠어요?

자, 하나 더 있습니다. 이건 아주 재밌는데 『뉴욕타임즈』의 12면에 끼여 있었어요. 그런데 먼저 기사의 판짜기에 관해 한마디 해야겠어요. 매년 봄 저는 버클리의 언론대학원에 다니는 젊은 언론인 집단의 글을 편집하게 되었습니다. 그들은 뉴스를 어디에서 읽을까요? 이들이 전문적인 뉴스 중독자들이란 점을 상기하세요. 온라인에서 읽지요! 그들 대부분은 일간지를 매일 읽지는 않아요. 그들 중 한 사람은 "전날 밤에 주요 뉴스를 올리는데 왜 『LA 타임즈』를 활자본으로 읽죠?"라고 말하더군요.

그러나 종이신문을 읽지 않으면 신문이 어떻게 배치되는지 알지 못하고 작은 이야기들을 모두 놓치게 되는데 그것들 중 몇몇은 접힌 면 안쪽에 깊이 숨겨진 아주 큰 이야기입니다. 어떤 면에서 제 학생들은 신문의 구성을 이해하지 못합니다.

열 문단에 불과한 짐 루턴버그(Jim Rutenberg)의 작은 기사를 예로 들면, 이 기사는 「대통령을 맞은 여주인 유감을 표하다」라는 제목으로 공화당 하원의석이 어떻게 작동하기 시작하는지에 관한 글입니다. 며칠후에 실렸더라면 1면을 장식했을 이야기였습니다. 여기가 제가 좋아하는 대목인데 다른 곳에서 제가 놓쳤던 칼럼을 인용해보겠습니다. "공화당 일리노이 주지사 후보 주디 토핀카(Judy B. Topinka)같이 대통령에게 표나게 시큰둥했던 사람들에게는 상황이 달랐다. 그녀의 참모 한 사람은 지난달 조합 칼럼니스트인 조지 윌(George Will)에게 대통령이 오직 '밤늦게' 그것도 '공개되지 않은 장소에서' 그녀의 기금 모금을 도와주었으면 한다고 말했다."

이 기사를 읽으면 지금 이 순간 미국 정치가 어떻게 돌아가는지에 관해 많은 것을 알게 됩니다. 자부심을 갖고 말하면 저의 싸이트야말로 아주 예전에 부시의 지지도가 바닥을 모를 것이라고 주장한 흔치않은 곳 중의 하나였습니다. 신문과 기사들을 꼼꼼히 읽으면 많은 지식을 얻게 되어 충분히 시사적인 기사들을 쓸 수 있을 것 같지만 실제론 그렇지 않은 경우들을 마주하게 됩니다. 물론 이 말은 또한 대부분의 정치 인터넷이 주류언론에 보도된 것에 기생한다는 점을 인정하는 것이기도 합니다. 자본이 없는데 어떤 다른 가능성이 있겠습니까?

터스 그러니까 모든 게 그저 뒷면에 감춰져 있다는 건가요?

엥겔하트 미국 언론의 뛰어남은 아무도 보지 못할지라도 항상 무언가를 밝혀낼 수 있다는 것이죠.

터스 사람들이 보지 못하게 감추는 건가요, 아니면 편집자들이 그런 마지막 대목들을 보지 못하거나 상관하지 않는 건가요?

엥겔하트 둘다 아니지 싶어요. 저의 기본 입장은 만일 공인회계사 세

명 — 제 장인이 공인회계사였기 때문에 폄하하려는 의도는 없습니다
만 — 과 언론인 세명에게 자신들의 직업에 관해 말해보라고 한다면 공인
회계사 쪽이 자기반성적일 거란 얘기입니다. 언론인들은 자신들의 세계
가 어떻게 돌아가고 있는지 감도 못 잡는 경우가 많아요.

그 때문에 아마도 언론이 그렇게 잘 돌아가는 것 같아요. 선전기관이
존재하는 국가에서는 모두가 일이 어떻게 돌아가는지 알아요. 옛 소련의
미디어에 종사하는 사람이라면 자신이 국가나 당이 쓰라고 하는 것을 쓸
수 있다는 사실을 알지요. 자신이 고용된 기자라는 걸 아는 거죠. 미국 언
론은 그런 식으로 작동하지 않습니다. 이건 마치 연루된 어느 누구도 자신
이 그 일부라고 생각하지 못하는 음모 같아요. 미국 언론은 그 자체로 천
재적이에요.

세상을 삐딱하게 바라보기

터스 본인이 주류언론과는 다르게 세상을 보신다고 생각하십니까 아
니면 단지 그들이 꺼리는 것을 말하시는 건가요?

엥겔하트 학생들에게 말하길 세상을 삐딱하게 볼 수 있는 곳을 찾아라,
너와 사회 사이에 조그만 틈이 있는 곳이라면 그 어디라도 찾으라고 합니
다. 모두에게 그런 어딘가가 있어요. 그렇지 않다면 취재하러 나갔다가
다 알고 있는 것만을 담아올 거예요.

젊은 시절의 나, 탐 엥겔하트를 돌이켜보면 저보다 평범한 미국인은 없
었을 거예요. 제가 나중에 책에서 '승리문화'라고 부른 것 즉 퍼레이드, 군
대, 텔레비전 화면에 비친 승리의 영광에 침윤되어 있었죠. 아마도 2세대
혹은 3세대 미국인들만이 그럴 수 있는 방식으로 저는 가장 미국적인 소
년이었어요. 미국의 역사에 완전히 매혹된 유대인 소년, 고등학교 시절 남

미국 독립기념일에 펼쳐진 퍼레이드 장면

북전쟁과 2차세계대전에 빠진 멍청이였지요. 제 스스로 장군들의 영감 어린 연설문들을 외우곤 했어요.

그런데 돌이켜보니 — 저는 하등 급진적인 데가 없는 자유주의적인 뉴욕 집안 출신인데 — 어릴 적부터 아직도 잘 납득하기 힘든 이유들로 저는 심각한 반제국주의자였죠. 물론 그건 미국의 기질에도 들어 있죠. 그게 여전히 저를 규정하는 특징인 것 같고 지금은 탐디스패치가 그래요. 저는 그저 제국과 손잡는 모든 것에 반대하는데 미국도 그중 하나라고 봅니다.

당시에는 심심해하는 백인 소년으로 어린애에 불과했고 뉴욕의 중심에 살면서 아마도 십대의 사춘기가 시작되기도 전에 그 생활과 약간 어긋난다고 느끼면서 삐딱했던 것 같아요. 당시에는 그렇게 느끼는 게 싫었지만 그 이후엔 값진 경험이 되었죠. 신문을 읽을 때면 모두가 알아채지는 못하는 것들에 마냥 끌리는 것 같아요.

터스 예를 하나 들어주세요.

엥겔하트 그러죠. 훌륭한 기자인 존 번즈(John Burns)가 『뉴욕타임즈』에 쓴 기사인데 이제 막 바그다드의 철통 같은 그린 존(Green Zone, 이라크의 티그리스 강 서쪽지역으로 미 점령 당국의 본부가 있는 곳으로 안전지대를 의미 ― 옮긴이) 내에 설치된 새 이라크 정부에 관한 것입니다. 이 통합 정부에는 지금 현재도 수상이 치안을 담당할 주요 장관 세명을 여전히 임명하지 못하고 있는데, 그것도 온통 치안이 관심사이지만 정작 치안이 완전히 부재한 나라에서 말이죠. 어쨌든 번즈의 기사는 "새로운 분석"이라는 꼭지가 달려 있고 제목은 「보기에 따라서는 이라크에서 힘 쏟는 미국의 마지막, 최선의 희망」입니다.

제 머리는 연상을 통해 작동하기 시작합니다. 나는 규칙적인 동작과 곧은 크롤영법으로 수영할 때 가장 생각이 잘되는 편입니다. 어린 시절의 매직 볼(Magic 8-Ball) 장난감처럼 머릿속의 스크린에 그저 생각이 떠올라 저를 놀래켜주길 기다립니다. 전 이미지를 무척 좋아해요. 사람은 참 은유적인 족속이에요. 제 눈길은 우리가 깊은 생각 없이 사용하는 은유들에 항상 끌리죠.

지금까지 줄곧 4년 동안 이라크 뉴스를 면밀하게 추적하다보니 미국의 이미지가 다음과 같은 얘기를 들려줍니다. 침공후에는 우리가 이라크 아이들에게 민주주의라는 자전거에서 '연습용 보조바퀴'를 떼어내는 법을 가르치는 ― 럼즈펠드와 부시 같은 부류의 사람들이 묘사한 ― 최초의 행복한 이미지들이 있었습니다. 놀랄 만큼 선심을 쓰는 것이죠. 그다음에 사태가 악화되었을 때 '전환점'이 생깁니다. (요즘 전환점 얘기하는 사람은 대통령밖에 없어요) 전환점과 함께 일이 진척되는 '금자탑'을 세우는데 그게 끝나면 더 끔찍한 일련의 참사들이 발생해서 사라질 때까지 계속

됩니다. 그렇게 되면 금자탑 대신 침공으로 인해 이라크에서 판도라의 상자가 열리는 이미지를 보게 되죠.

다음으로 6개월쯤 전에 미국 관리들은 은유적인 '낭떠러지'를 언급했고 얼마 지나지 않아 '한발 빼기' 전에 내전의 '구렁텅이'를 들여다보게 됩니다. 그런 이미지들이 대개는 그런 이야기들을 수도 없이 들은 익명의 관리들의 입에서 나와서 언론에 인용되는 것을 내내 보게 됩니다.

자 이제 번즈에게는 새로운 부시행정부의 이미지가 있어요. 그걸 처음 알아낸 것은 라이스 장관이 4월 말 으름장을 놓기 위해 바그다드에 가서 미국이 원하는 수상을 앉혔던 싯점이에요. 라이스 장관측 관리들이 이것을 '마지막 기회'라고 말한다는 것이 인용되었는데 물론 당치도 않았죠. 이런 상황이 4년 동안이나 지속되었으니 어불성설이에요.

종파들간의 참사가 있은 달포쯤 뒤에 번즈의 기사는 자신들이 "이라크에서 미국의 작전이 혼란과 내전으로 추락하는 걸 막을 마지막 기회를 목격하고 있다"고 느끼는 더 많은 익명의 미국 "군부 및 문민 관리들"을 인용하고 있습니다. 계속 읽어가면 미국이 이제 "결정적인 분기점", 즉 낙관조차 없는 일종의 전환점에 이르렀으며 미국인이 "새로운 내각을 구성하기 위해 심사하고 협상하는 일에 완력을 행사했음"을 알게 됩니다. 마치 우리가 체육관에 있는 것 같은 아주 근사한 문구예요.

터스 억센 팔뚝이죠.

엥겔하트 맞아요, 하지만 훨씬 더 예의 바르죠. 그다음엔 이라크 주재 미국 대사인 잘메이 칼릴자드(Zalmay Khalilzad)가 "새로운 정부를 탄생시키는 데 지칠 줄 모르는 산파 역할을 했다"는 것을 알게 됩니다. 만일 이것이 예컨대 러시아나 중앙아시아의 독재였다면 지역민들을 제압하여 괴뢰정부를 만들었을 거예요. 그러고 나서 조금 지나면 '금자탑' 얘기가 나옵니다. 이 기사는 이라크에서 겪은 부시의 경험에서 나온 이미지들과 얼마간의 새로운 귀중품들이 포함된 이미지의 일람표에요. 이것은 언론이 급하게 기계적으로 기술한 것일 뿐이지만 제게는 기사를 위한 도약대가 되지요.

신문을 읽으면서 저는 종종 우리가 얼마나 제국주의적인 세상에 살고 있는지 깨닫게 됩니다. 일들이 한방향으로만 진행됩니다. 때로는 그냥 어떻게 될지 한번 해보자는 심정으로 방향표시를 확 뒤집는 저를 상상합니다.

예를 들어 중앙정보국에 관한 최근 『뉴욕타임즈』의 1면 기사는 대체로 이렇습니다. "희소식! 잘 알려진 문제들에도 불구하고 정보국은 첩보부대를 보강하고 지상첩보활동 능력을 튼튼하게 하여 마침내 이란과 같은 폐쇄된 사회 내부로 첩보요원들을 침투시킬 수 있는 싯점에 다다랐다." 그때 이런 생각이 들었어요. "어쩜, 엄청난 숫자의 비밀요원들을 동원해서 어떤 형태의 폭력이 되었든 간에 미국이 택하는 어느 사회에나 그들을 침투시킬 권리가 미국에게 있음을 모든 사람들에게 천명하는 일에 전혀 개의치 않는구나." 그 사실은 미국의 주요 일간지에서 머리기사로 다루어졌습니다.

자 이야기를 한번 뒤집어봅시다. 『테헤란 타임즈』(Tehran Times)의 번쩍이는 헤드라인. 이란 사람들은 수년 동안의 문제들에도 불구하고 자신들의 정보기관들이 바야흐로 첩보부대를 막강하게 보강하여 워싱턴이라는 폐쇄된 사회에 비밀 첩보요원 팀을 곧 심어놓을 수 있게 되길 자랑스럽게 기대한다고 선언합니다. 미국에서는 난리가 날 거예요. 미국은 다음날 그들을 폭격하고도 남아요! 요점은 지구상의 다른 사람들에게 용인되지 않는 방식으로 말하고 글을 쓸 수 있는 자유가 미국에는 허용되어 있다는 거예요. 제국주의적 언론의 자유죠.

아니면 2008년 1월을 상상해봅시다. 새로운 정부가 집권하고 이라크 신문의 '새로운 분석'은 미국에 대한 이라크 장관의 '완력'과 새로운 정부를 탄생시킨 그의 '산파역'을 칭송합니다. 물론 이건 상상조차 할 수 없지요. 그런 세상은 없습니다.

터스 그런 이야기들을 쓰신다면 풍자로 여겨지겠군요.

엥겔하트 학생들에게 이렇게 말합니다. 세상의 다른 모든 것과 마찬가지로 글쓰기는 본질적으로 에너지를 이전시키는 것이지만 아주 이상한 이전 행위라고요. 글쓰기의 에너지는 독자를 사로잡을 그 무언가를 말합니다. 글 하나로 독자를 휘어잡을 수 있어요. 끔찍한 일에 관해 글을 쓴다고 해도 글쓰기 자체에는 즐거움이 있어야 해요. 유머와 패러디, 풍자는 강력한 도구들입니다. 어떤 일이 말도 안되게 웃기다면 저는 주저하지 않습니다. 비록 지금 세상은 너무나 극단적이어서, 독자들이 보낸 혼란스럽거나 분노에 찬 편지들이 종종 알려주듯이 풍자가 쉽사리 진실로 오해되기도 하지만요.

탐디스패치의 필자와 독자 들의 특성

터스 탐디스패치 싸이트는 다양한 목소리들의 보금자리가 되었습니다. 탐디스패치에 글을 쓰기 위해서는 뭐가 필요하죠? 당신이 바라는 어떤 눈에 띄는 자질이 있나요?

엥겔하트 이건 하나의 이미지로 설명할 수밖에 없군요. 어렸을 때 우린 발가락으로 조개를 잡곤 했어요. 당연히 문제는 내가 느끼는 바를 어떻게 아느냐는 것이죠. 물론 아무도 말해줄 수 없어요. 텅 빈 조개껍질과 자갈과 살아 있는 게들 사이에서 언젠가는 조개를 건드릴 때까지 그저 느끼는 수밖에요. 그러면 알게 됩니다.

탐디스패치 필진들도 동감할 거예요. 제가 삶을 영위하는 방식에도 공감할 거고요. 많은 탐디스패치 필자들을 이미 알고 있었어요. 그들의 책을 편집했었죠. 탐디스패치는 투고를 받지 않는 싸이트인데 저 혼자 메일에 답을 하고 저는 대개 한두가지 다른 일을 하기 때문입니다. 다 감당하기 벅차요.

한편 제 싸이트의 진짜 묘미는 쏟아져 들어오는 그 모든 전자우편들이에요. 저를 놀라게 할 따름입니다. 싸이트의 메일을 체크하면 이라크에 있는 호위함 선장이 자기 경험을 이야기하거나 어떤 남부 주에 있는 반제국주의적 보수주의자 또는 미국 전역의 작은 마을에 거주하는 사람들이 얘기를 들려줍니다.

19세기에는 사람들이 큰 도시를 찾아 작은 마을을 떠났습니다. 지금은 고립되었다고 느끼면 동무를 찾아 인터넷으로 도피합니다. 그래서 서명에 캔자스나 몬태나 혹은 텍사스의 마을 이름을 덧붙이고 "인구 250명"이라고 괄호 안에 쓴 사람들로부터 정기적으로 편지를 받습니다. 때로는 "붉은 주(州) 지옥에서"(From Red State Hell)와 같이 덧붙이기도 합니다. 제가 결코 만나볼 수 없을 사람들에게서 멋진 편지들이 와요. 이라크 망명자들, 미국 대통령에 대해 말하고 싶어하는 독일인들, 그리스 대학 친구가 제 싸이트를 추천했다는 걸 알려주려고 아테네에서 편지를 보낸 미국 국적 포기자 등. 상상이 가시죠!

단 몇마디라도 모두에게 답장을 보내려고 노력합니다. 그런데 때때로 그냥, 와 이건 좀 어떻게 해봐야겠는걸, 하는 전자우편이 있어요. 자 어떻게 한 사람의 탐디스패치 필자가 탄생하는지 사례를 들어보죠. 처음 글을 보냈을 때 엘리자베스 드 라 베가(Elizabeth de la Vega)는 연방검사로 일하다가 막 은퇴한 참이었어요. 제 싸이트에 대해 몇마디 칭찬은 했지만 주로 플레임사건에 대해 올린 제 글에 관해 몇마디 논평을 해주길 원했습니다. 전에 연방검사에게 편지를 받은 적은 없었지만 플레임사건에 대한 그녀의 논평은 정곡을 찔렀습니다.

저에게 사적으로 쓴 것을 써먹어야겠다는 욕구가 생기면 아주 조심스럽게 답장을 합니다. 누군가를 압박해서 사적인 논평을 공개하도록 하고 싶지는 않으니까요. 그녀의 글을 올려도 되겠냐고 물었습니다. 그녀는 자신이 검사의 논고 이외에는 써본 일이 없지만 한번 해보겠다고 답했는데 아주 타고났더라고요. 그 이후로 쭉 싸이트에 글을 쓰고 있어요.

그녀와 같은 사람을 우연히 만나는 일이 제게는 삶이 즐거운 이유이기도 해요.

터스 어떤 사람이 탐디스패치의 전형적인 독자라고 보십니까?

엥겔하트 요즘엔 좀 뜸하지만 부시쪽 사람들이 때 되면 보내는 적대적인 편지들을 포함한 편지들로 판단하면, 제가 활동한 또다른 시기인 1960년대에 탐디스패치 격의 다른 활자매체가 누렸을 법한 것보다는 독자층이 훨씬 더 넓어진 것 아닌가 싶어요. 물론 그 시절도 지금 우리가 그러하리라고 생각하는 것과는 역시 달랐겠죠. 예컨대 그 시절 내내 저는 반체제적인 병사들과 어울렸습니다. 비록 역사책에는 우리 서로가 아무런 관련이 없었다고 쓰여 있지만요.

그러나 인터넷의 근사한 점은 청중이 누군지 모른다는 사실입니다. 아니 꼭 그렇진 않죠. 탐디스패치는 새글이 올랐다는 것을 알려주는 무료 이메일 공지씨스템에 등록된 약 1만 7,500명의 구독자가 있다는 것을 알아요. 그 글들은 재선택되어 온갖 종류의 싸이트들에 다시 게시됩니다. 어떤 곳은 통계숫자를 알려주는데 어떤 곳은 수치조차 없어요.

그다음 글들을 퍼서 그냥 여기저기 퍼뜨리는 작은 블로그들이 있고 명성을 얻기 전의 탐디스패치 같은 개인적인 회람망과 전자우편목록도 있습니다. 우리 싸이트의 글을 오십 내지 백명의 친구와 친척, 그리고 직장동료에게 돌린다는 편지들이 항상 옵니다. 제가 올린 글은 줄잡아 7만 5천에서 10만명의 사람들이 읽을 거라고 추산하는데 아마 적게 잡은 걸 거예요.

정정사항들을 보내오는 분들께 감사한데 우리 둘다 교정보는 데는 젬병이라서요. 또한 심각한 비판을 쓰기도 하고 때로는 아주 화난 편지를 보내기도 합니다. 좀 짧게 쓰라고, 다 아는 척 좀 하지 말라고 주문하기도 하고 제가 무조건 해야만 하는 일들을 규칙적으로 일러주기도 합니다. 밝혀지지 않은 이라크내 미국인 사상자들에 관한 진짜 이야기를 다뤄줘야만 해요! 사람들은 당신이나 내가 여기서 활동하는 인력의 전부라는 것을 모릅니다. 우리가 때로 농담삼아 얘기하기도 하잖아요. 예, 가서 점검해보라고 여기 약 먹은 탐디스패치 팀을 독일로 곧장 보내겠습니다!

하지만 저는 일반적으로는 그저 최선을 다해 세상을 들여다보고 자판에 손가락을 올려놓은 다음에 탁! 하고 끝냅니다. 놀랍게도 저는 지금까지 살면서 대체로 글을 아주 천천히 쓰는 편이었어요. 4천 단어짜리 숙제를 내주면 한 달이 지나도 여전히 오리무중일 거예요.

지금은 4천 단어가 24시간 내에 나올 수 있습니다. 제가 만일 종교적이라면 신들렸다고 말하고 싶은데 그렇다면 다음 의문은, 전 누구의 목소리를 중개하는 걸까요? 실제로는 그게 어떤 불길한 순간에 이상하게 만들어진 제 자신의 목소리라는 걸 알고 있습니다. 소설 쓰는 일로 돌아갈 잠깐의 여유 — 왜냐면 소설 『마지막 출판 시절』(*The Last Days of Publishing*)을 쓴 것이 제 삶에서 은근한 기쁨 중의 하나였기에 — 가 생긴다면 신들림에 대해 쓸지도 몰라요.

내 직업은 사람들의 진짜 목소리를 전달하는 일

터스 탐디스패치에서 하시는 일을 어떻게 정의하시겠습니까? 뉴스 편집자, 언론인, 논평자인가요, 아니면 인터넷 활동가인가요?

엥겔하트 두어 직업에서 고르라는 매우 제한된 상황이 아니면 저는 언론인을 자처하지는 않습니다. 때때로 몇몇 행사 — 2004년 공화당 전당대회 앞에서 벌어진 시위와 전당대회 마당의 공화당 대의원들을 취재했지요 — 에 가면 대체로 사람들에게 왜 거기 왔냐고 묻습니다. 미국 언론은 짤막한 발췌 이상으로는 사람들이 말하는 것을 거의 듣지 않아요. 그게 진짜로 언론의 생리예요.

그래서 언론은 좀처럼 사람들의 진짜 목소리나 그들이 실제로 어떻게 생각하는지 듣지 않는데, 그 목소리들은 거의 예외 없이 우리가 예상한 것보다 훨씬 더 우렁차고 복잡한 것으로 밝혀집니다. 그런 순간에 저는 스스로를 일종의 시민기자로 자처합니다.

저는 우리 인간들이 어떻게 복잡하고 모순된 관점들을 별로 괘념치 않고 편안하게 유지하는지 항상 신기합니다. 예를 들어 네오콘들이나 부시 행정부 인사들이 우리를 조종한다고 생각하면서 또한 자신들이 많은 사안들에 대해 마키아벨리적인 태도를 취한다고 믿는 것이 제게는 이상하지 않아요. 그러나 대부분의 사람들은 이것 아니면 저것을 선호합니다. 그들은 우리를 조종하는 자들이거나 아니면 진짜 신봉자들이라는거죠.

제가 언론인이라고 할 수 없는 이유는 이것입니다. 행사에 참석할 수 있지만 다음날 다시 갈 수는 없어요. 그럴만한 심적 에너지가 없습니다. 접근해오는 낯선 이들이 너무 버겁거든요.

싸이트에 관해서는 누군가 다른 사람이 그게 뭔지 그리고 제가 누군지 말해주어야 할 거예요.

터스 좋아요. 하지만 어떻게든 당신을 몇가지 정의들로 규명해보려고 합니다. 신좌파의 전성기와 격동의 1960년대에 성년을 맞으셨지요. 정치적으로나 이데올로기적으로 그때의 본인을 어떻게 정의하시겠습니까? 그리고 현재는요?

엥겔하트 1960년대에 저는 여전히 전형적인 미국 청년이었습니다. 딱 두가지 일을 꿈꾸면서 성장했습니다. 국무부의 공무원으로 들어가서 외교관이 되고 싶었습니다. 기본적으로 유대인을 선호하지 않는다는 것을 몰랐어요. 그다음엔 부모님의 친구 중에 로버트 샤플런(Robert Shaplen)이라는 언론인이 있었는데 『뉴요커』(New Yorker)에 베트남에 관한 글을 썼습니다. 그는 기자풍의 강인한 남성미와 풍파를 겪은 표정을 지녔지만 어렸을 적 제게 정말 다정다감했어요. 그를 무척 존경했고 그처럼 되길 꿈꾸었죠.

언론이나 외교 어느 쪽이 되든 나라를 위해 봉사하려고 했어요. 비록 베트남 때문에 정말 화가 났었지만 그런 의중은 1960년대 내내 깊이 남아 있었어요. 오늘날 이라크가 어느 누군가를 그렇게 만들듯이, 아마도 1965년을 기점으로 베트남이 저를 일종의 예상치 못한 반대로 곧장 내몰았나 봐요. 1964년에 저는 여전히 절반쯤은 전쟁을 옹호했거나 또는 적어도 배리 골드워터(Barry Goldwater)에 대항한 이른바 평화후보인 린든 존슨(Lyndon Johnson)을 지지했을 거예요. 선거가 끝나고 존슨이 대단한 전쟁광으로 밝혀졌을 때 충격이 컸습니다.

1967년 무렵에는 정말로 마음이 바뀌었습니다. 1968년에는 징집영장을 반려하고 징집 상담일을 시작했어요. 그런데 사람은 참 복잡한 존재인 것이, 그 와중에 저는 또 대학원을 그만두고 싶었고 미국공보원(USIA, United States Information Agency)에 지원했습니다. 선전기구가 되는 거죠. 싸이공에는 가고 싶지 않다고 했어요. 실제론 가망 없는 생각이었죠. 불어를 읽을 줄 알았고 중국어를 공부하고 있었어요. 어디로 배치될지가 뻔히 보였는데도 미국을 더 나은 관점에서 소개할 수 있는 브라질 같은 곳을 꿈꾸었던 것이죠.

그런데 저를 뽑아버렸어요! 심사기간이 너무 길어서 제게 자리를 주었을 무렵엔 제가 그 일을 한다는 걸 상상하기 힘들었어요. 그런데 1968년까지도 확실히 이거냐 저거냐 결정하지 못했어요. 대개 실제로는 1970년대 초반이라고 일컫는 1960년대의 나머지 기간들 동안에는 스스로를 좌파라고 규정했습니다. 나중에 다른 일련의 우연한 계기들로 책 편집자라는 평범한 삶에 안착하고는……

탐디스패치는 미국에 대한 봉사

터스 (웃으며) ……기성체제에 편입되었죠.

엥겔하트 어찌 되었든 자리를 잡았어요.

터스 지금은요?

엥겔하트 우리는 아주 희한한 시대에 살고 인터넷은 정말 기이한 짐승입니다. 좌파들, 우파들…… 예컨대 저는 몇몇 위대한 반제국주의적 자유론자들을 상대하는데 그들은 시민의 자유에 가해지는 짓들을 걱정하며 미국의 제국주의적 행로에 분노합니다. 그 점엔 서로 동의하죠.

사실은 나이를 먹어가면서 부시행정부가 전지구를 쑥대밭으로 만드는 걸 지켜보자니 인간적이고 가치있는 것들을 지킨다는 문자 그대로의 의미에서 저 자신을 훨씬 보수주의적이라고 생각하게 되었어요. 내가 태어난 세계의 이 낭비되어 없어져버리는, 아니 자기네 '국토'(homeland)라고 부르는 이 무시무시한 물건을 경영하는 저 낯선 인간들에 의해 헌신짝 취급받는 것들을 지킬 가치가 있다고 여긴다는 뜻에서요. 그렇지만 물론 '보수주의'라는 말은 제가 용납할 수 없는 사람들이 벌써 전유해버렸습니다.

　좀 우습게도 어쩌면 저 자신을 규정하는 일은 점차 줄어들지만 자판에 손가락을 올려놓으면 제가 무슨 생각을 하는지 알게 되죠. 그리고 탐디스패치를 읽으면 사람들도 역시 알게 될 거예요.

터스　그렇다면 탐디스패치가 국가에 봉사하는 건가요?

엥겔하트　이라크 침공이 급박하게 엄습할 때 그에 대한 항의표시로 사임한—용기있는 행동이었죠—국무부 외교관 세명 중 한 사람인 앤 라이트를 인터뷰할 때 군대 및 국무부에서의 경력과 반전운동 간에 공통점이 있는지 물었어요. "미국에 대한 봉사"라고 그녀가 답했죠. 사실인즉 제가 질문 옆에 미리 "봉사"라는 단어를 써놨어요. 그래서 제가 대답했죠. "이런, 그렇게 얘기하실 줄 알았어요"라고 말하고 보여줬어요. 터스, 당신이 '몰락한 군중'(Fallen Legion) 씨리즈에서 언급한 많은 사람들에 대해 특별히 공감을 하게 되었어요. 정부나 군대에서 국가를 위해 봉사했다고 생각했지만 사실은 우리가 용납할 수 없는 관리들, 즉 자신들과 국가를 배신한 자들을 위해 봉사했다는 것을 알게 된 사람들 말이에요. 어떤 면에서 탐디스패치를 통해 제 나름으로 나라를 위해 봉사한다고 느끼게 되었습니다.

　사람들이 화가 나서 제게 써보낸 모든 것들 중에서 저를 가장 분노하게 만들고 동시에 웃음짓게도 한 것은, "어디어디로 꺼져버려"라는 말이었어요.

　이십년 전이라면 그곳이 러시아였을 테지만 지금은 때가 때이니만큼, 중국이나 혹은 어쩌면 프랑스를 꼽을 거예요. 이런 생각도 했어요. 비행기표와 크루아쌍, 혹은 약간의 북경오리가 어때서? 한 두어주일 잘 보낼 수 있겠는걸. 그러나 깊은 곳에 있는 제 감정은, "이봐 얼간이, 이게 빌어

먹을 우리나라야. 가긴 어딜 간다고 그래!"라고 말해요.

터스 화제를 바꿔서, 무슨 연유로 탐디스패치 인터뷰를 시작하게 된 건가요?

엥겔하트 싸이트가 그냥 계속 발전했어요. 아마도 제가 다소 쉼없이 일하는 성격이기 때문일 거예요. 주로 책 편집을 하던 시절에 일정한 분량의 구술사를 출판했습니다. 그때 제 상사가 그 놀라운 스터드 터클(Stud Terkel, 미국의 작가 겸 역사가. 구술사로 유명하다 ― 옮긴이)의 책을 편집했는데 스터드의 원고 읽기에 저를 불러서 2차 작업팀처럼 마지막 완독을 하곤했어요. 좀더 최근에는 스터드의 책 두권을 편집했습니다. 또 예를 들면 저는 베트남전쟁을 전방위에서 다룬 크라이스트 애피(Christ Appy)의 놀라운 구술사를 편집했는데 그 인터뷰에 걸맞게 『애국자』(Patriots)라고 제목을 붙였죠. 그래서 저는 인터뷰가 주는 감격을 맛볼 줄 알아요.

지난여름 하워드 진 그리고 『보스턴 글로브』의 칼럼니스트 제임스 캐럴과 연락이 닿는다는 것을 깨달았을 때, 그냥 그들이 글을 써주지는 않을 테지만 인터뷰라면 다르지 않을까 생각했어요. 가능한 한 거의 모든 것을 시도해볼 작정이었습니다. '한번 해보지 뭐?'라고 생각했지요. 그래서 지금 우리 앞에 있는, 내가 구할 수 있었던 가장 값싼 녹음기 두대를 집어들고 결국 제가 존경하는 인물들을 위한 새로운 포럼으로 바꾸었던 것입니다.

눈 딱 감고 덤벼보는 게 변화의 시작

터스 독자들이 탐디스패치에서 배운 것으로 어떻게 했으면 좋겠어요?

엥겔하트 우리는 너무나 많은 이미지, 너무나 많은 소음, 너무나 많은 파편이 섞인 빗발치는 정보의 홍수에 시달리고 있습니다. 토속 벽지조차 요란법석을 떤다고 말하고 싶네요. 게다가 9·11공격이 있고 난 후 처음 몇년 동안에 미디어의 두드러진 특징은 지리멸렬입니다. 미국에는 완벽히 결집된 행정부가 있어서 전세계를 가장 거대한 지정학적 측면들에서 바라보며 각 지점들을 때로는 소름끼칠 정도로 전지구적으로 연결하고 있습니다.

체니 같은 관리는 분명 세계를 에너지의 흐름이라는 관점에서 생각합니다. 상호연결된 군사기지들과 전세계적 군사력의 측면에서 생각합니다. 그들은 전략적으로 생각하며 따로 떨어진 국가들을 연결시키는 큰 틀의 사고를 해왔어요. 러시아를 바라보면서 예전 냉전시대의 전사가 되어 그들은 롤백(Rollback, 아이젠하워대통령 시절 소련에 대한 미국의 강경 외교정책—옮긴이)을 생각합니다. 그래서 에스또니아, 우끄라이나, 그리고 우즈베끼스딴을 동일한 틀에서 고려합니다. 현재의 언론을 읽으면 에스또니아 기사, 우끄라이나에 대한 다른 기사, 그리고 우즈베끼스딴에 대한 또다른 기사를 보게 되지만 모두 한꺼번에 보지는 못합니다. 우즈베끼스딴, 아프가니스탄, 이란, 이스라엘, 이라크, 터키에 대한 각각의 조각난 기사들만을 읽을 수 있는 거죠. 그러나 미국 주류언론의 취재를 통해서는 대개 그 나라들이 가깝고 서로 관련이 있다는 것을 모를 것이며, 미국 지도자들이 그 나라들을 한꺼번에 그것도 '불안정의 원호' 같은 일괄적인 지리적 꼬리표를 통해 사고한다는 것을 이해하지 못할 것입니다.

언론은 처음 몇년 동안 그 지점들을 놀라울 만큼 제대로 연결하지 못했고, 심지어 특정한 주제에 관해 보도할 때조차 그러했습니다. 탐디스패치가 가장 잘한 일로 생각되는 점은 그러한 지점들을 연결한 것입니다. 제 희망은 사람들이 우리의 속보를 읽을 때 우리가 지점 연결의 틀을 제공해서, 그다음 작은 조각들이 밀려들 때 그것들을 더 거대한 무언가로 배열할 수 있게 되어 '야, 그거 말되는 것 같네'라고 말하는 것입니다.

사물의 틀을 잡는 제 방식을 받아들일 필요는 없지만 아마도 최상의 탐디스패치라면 당신이 이 조각들을 어떻게 서로 짜맞추어야 할지 고민하게 만들 겁니다.

터스 독자들이 이렇게 더 큰 틀에서 바라보기 시작해서 분노가 치민 나머지 만일 당신에게 찾아와 지침을 구한다면 어쩌시겠어요?

엥겔하트 종종 그래요.

터스 ……뭔가를 하기 바란다면요? 어떤 충고를 하시렵니까?

엥겔하트 터스, 이 질문에는 좀 실망스런 대답을 해야겠네요. 제가 줄 수 있는 조언이 형편없이 한정되어 있기 때문이에요. 저는 세상을 불경스런 방식으로 합쳐놓고 옳거니 그르거니 하는 일은 주저없이 하지만 사람들이 세상에서 무엇을 해야 하는지 말하는 일은 정말로 삼가는 편입니다.

그런 지점들을 연결할 수 있다고 해서 꼭 제가 예언자가 되어야 할 필요가 있는지는 모르겠어요. 대체로 제가 써보내는 답장은 간단해요. 사람들은 이미 자신들이 무엇을 해야 할지 아는 게 아닌지 싶습니다. 결국 자기 세계에는 항상 뭔가 할 일이 있어요. 내가 뭔데 그게 무엇인지 말해야 하나요? 그래서 하지 않습니다.

이상하게 들리겠지만 그 주제에 대해 제가 뭔가 해줄 말이 있다면 이런 말일 거예요. "탐디스패치에 올린 어떤 글에 대해서도 자부심을 느껴요. 특히 많은 필자들이 훨씬 더 넓은 장소에서 글을 쓸 수도 있기 때문이지요. 그러나 내가 가장 자랑스러워하는 것은 아주 미국적인 행동, 즉 잠시 글을 올리다가는 낙담해서 집으로 돌아가는 짓을 하지 않았다는 거예요."

그건 전쟁 이전에 있었던 반전운동의 이야기입니다. 저는 이라크 침공 이전에 거대한 반전운동이 오히려 더 커질 거라고 예측했습니다. 이런, 제가 틀렸어요. 살아오며 많은 일들에서 잘못을 저질렀지만, 지금 시기의 궁색한 놀라움 중 하나는 예컨대 이라크에서 벌어진 거의 모든 일이 제게는 처음부터 명백했다는 것입니다. 침공을 전후해서 제가 썼던 글들을 다시 읽어보면 제가 무슨 일이 벌어질지 대체로 가늠하고 있었다는 사실이 분명합니다. 오직 반전운동에 대해서만큼은 제가 틀렸어요. 자신들이 전쟁을 멈추지 못하게 되자 많은 반전운동가들은 낙담했고 짐을 꾸려서 집으로 돌아갔습니다.

운 좋게도 저는 제 싸이트에 글을 써준 필자들에게서 배웁니다. 예를 들어 레베카 쏘울닛(Rebecca Solnit, 쌘프란씨스코 출신의 미국 작가로 환경 및 정치문제에 관한 저술로 유명—옮긴이)은 역사가 어떻게 흐르는지에 대해 시도와 실패의 연속이라는 식의 단순한 인과관계로는 설명이 미진하리라는 사실에 관해 많은 것을 가르쳐주었습니다. 그녀가 지적했듯이, 거대한 운동이 결집되면 몇년 동안은 그게 어떤 성과를 냈는지 파악하기 힘들지만 분명 특이한 일을 일으키고 어딘가에서 누군가에게 영향을 줍니다. 그녀는 역사가 체커 놀이가 아니라 날씨와 유사하다고 했습니다. 역사는 게처럼 옆으로 허둥지둥 달아납니다. 그래서 희망이 생기고 그래서 계속하게 됩니다. 인간은 결코 알 수 없는 거죠.

자 그래서 저는 예순두살이 다된 나이에 이 일을 거의 5년 동안 쉬지 않고 하고 있는데 천막을 거둔 적도 없고 야영장을 벗어난 적도 없으며 전쟁터를 떠나본 적도 없습니다. 저는 거기에 매우 자부심을 느낍니다.

터스 탐디스패치 일을 하면서 가장 용기백배했던 것은 무엇이었는지 물으려던 참이었습니다.

엥겔하트 제가 잘 버텨왔다는 바로 그 느낌인데 누군가 묻는다면 그게 정말 제가 해줄 수 있는 충고예요. 누가 무엇을 해야 할지 저는 모르지만, 일단 실행해 보고, 잘되지 않는다고 원하는 결과가 나오지 않는다고 그만 두지 마세요.

터스 탐디스패치의 전망은 어떻습니까? 오려붙이기에서 메일목록으로 다음은 웹 싸이트로 전진하셨죠. 이제 인터뷰를 담은 책도 곧 나옵니다. 5년 후에는 어떤 모습이었으면 하십니까?

엥겔하트 5개년 계획이라구요, 터스? 잘 알면서 왜 그래요. 저는 대개 지나간 5분과 다가올 5분을 걱정합니다. 나머지는 신들에게 맡겨요. 어쩌면 내일 아침 깨어나 내 안의 목소리가 누그러들지도 몰라요. 어쩌면 그게 마지막일지도. 이만큼 오래 지속해온 것에 자부심을 느끼지만 탐디스패치가 영원히 계속되지 못한다고 해서 문제될 것은 없어요.

미래의 계획을 매우 신중하게 생각한다는 말을 믿지 않습니다. 이 세상을 사는 고독한 한 인간으로서 하는 말이 아니에요. 무엇을 하고 싶은지 생각하는 데 너무나 많은 시간을 써버리면 가망이 없어 보이기 때문에 그걸 할 수 없을지도 몰라요. 그러니 그게 무엇이건간에 그냥 눈 딱 감고 덤벼보는 게 아마 최선일 거예요.

정치적인 웹의 세계에 존재하는 많은 것들과 마찬가지로 탐디스패치는 최소한을 추구하는 밑바닥 작업이지만, 웹 화면의 로고 바로 뒤에는 온전한 공동체가 숨어 있다. 장기간에 걸친 '네이션 인스티튜트'의 열성적인 지원을 이끌어준 햄 피시(Ham Fish)와 타야 키트먼(Taya Kitman)에게 먼저 고마움을 표한다. 그 지원이 없었다면 탐디스패치는 분명 온라인에 존재하지 못했을 것이다. 닉 터스(Nick Turse)는 지난 2년간 온라인상의 생명줄이자 매일 전화를 주고받는 동지였다. 그는 지구상에 존재하는 가장 민첩한 인간 검색엔진이며 매번 탐디스패치에서의 내 삶을 값어치있는 것으로 만들어주었다. 그리고 이 책에 실린 대담에 응해준 분들이 계신데, 이들 모두는 새내기 대담꾼이 어설픈 재주를 시험하는 내내 인내심을 보여주셨다. 이들에게 어떻게 감사를 드려야할지 모르겠고, 마찬가지로 탐디스패치를 위해 기꺼이 자판기를 두르려준 모든 필자들, 사상가들, 언론인들 그리고 역사가들에게도 어떻게 감사를 드려야 충분할지 모르겠다. 이들은 처음엔 무료로, 나중엔 그저 약소한 금액만 받고 웹 싸이트를 우리가 바라는 만큼 놀랍고 유익하게 꾸며주셨다. 덧붙여 탐디스패치의 독자들이 계신다. 이 입심 좋은 모둠은, 비판을 건네고 자신들의 삶과 생각의 편린을 나누며 매번 격려해주길 주저하지 않는다. 이 독자들은 나의 비밀 모험이다.

한번 해보자며 내 인터뷰들을 책 한 권으로 모으자고 한 '네이션북스'의 루스 볼드윈(Ruth Baldwin)과 칼 브롬리(Carl Bromley)에게 고마움을 표한다. 그들에게 큰 신세를 졌는데, 그 신세에 대한 보답이 그들에게 돌아갈지 지켜볼 일이다.

마지막으로, 사랑하는 나의 아내 낸씨(Nancy)에게, 탐디스패치 때문에 정신없이 빠르게 휩쓸려가버린 내 삶을 견뎌준 것을 포함해 모든 일에 감사한다.

1

지금 미국은 2008년 대선을 앞두고 민주·공화 양당의 대선후보들이 각 주에서 한창 예비선거를 펼치며 엎치락뒤치락하고 있다. 흑인대통령을 꿈꾸는 버락 오바마(Barack H. Obama)의 예상치 못한 연승과 최초의 여성 대통령이 되고자 하는 힐러리 클린턴 상원의원의 분투가 단연 관심의 촛점이지만, 복음주의를 내세워 반짝 세를 과시했던 허커비(M. Huckabee) 전 주지사가 몰락하고 매케인(J. MacCain) 상원의원이 사실상 후보자로 확정된 공화당 역시 눈길을 끈다. 한편 이미 궁지에 빠질 대로 빠진 이라크에서 이러지도 저러지도 못한 채, 당당하던 옛 모습은 어디 갔는지 막대한 전비지출과 불어나는 재정적자를 감당하지 못해 추락중인 미국경제의 회생을 호소하는 초라한 부시대통령의 모습을 목격하는 것도 요즘 흥미로운 일 중 하나다. 원유가격이 치솟고 주가가 폭락하면서 세계경제의 불황이 논의되는 상황인데도 즉각적인 철군 얘기가 공론화되지 않고 있는 것이 오히려 신기하기만 하다. '경제'와 '변화'가 중요 이슈가 되고 있는 미 대선의 정국이지만, 지금의 미국과 세계가 처한 위기가 과연 어디에서 연원하는지 누구도 따져볼 생각이 없는 듯하다. 아니, 적어도 주류언론의 사정은 그렇다.

그러나 미국문화에 조금이라도 관심있는 사람이라면 주류언론을 통한 정보가 사태의 진실을 오롯이 담고 있지 못하기 일쑤라는 사실은 쉽게 짐작할 수 있을 것이다. 예를 들어, 이라크와의 전쟁에 반대하는 의미있는 움직임은 2001년 9·11사태 이후 강화된 '애국주의' 열풍 속에서도 꾸준히 지속되어 왔고 지금도 미 전역에서 메아리치고 있다. 부시대통령의 텍사스 목장 앞에서 혈혈단신으로 반전시위를 펼쳐 미국인들의 공감을 자아낸 씬디 시핸은 이미 고전이 되었고, 각계각층에서 부시행정부의 기독교 근본주의와 제국주의적 행태를 비판하는 목소리들은 뚜렷하고 지속적이다. 특히 2002년 말 '제도언론에 주는 정기적인 해독제'를 표방하며 시작한 대안언론의 하나인 블로그 탐디스패치는 지넷(ZNet; http://zmag.org)과 더불어 미국뿐 아니라 전세계 반전운동 세력을 연결하는 허브 역할을 맡고 있다. 이 싸이트를 운영하는 탐 엥겔하트가 2006년 하반기에 펴낸 이 책 역시 이라크전쟁을 주도하는 부시행정부의 제국주의적 기획에 대한 미국인들의 의구심 및 비판적 성찰의 이야기를 전해준다. 특히 이 책은 미국내 주류언론이나 이라크전쟁을 다룬 여타 책들에서는 찾아볼 수 없는 반전운동 현장의 목소리가 다수 실려 있는 것이 두드러진 특징이다. 이라크전쟁에 반대하는 12명의 혁신사상가들과의 인터뷰를 읽는 일은 우리에게 충분히 지적인 모험이 될 것이다.

2

이 책은 『미국 민중사』(*A People's History of United States*)로 유명한 하

워드 진에서부터 『미국의 꿈에 갇힌 사람들』(*Prisoners of the American Dream*)의 저자 마이크 데이비스를 비롯하여, 최근 미국 반전운동의 화신으로 떠오른 씬디 시핸 및 길거리 반전시위대에 참여한 인물들에 이르기까지 각양각색의 인터뷰를 담고 있다. 이들 다양한 '혁신사상가들 및 반대론자들'과의 인터뷰가 추구하는 일차적인 과제는 부시행정부가 현재 벌이고 있는 이라크 침공의 진정한 원인들과 그 끔찍한 결과를 전달하는 데 있다. 부시가 벌이는 이라크 침공이 '모기를 잡기 위해 망치를 휘두르는 격'이라는 촌철살인의 비판도 있고, 이슬람문명에 대한 부시행정부의 기독교 근본주의적 태도 및 일반 미국 대중들의 그릇된 안보의식이 낱낱이 폭로되기도 하며, 밖으로는 미 제국의 일방주의 지배논리이자 안으로는 미국내 자본가와 노동자의 격차를 인종적·성적·공간적으로 확대하는 각종 차별론들의 혼합물이 바로 이라크 침공임을 고발하기도 한다.

또한 부시행정부의 일방적인 정치행태를 저지하지 못하는 미국의 기성 정당정치체제와 대항운동의 지지부진이 날카로운 비판의 도마에 오르기도 한다. 그러나 무엇보다도 이런 정치체제를 믿기보다 현장과 길거리에서 새로운 변화를 이룩하기 위해 반전운동에 참여한 풀뿌리 민중들의 생생한 목소리도 무게있게 실려 있다는 것이 이 책의 특징이다. 뿐만 아니라 미국내 비판적 지성의 냉철하고 날카로운 분석들도 동시에 확인시켜준다. 이 책을 읽고 있노라면 주류언론에서 내놓는 침공의 진행과정들에 관한 허다한 분석들이 얼마나 미국 민중의 실감과 동떨어진 반복적 보도인지를 절실히 느낄 수 있을 것이다.

한편 이 책에 다양한 목소리들이 실렸다는 사실이 곧바로 미국 특유의 '다원주의'를 의미하지는 않는다는 데 또 하나의 독특함이 있다. 인터뷰를 진행하는 탐 엥겔하트 자신의 확고한 반전 입장과 주류언론의 행간을 읽어내는 기막힌 독법도 감탄을 자아내지만 인터뷰에 응한 사람들 개개인이 보여주는 치밀한 분석과 안목은 여기 실린 갖가지 목소리들이 실은 이라크 침공에 반대하는 통일된 인식의 소산임을 여실히 보여준다. 그들 사이에 의미있는 정보공유의 네트워크가 존재하는 것은 분명 아니지만 엥겔하트에 의해 이들이 하나로 묶이면서 웅장한 흐름을 형성하고 있다. 다시 말해 이라크 침공의 실패는 단지 '제국의 무리수'로 일컬어지는 오만한 부시행정부의 외교정책 및 군사정책에서만 비롯하는 것이 아니라, 인종, 성별 그리고 계급 간의 차별을 강화하고 이를 통해 미국의 지배계급 및 기독교 근본주의의 토대를 강화하려는 미국내 정치의 실패이기도 함이 여실히 드러난다.

따라서 이 책에 기록된 부시행정부의 이라크 침공 실패에 대한 분석과 비판을 읽으면서 가장 먼저 떠올리게 되는 것은 지난세기 미국이 베트남에서 벌인 침략전쟁의 역사다. 하워드 진을 비롯해 군사전문가 찰머스 존슨 그리고 비판적 언론을 이끄는 마크 대너와 후안 콜과의 인터뷰는 미국이 벌이는 이라크전쟁의 밑절미 논리가 뿌리부터 제국주의적임은 물론 베트남에서의 군사적 실패에서 하등의 교훈도 얻지 못한 비역사적 행동의 소산임을 밝혀준다. 나아가 이러한 비역사적 행동이 미국 특유의 보수적이고 자기도취적인 이데올로기적 기제들 — 예컨대 미국 예외주의(exceptionalism)나 정치지도자에 대한 군주제적 승인 — 과 결합된 뿌리 깊은 문화적 질병이라는 점도 비판의 대상이 된다. 미국이 추구하는 세계화는 곧 냉전 이후 전지구적 헤게모니로써 구축해내려는 미국 주도의 세계질서와 다름없다. 그리고 그 질서의 핵심을 차지하는 이른바 '미국식 민주주의'는 전세계인들의 문화·종교·인종적 다양성을 무시한 채 미국식 자본주의, 기독교 그리고 백인 중심주의적 가치들을 포장하기 위한 허울에 불과하다.

그렇다면 이라크 침공에 깃든 미 제국의 논리와 부시행정부의 일방주의에 대한 날카로운 비판과 분석을 통해 대담자들이 제시하는 운동의 과제는 무엇인가? 하워드 진의 표현을 빌자면, 저항운동의 궁극적인 목표는 전쟁 없이 지구상에서 폭정과 침략을 동시에 몰아내는 일이다. 하지만 이를 성취하기 위해서는 현안들에 대한 적극적인 대응이 필수적이다. 무엇보다도, 미국내 반전운동을 좀더 조직적으로 결집하는 일이 필요하다. 나아가 이를 전세계 반전운동의 흐름과 연결하여 네트워크를 구성하는 일도 절실하다. 이를 위해서는 탐디스패치를 비롯한 대항언론의 역할이 매우 중요할뿐더러, 기성정치에 대항하여 새롭게 떠오르는 세력과 연대하여 정치판을 바꾸는 일도 필요하다.

적절한 예가 될지는 모르겠지만, 대담자들이 인터뷰에서 한결같이 예상한 바와 같이 2006년 11월 민주당이 의회를 장악했고, 2008년 민주당의 집권 가능성이 높아진 지금의 상황에서 오바마 같은 후보가 돌풍을 일으키고 있는 것도 반전운동의 목소리들이 부단히 변화를 이끈 결과인 측면이 다분하다.

따라서 반전운동의 흐름을 기성 정치체제의 변화와 연결하려는 노력은 결코 소홀히 할 수 없는 부분이다. (아쉽게도, 이 책의 인터뷰들은 위에 열거한 정치상황의 변화들이 나타나기 전에 이루어져서 이 사안에 대한 구체적인 대답을 제공하지는 못한다. 그러나 내가 정기적으로 받아보는 탐디스패치의 최근 게시물들에는 이러한 입장이 분명히 나타나 있다)

또하나, 이들은 반전운동이 인권수호 및 생태계파괴에 대항한 운동과 밀접하게 결합되어야 한다고 주장한다. 반전운동의 당면 목표는 즉각적인 미군 철수를 요구함으로써 미국의 이라크 침공을 종결하는 데 있지만, 좀더 장기적으로는 미국이 이라크 점령의 명분으로 내세운 '미국적 민주주의'가 기본인권 및 전지구적 환경의 보호 면에서 매우 소홀한 반인간적이고 반생태론적인 철저한 자본주의의 논리임을 파헤치는 일로도 이어져야 마땅하다. 그러기 위해서는 미국의 이라크 침공에 대한 반대가 전쟁 자체에 대한 반대로 나아가기보다 침공의 중단이 부시행정부가 전쟁을 치르기 위해서 희생한 다른 많은 부문들의 활성화에 반드시 필요한 일임을 상기시킬 필요가 있다. 도시 기반을 구축하는 데 새롭게 투자하고 석유를 대체할 새로운 에너지를 개발하며 기층 민중들의 생활기반 마련을 위해 지배계급의 전횡을 막는 일까지, 실로 다양한 과제들이 놓이게 되는 것이다.

3

부시행정부의 이라크 침공으로 야기된 혼란한 세계에서 이렇게 다양하면서도 전쟁 반대에는 통일된 미국 비판적 지성의 목소리를 듣는 것은 매우 고무적이지만 한편으로는 사뭇 착잡하기도 하다. 9·11사태를 근거로 네오콘들과 주류언론들이 유포하는 이른바 '애국주의' 담론에 맞선 미국 내 대항세력들의 엄연한 존재와 활약을 실감하면서도, 미국의 한 청교도 연구자가 대항세력을 흡수하여 더욱 몸집을 불려나가는 특성이 있는 이른바 '미국 이데올로기'(American ideology)라 부른 것의 위력도 다시 한 번 확인되기 때문이다. 하워드 진과 마이크 데이비스를 제외하면, 대담자들 대부분이 전쟁에 반대하는 이유가 명확함에도 불구하고 왜 미국의 대중이 미국이라는 나라 — 심지어 '제국'으로서의 미국이라 할지라도 — 의 근본적인 선량함을 믿는 '애국주의'의 수사에 여전히 얽매여 있는지를 냉철하게 인식하는 데까지 나아가지는 못하는 듯하다. 이런 점에서 씬디 시핸을 비롯한 풀뿌리 반전운동의 목소리들 역시 자발적이고 자족적인 상태를 크게 벗어나지 못한다. 과연 미국의 지배 이데올로기는 자신에 반대하는 이념들을 흡수하는 특별한 위력을 지닌 것일까? 이 모든 저항의 목소리들에도 불구하고 미국은 정말 먹성 좋은 예외적 제국일 뿐인가?

따라서 이 책이 제기하는 과제는 이중적이다. 그 하나는 대담자인 탐 엥겔하트 자신의 이력이 말해주듯 아주 평범한 대다수 미국인들이 어떻게 전쟁의 실상을 깨닫고 미 제국의 일방주의를 멈추게 할 동력으로 깨어나게 만들 것인가다. 이를 위해 그가 제시하는 과제는 대항언론의 중요성이다. 후안 콜이 운영하는 '정통한 논평'(Informed Comments; http://juancole.com) 같은 개인 웹 싸이트에서부터 엥겔하트의 탐디스패치에 이르기까지 다양한 경로를 통해 전쟁의 참상을 알리고 진상을 은폐하는 언론매체를 고발하는 일은 어떤 식으로든 계속해갈 필요가 있다. 나아가 이러한 저항의 목소리들을 반전운동이라는 큰 범주에서 어떤 형태로든 묶어낼 수 있는 연대의 필요성도 제기된다.

그러나 다른 한편, 아부그라이브나 관따나모 수용소의 참상이 공개되고 부시행정부가 조작해낸 이라크의 대량살상무기 보유설이 허위로 밝혀졌음에도 불구하고 여전히 이라크전쟁의 지지도는 절반을 넘고, 또 어느 대담자의 지적대로 본토 바깥에 존재하는 타자(他者)들에 대해서 "의도적으로 망각하는 미국적 사유방식"의 극복은 매우 요원한 일처럼 보인다. 반전시위에 가담한 현장의 목소리에서 이라크전쟁이 '미국'의 이해관계와 '미국적 가치'에 반한다는 주장 이상을 찾아보기 힘든 것도 우연은 아닐 것이다. 그리하여 마침내 다양한 저항의 육성들이 담긴 책의 결론은 끝내 미국인이 이상으로 삼는 '미국적 가치'가 진정으로 전지구화의 시대에 필수불가결한 보편적 가치인지에 대한 성찰로는 나아가지 못한 채 마감된다. 더 근본적인 문제는 이 책의 원제목처럼 '실패한 임무'가 아니라 머지않아 도래할 '실패한 문명'일지도 모른다.

그런 측면에서, '경제와 성공'을 앞세운 보수주의세력이 집권한 우리의 정치상황에서는 이 책에 표방된 반전운동의 정신을 우리 식의 역사적 시각, 다시 말해 전지구적자본주의의 흐름 및 이를 주도하는 미국의 논리를 좀더 거시적인 안목에서 통찰하고 한반도 통일을 견인하는 과제와 연결하여 사고하는 일이 무엇보다도 절실해진다. 이라크 파병과 한미FTA 졸속 체결에 반대하는 목소리를 다시금 결집하는 일도 시급하고, 새 정부에서 능히 예상되는 통일정책의 후퇴와 신자유주의적 드라이브에 맞설 공통의 지혜도 새롭게 모색해야 할 것이다. 이 책이 한국의 독자들에게 주는 현재적 의미라면 바로 미국 주도의 일방적인 자본주의 질서가 하염없이 지속될 수는 없다는 것, 그리고 이러한 질서를 바꾸고 변화를 일궈내는 데에는 장기적 안목을 지닌 아래로부터의 운동이 무엇보다 필요하다는 교훈일 터이다.

4

번역의 원본은 *Mission Unaccomplished: Tomdispatch Interviews with American Iconoclasts and Dissenters*로서 2006년에 네이션북스(Nation Books)에서 출판되었다. 서문과 1·2·6·7·8·13장은 강우성이, 3·4·5·9·10·11·12장은 정소영이 각각 나누어서 옮겼다. 옮긴이를 대표하여 이 책의 번역을 추천한 창비와 인문사회출판부의 염종선, 안병률씨 그리고 꼼꼼한 수정과 제안을 해준 김도민씨에게 감사의 말씀을 드린다.

소중한 방학을 희생하면서도 다시 한번 흔쾌히 번역에 동참하고 조언을 아끼지 않은 든든한 아내와 번역하는 내내 곁에서 아빠와 엄마를 격려해준 아들 종현 그리고 양가의 부모님들께도 고마움을 전한다.

2008년 3월
낙산 多適齋에서
강우성

미국, 변화인가 몰락인가
미국의 비판적 지성들과 함께한 블로그 인터뷰

초판 1쇄 발행 • 2008년 3월 25일

지은이 • 탐 엥겔하트
옮긴이 • 강우성 정소영
펴낸이 • 고세현
책임편집 • 김도민
펴낸곳 • (주)창비
등록 • 1986년 8월 5일 제85호
주소 • 413-756 경기도 파주시 교하읍 문발리 513-11
전화 • 031-955-3333
팩시밀리 • 영업 031-955-3399 편집 031-955-3400
홈페이지 • www.changbi.com
전자우편 • human@changbi.com
인쇄 • 한교원색